職場で災害が起きたら！

災労 険保 給付の 手続き

改訂4版

公益社団法人 東京労働基準協会連合会

は じ め に

　わが国の労働災害による被災労働者数は、長期的には減少傾向にあるものの、いまなお年間774人もの尊い生命が失われています。労災保険新規受給者数は年間約77万人に上っており、減少はみられていません。東京においては、死亡災害は減少傾向にあるものの、休業4日以上の死傷災害は近年増加傾向を示しています。また、新規受給者数は年間10万人弱となっています。

　このように多くの労働災害が発生していますが、事業場の労働者が実際に被災し、労災保険請求を経験した事業場は少ないと思います。しかし、いつ労働災害や通勤災害が発生するかも知れません。そのとき、被災労働者の生活を守るため、迅速かつ適正な労災保険給付の請求に事業主や担当者の協力が求められます。

　労災補償制度も時代とともに変化し、複雑な脳・心臓疾患や精神障害の認定基準等が策定されていますが、本書は個々の認定基準等の解説書ではありません。主要な認定基準の簡単な紹介はしていますが、詳細については認定基準やその解説書をご覧ください。

　また、請求書を並べてその書き方を解説しただけのものでもありません。

　本書は、労働災害や通勤災害の発生から治ゆ（症状固定）するまでどのような給付手続きがあるかという基本的な流れを順に図解やQ＆A、様式記載例を交えてわかりやすく解説した手引きです。

　さらに、労働基準監督署の労災業務担当者が説明会等で繰り返し間違いやすい個所として指摘してこられたところをできるだけ取り込みました。

　労働災害防止には、どの事業場も積極的に取り組んでおられますが、不幸にして労働災害や通勤災害が発生した場合には、事業主や担当者に本書をご利用いただき、適正な労災保険給付の手続きに活用していただければ幸いです。

　令和5年11月　改訂

編　者

職場で災害が起きたら！**労災保険** 給付の手続き［改訂4版］　**Contents**

Q&A もくじ

に激突して左眼を負傷した場合は業務災害になりますか？──11

第2章 職場で労働災害が起こったら

第3章 労災保険請求の手続き

第4章　第三者行為災害

第5章　ほかにも労災保険からこんな給付・サービスが受けられる

災害発生から労災保険請求までのフローチャート

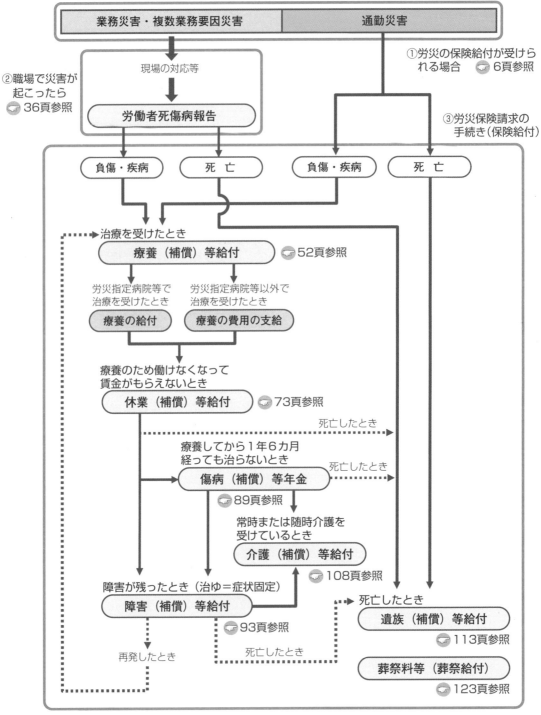

災害発生

| 業務災害・複数業務要因災害 | 通勤災害 |

②職場で災害が
起こったら
🔎36頁参照

①労災の保険給付が受けら
れる場合 🔎6頁参照

現場の対応等

③労災保険請求の
手続き（保険給付）

労働者死傷病報告

負傷・疾病　　死　亡　　負傷・疾病　　死　亡

治療を受けたとき

療養（補償）等給付　🔎52頁参照

労災指定病院等で
治療を受けたとき

労災指定病院等以外で
治療を受けたとき

療養の給付　　療養の費用の支給

療養のため働けなくなって
賃金がもらえないとき

休業（補償）等給付　🔎73頁参照

死亡したとき

療養してから1年6カ月
経っても治らないとき

傷病（補償）等年金

死亡したとき

🔎89頁参照

常時または随時介護を
受けているとき

介護（補償）等給付

🔎108頁参照

障害が残ったとき（治ゆ＝症状固定）

障害（補償）等給付

🔎93頁参照

再発したとき

死亡したとき

死亡したとき

遺族（補償）等給付

🔎113頁参照

葬祭料等（葬祭給付）

🔎123頁参照

第1章

労災保険から保険給付を
受けられる場合

労災保険制度とはこんな制度

●労基法上の災害補償との関係

労基法では、業務上の災害について、使用者に災害補償責任を負わせています（同法75条～88条）。労災保険制度は、被災労働者の補償を確実に行うために、「保険」のかたちで災害発生による事業主の経済的な負担を分散させたものです。労災保険から被災労働者に対して行われる保険給付は、全額事業主負担による保険料で賄われています。

また、労災保険制度は、業務上の災害だけではなく、通勤災害に対しても給付が行われるほか、被災労働者やその遺族に対する各種援護などさまざまな役割を担っています。

●労災保険の適用事業

一部の個人経営の農林水産業を除き、原則として、労働者を1人でも使用していれば、その事業には労災保険が強制的に適用されます。

Q1　専務取締役などの会社役員にも労災保険の適用はありますか？

A　専務取締役などの法人役員は、原則として、労働者ではないため、労災保険の適用はありません。ただし、業務執行権のある他の取締役などから指揮・監督を受けて労働し、これに対して賃金が支払われている場合には、労働者として労災保険の適用があります。

Q2　派遣労働者にも労災保険が適用されますか？

A　派遣労働者については、派遣元の事業において、労災保険の適用を受けます。

●01 労災保険制度の目的

労災保険は、業務上の事由・複数事業労働者の二以上の事業を要因とする事由または通勤による労働者の負傷、疾病、障害、死亡等に対し、労働者災害補償保険法（以下「労災保険法」といいます。）の規定に基づき被災労働者やその遺族に対して必要な保険給付を行うほか、いろいろな社会復帰促進等事業を設けて、被災労働者の社会復帰の促進、被災労働者やその遺族の援護等を行い、福祉の増進を図ることを目的としています。

●02 労災保険の適用を受ける労働者

労災保険の適用事業に使用される者のうち、労働基準法（以下「労基法」といいます。）上の「労働者」に該当する者が、労災保険の適用を受けます。

ここで労働者とは、具体的には、常用、パートタイマー、アルバイト、日雇等、名称及び雇用形態、職種にかかわらず、事業に使用される者で、労働の対価として賃金を受けるすべての者をいいます。

労災保険の適用を受ける「労働者」に当たるかどうかの判断

（1）使用従属性があること
　…使用者の指揮命令に従って労務を提供していること

（2）報酬が労務対償性を持っていること
　…労働の対価として「賃金」が支払われていること

労働者に当たるかどうかは、これらの判断要素について、実態に即して判断される。

●03 特別加入制度

　労基法上の労働者とならない事業主、自営業者、家族従事者、建設業における大工、左官等のいわゆる一人親方、海外の事業に派遣され、その事業に使用される者については、他の法律によっても十分な保護を受けていませんので、これらの人々も特別に労災保険に加入する道を開き保護の対象とする必要があります。

　そこで、これらの人々に対しても一般労働者に準じて、一定の要件の下に労災保険への加入を認め、その保護を及ぼそうという**特別加入制度**があります。

特別加入できる人とその手続き

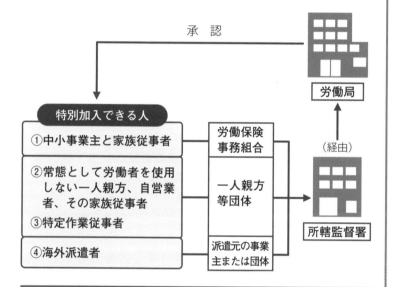

●特定作業従事者
　例えば、農業関係の特定の業務に従事する人、職場適応訓練を受けている人、危険有害作業に従事する家内労働者、介護作業に従事している人などです。

海外派遣者の特別加入

　国内事業場の就労者が海外での業務に従事する場合、「海外出張」と「海外派遣」のどちらに該当するかを確認しておく必要があります。「海外出張」の場合は、所属する国内の事業場の労災保険により給付を受けられますが、「海外派遣」の場合は、海外派遣者に関して特別加入の手続きを行っていなければ、労災保険による給付を受けられません。

○**海外派遣の例**：海外関連会社へ出向する場合、海外支店・営業所などへ転勤する場合、海外で行う据付工事・建設工事に従事する場合など

○**海外出張の例**：商談、技術・仕様などの打ち合わせ、市場調査・会議・視察・見学、アフターサービス、現地での突発的なトラブル対処、技術習得などのために海外に赴く場合など

●04 複数事業労働者に係る保険給付等

　次に掲げる範囲の労働者が被災したときには、各労災保険給付請求書の「その他就業先の有無」欄に有無のいずれかに○印を付し、有の場合は複数就業先の事業場数を、特別加入している場合の所定事項を記載して保険給付の請求を行います（令和２年９月１日以降に発生した傷病等が対象）。

　また、一部の保険給付については、副業先の賃金額等を証明するための別紙を記入し、同時に提出する必要があります。

（1）複数事業労働者の範囲

　被災したとき（傷病等の原因または要因となる事由が生じた時点）において、下記に該当する労働者をいいます。

◆複数事業労働者に該当する労働者

> ①　複数の事業と労働契約関係にあり、当該事業に使用される者
> ②　一以上の事業と労働契約関係にあり、かつ、他の事業について特別加入している者
> ③　複数の事業について特別加入している者

（2）複数事業労働者に類する者（厚生労働省令で定めるもの）の範囲

　被災した時点において、複数の会社について労働契約関係にない場合であっても、その原因又は要因となる事由が生じた時点で、複数の会社と労働契約関係にあった場合は「複数事業労働者に類する者」として上記（1）と同様に取り扱われます。

（3）複数事業労働者に関する保険給付の種類

　「複数業務要因災害」に関する保険給付として、以下の保険給付があります。
・複数事業労働者療養給付
・複数事業労働者休業給付
・複数事業労働者障害給付

●特別加入者について
　一以上の就業先において特別加入している場合についても、複数就業先での労働者である場合と同様の取り扱いとなります。
　ただし、労働者として就業しつつ、同時に労働者以外の働き方で就業している者（特別加入者を除く）については、該当しません。

【例】
・同居の親族が営んでいる家業の手伝いをしている（労働者としての働き方ではない場合）。
・ネット販売会社を個人で立ち上げ、帰宅後に自宅で仕事をしている。

●原因又は要因となる事由が生じた時点
　厚生労働省令で定める「原因又は要因となる事由が生じた時点」とは、「脳・心臓疾患」については、発症前６カ月間に過重負荷要因が認められる時点で複数就業していれば、たとえ傷病等が発症した時点で複数就業先のすべての事業場を離職していたとしても「複数事業労働者」に該当することになり、「精神障害」においても発症前おおむね６カ月間のいずれかの時点において複数就業していれば、同様に「複数事業労働者」に該当することになります。

・複数事業労働者遺族給付
・複数事業労働者葬祭給付
・複数事業労働者傷病年金
・複数事業労働者介護給付

※各請求書様式は、「業務災害用」と「複数事業労働者用」の兼用
　となっており、かつ、「業務災害用」と「複数業務要因災害用」
　の兼用となっています。

　それぞれの給付内容は、業務災害、通勤災害と同一であり、その支給事由、受給権者、他の社会保険による調整等も同様です。
　被災された労働者が複数事業労働者（複数事業労働者に類する者を含む。）である場合、各事業場を管轄する監督署のいずれかに提出します。

② 業務災害となる場合

　業務災害とは、労働者の業務上の負傷・疾病・障害または死亡をいいます。
　業務災害に対する保険給付は、労働者が労災保険の適用される事業場（法人・個人を問わず一般に労働者が使用される事業は、適用事業となります。）に雇われて働いていることが原因となって発生した災害に対して行われます。

●業務災害は使用者の支配下での災害であることが前提
　労働者は、使用者との労働契約に基づいて、使用者の指揮命令を受けて労働を提供します。使用者の指揮命令の下で労働を提供している過程で起こった災害が業務災害です。

●01 業務災害の要件

　「業務上」の災害とは、業務が原因となったということであり、業務と傷病等との間に一定の因果関係があるものをいいます。

　つまり、業務災害と認められるには、①**業務遂行性**（災害発生時に事業主の支配下にあったこと）と②**業務起因性**（業務が原因となって災害が発生したこと）があることが必要です。

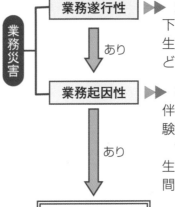

業務災害の要件と判断の手順

業務災害

業務遂行性 ▶▶ 労働関係において事業主の支配下にある状態。つまり、災害が発生していたとき仕事をしていたかどうかということ。

あり

業務起因性 ▶▶ 事業主の支配下にあることに伴う危険が現実化したものと経験則上認められること。
　つまり、傷病等が業務に起因して生じたものであり、業務と傷病との間に相当因果関係があること。

あり

業務災害と認定

●相当因果関係
　原因から結果が発生するまでの流れが、社会通念上相当とみられる関係をいいます。

●02 業務上の負傷と具体的な判断

　まず、業務災害の要件である業務遂行性が認められる場合は、具体的には、次の３つのパターンが考えられます。
　以下では、これら３つのパターンごとに、業務上外の認定の判断を具体的にみてみましょう。

> （1）事業主の支配下・管理下にあり、業務に従事している場合
>
> （2）事業主の支配下・管理下にあるが、業務に従事していない場合
>
> （3）事業主の支配下にあるが、管理下を離れて業務に従事している場合

（1）事業主の支配下・管理下にあり、業務に従事している場合

　所定労働時間内や残業時間内に事業場施設内で業務に従事している場合です。

　この場合の災害は、被災労働者の業務行為や事業場の施設・設備の管理状況等が原因となって発生するものと考えられるので、特段の事情がない限り、業務災害と認められます。

　また、就業中に生理的行為や突発的・反射的行為により、一時的に業務を離れる場合は、業務に付随する行為として業務上と認められます。

業務に付随する行為として業務災害と認められる

就業中に生理的行為をしているときの災害
- 就業中にトイレや水を飲みに行くために一時的に業務を離れたときの災害　　　　　　　　　　　　　　　など

突発的・反射的行為をしているときの災害
- 作業中に強風で飛ばされた帽子を拾いに行く　　など

作業に伴う必要行為・合理的な行為をしているときの災害
　その業務を遂行するうえで必要・合理的な行為で、そういう客観的な事情の下で通常行われる行為中の災害
- 作業上必要な眼鏡を事業場内の別の場所に取りに行く途中の災害　　　　　　　　　　　　　　　　　など

作業に伴う準備行為・後始末行為をしているときの災害
- 更衣、機械器具等の整備、片付け、手洗い等をしているときの災害
- 作業終了後、事務所へ戻る途中の災害　　　　など

緊急業務をしているときの災害
- 台風による河川増水のため砂防堰堤の防護作業中の災害　　　　　　　　　　　　　　　　　　　　　など

Q3　川岸の築堤作業で、土砂の切り取り作業中に蜂に刺されてショック死した場合は業務災害となりますか？

A　蜂の巣が近くにあるような危険な作業条件の中で蜂に刺されたものと考えられる場合には、業務災害となります。

Q4　トラックで国道を運転中、他社のトラックが運行不能になっているのを見つけ、救助するため牽引作業中にトラックのワイヤーとハッカーが窓に跳ね返ってケガをした場合、業務災害となりますか？

A　他社のトラックの救助行為は、本来業務ではありませんが、運転者間の助け合いとして普通の人なら社会通念上当然の行為とみることができます。したがって、この場合も、業務災害と認められるものと考えられます。

Q5　知り合いが作業場内で砂利の運搬車の運転をやってみたいというので、自分は車のステップ台に乗って運転させていたところ、車から外へ放り出されて負傷した場合は、業務災害となりますか？

A　このケースでは、被災労働者の職務逸脱によって生じたものといえますので、業務災害にはなりません。

Q6 同じ作業場内で共同作業中、同僚が足場から落ちて転落し、これを助けようとした従業員が転落して負傷しました。この場合も、業務災害となるのでしょうか？

A 同じ作業場で働く作業員を救助しようとする行為は、共同作業をしている者として当然に期待される緊急の行為と考えられます。これによって生じた災害は、業務災害となります。

Q7 当社では、業務時間中短い時間であれば、小用で中抜けしても月給からは控除しないようにしています。個人の運転免許証書き換えのために一時的に職場を抜けたときに交通事故に遭った従業員について業務災害が成立しますか？

A 自動車免許の取得・書き換えが業務とは直接関係がない場合には、私的行為として業務災害とは認められません。

Q8 ガソリンタンクの清掃作業の後の休憩中、喫煙しようとしたところ、作業服に付いていたガソリンに引火して火傷を負った場合は、業務災害となりますか？

A この場合の火傷は、ガソリンタンクの清掃作業によって作業服にガソリンが染み込んでいたために生じたものと考えられます。つまり、清掃作業による汚染に起因するものとして、業務災害と認められます。

Q9 休憩時間中、弁当を買いに事務所を出て、会社構内の私道を歩いているときに、オートバイと衝突して負傷した場合でも、業務災害となりますか？

A 災害が発生したのは、会社の支配管理権の及ぶ事業場施設内ということになります。

しかし、業務に従事していない休憩時間中の災害ですから、これが会社の構内の管理状況等の原因によるものでなければ、業務災害とは認められません。

ただし、次の場合には、業務起因性がなく、業務災害とは認められません。

業務に付随する行為として業務災害と認められない

① 労働者が就業中に私的行為を行い、または業務を逸脱する恣意的行為をしていて、それが原因となって災害を被った場合

② 労働者が故意に災害を発生させた場合

③ 労働者が個人的なうらみなどにより、第三者から暴行を受けて被災した場合

④ 地震、台風など天災地変によって被災した場合
（ただし、事業場の立地条件や作業条件、作業環境等により、天災地変に際して災害を被りやすい業務の事情があるときは業務災害となります。）

（2）事業主の支配下・管理下にあるが、業務に従事していない場合

例えば、昼休みや就業時間前後に事業場施設内にいて業務に従事していない場合がこれに当たります。

この場合は、事業場施設内にいる限り、労働契約に基づき事業主の支配管理下にあるといえますが、休憩時間や就業時間前後は実際には業務に従事していないわけですから、行為そのものは私的行為です。

したがって、事業場施設内で私的行為によって発生した災害は、原則として業務災害とは認められません。ただし、①事業場の施設・設備や管理状況等が原因で発生した災害、②就業中であれば業務に付随する行為と考えられる行為（生理的行為等）の際の災害は、業務災害となります。

業務災害と認められる

事業場施設・設備の管理状況等が原因となった場合
- 社内食堂の給食が原因で食中毒になった場合
- 事業場の火災で住み込み労働者が就寝中に死亡した場合

就業中であれば業務に付随する行為と考えられる行為の際の災害
- 休憩時間中に飲用水を汲みに行く途中で転倒した場合
- 休憩時間中にトイレに行ったときに転倒した場合

業務災害と認められない ✗

●休憩時間中、グループ全員参加でキャッチボールをしている際に負傷した場合　　　　　　　　など

（3）事業主の支配下にあるが、管理下を離れて業務に従事している場合

出張や社用での外出等により事業場施設外で業務に従事している場合がこれに当たります。

この場合、事業主の管理下を離れているものの、労働契約に基づき事業主の命令を受けて仕事をしているわけですから、事業主の支配下にあることに変わりはありません。

したがって、仕事の場所はどこであっても、積極的な私的行為を行うなどの特段の事情がない限り、一般的には業務に従事していれば、業務災害と認められます。

①出張中

業務災害と認められる ○

出張は業務命令に基づき事業主の支配下にあるため、出張に当然にまたは通常伴う行為をしている際の災害は業務災害となる。
●食事中　●喫茶中　●宿泊先での入浴中
●移動中の列車で睡眠中　　　　　　　　など

積極的な私的行為のため業務災害と認められない ✗

●出張先の宴会で泥酔して転倒した場合
●会社の指定するホテル以外のホテルに宿泊中、火災で死亡した場合
●出張先で観光地へ行く途中の災害　　　　　など

②赴任途上

新規赴任・転勤などの赴任途上での災害については、次の要件を満たす場合に業務災害と認められています。

◆赴任途上の災害が業務災害と認められる要件

① 新規赴任・転勤に伴う住居地の移転のため、採用事業場・赴任先事業場に赴く途上で発生した災害であること

Q10 自宅から直接用務地へ向かう途中で電車にはねられて死亡した場合は、業務災害となるのでしょうか？

A 出張のため、自宅から直接用務地へ向かう途上の事故は、出張用務を遂行することに起因する業務災害と認められます。

Q11 海外出張で現地の風土病にかかった場合は、業務災害と認められますか？

A 出張地域が、被災労働者が発症した風土病にかかる危険のある環境にあったといえる場合には、そのような地域に出張したことに起因するものとして、業務災害と認められます。

Q12 1カ月間の出張期間中に、事業所から宿泊所へ帰る途中で交通事故に遭った場合は、業務災害となるのですか、それとも通勤災害となるのですか？

A 出張期間が長いと、宿泊所が住居と変わらず、事業所と宿泊所間での災害は、一見通勤災害のようにも思えます。
しかし、会社の業務命令によって期間を1カ月と限定して出張に赴いていますので、その間に発生した災害は、積極的な私的行為がなければ業務災害となります。

Q13 出張先の隣県の有名レストランに寄るため、得意先とは離れた場所にあるそのレストランに向かう途中で交通事故に遭った場合でも業務災害になりますか？

A 出張中の食事は、通常は、出張に伴う行為です。しかし、このケースの場合は、用務先と離れた場所にある有名店へ向かう途中での災害ということですから、むしろ積極的な私的行為として、業務外の災害とされる可能性が高いでしょう。

Q14 転勤に伴う引越しの途中、自動車の衝突事故でケガをした場合、業務災害となるのですか？

A　赴任途上の災害については、右の要件を満たせば、業務災害と認められます。

転居を伴う転勤では、転勤前の住居地または赴任元事業場から、赴任先事業場やその社宅等へ赴く途中の事故が該当します。

また、特に私的行為や恣意的行為がなく、赴任先事業主から旅費規程などにより旅費等の手当が支給されていれば、業務災害と認められるでしょう。

> 新規赴任：新規採用者が、採用日以降の日に、その採用に伴う移転のため住所・居所（住居地）から採用事業場に赴く途上に発生した災害であること
>
> 転勤：転勤を命ぜられた労働者が、その転勤に伴う移転のため転勤前の住居地などから赴任先事業場に赴く途上に発生した災害であること

② **赴任先事業主の命令に基づき行われる赴任であって社会通念上合理的な経路と方法による赴任であること**

> 赴任元事業主の命令による場合でも、事前に赴任元・赴任先間で合意されていれば赴任先事業主の命令によるものと認められる。

③ 赴任のために直接必要ではない行為あるいは恣意的行為に起因して発生した災害ではないこと

④ 当該赴任に対し、赴任先事業主より旅費が支給されること

> 赴任元事業主が支給している場合でも、過去の取り扱いなどから、赴任先事業主の了解を得て支給されていればよい。

③運動競技会

運動競技に伴う業務上外の判断は、運動競技が業務行為またはそれに伴う行為として行われ、そこで発生した災害が運動競技に起因する場合に業務災害となります。

具体的には、次のような基準で判断されます。

◆ 運動競技の業務上外の判断

1　運動競技会出場に伴う災害

（1）対外的な運動競技会（事業場間の対抗競技大会等）

　① 出場が出張または出勤扱いにされており、

　② 出場に必要な旅行費用等を事業主が負担していること

（2）事業場内の運動競技会（社内運動会等）

　① 同一事業場または同一企業に所属する労働者全員の出場を意図しており、

　② 当日は勤務を要する日とされ、出場しない場合は欠勤扱いとされること

2　運動競技の練習に伴う災害

労働者が行う練習については、上記**1**の（1）の要件に加え、事業主があらかじめ定めた練習計画に従って行われるものであること

Q15 同業他社との対抗野球大会に当社からも選手を出しています。当日は、有給扱いで、旅費等を支給しています。出場中にケガをした場合は業務災害となりますか？

A　野球大会が、事業主の業務命令として事業場を代表して対抗試合に出場させている場合には、競技は業務行為と考えられます。

また、出場当日は有給で、出勤扱いになっていること、旅費等を事業主が負担していることから、競技中のケガは業務災害となります。

④宴会などの会社行事

　宴会、懇親会、社員旅行などの会社行事に出席中の災害については、このような行事の幹事等が自己の職務の一環として参加する場合には、業務遂行性が認められます。一方、それ以外の一般の労働者については、その行事の目的、内容、参加方法、運営方法、費用負担等によっても異なりますが、通常は、特別の事情がない限り、業務遂行性がないとみられます。

⑤療養中

　療養中の災害が業務災害と認められるには、当初の業務上の傷病と、その療養中の業務外の災害による加重・増悪または死亡との間に相当因果関係が認められるかどうかによって判断されます。

◆ 相当因果関係がある場合

（1）「当初の業務上の傷病が生じなかったならば現在の死傷病も生じなかったであろう」と認められ、かつ、「当初の業務上の傷病が生じなかったならば、このような災害が生じたとしても、現在の死傷病は生じなかったであろう」と認められる場合
　　例：業務上の負傷で足を骨折していた者が、通院途中に転倒して、同じ箇所を再度骨折した場合（前回骨折のゆ合が不全なまま転倒したために再骨折したもの）

（2）当初の業務上の傷病が生じなかったとしても、業務外の災害は生じ得たであろうが、この災害が療養中に通常生じ得るものまたは避けられないと認められ、かつ、「当初の業務上の傷病が生じなかったならば、この業務外の災害が生じたとしても、現在の死傷病は生じなかったであろう」と認められる場合
　　例：業務上の負傷で足を骨折していた者が、自宅で転倒し、同じ箇所を再骨折した場合（自宅での転倒が療養中に生じ得るものと判断）

Q16　当社では毎年恒例のバーベキュー大会を開催しています。特に参加を強制しておらず、不参加者の給与からその日の賃金を控除することはありませんが、費用は会社負担です。大会中のケガは、業務災害となるのでしょうか？

A　この場合は、参加が強制されているわけではないので、大会の費用を会社が負担していたとしても、大会への参加を業務とみることはできないでしょう。
　もっとも、大会中にケガをしたのが世話役の立場にある者だった場合は、職務の一環として行事に参加していると考えられるので、その場合は業務災害となります。

Q17　業務上両眼が疾患にかかり、右眼に眼帯をかけて自転車で通院する途上で、遮断機に激突して左眼を負傷した場合は業務災害になりますか？

A　この場合、両眼の疾患と左眼の負傷との間に条件関係（AがなければBはなかった）がありますが、両眼の疾患がなかったとしても、左眼の負傷は遮断機への激突によって生じたものです。また、本人が自転車で通院できる状態であったことを考えますと、眼帯をしていたとしても、両眼の疾患と左眼の負傷との間に相当因果関係があると判断するのは難しいでしょう。

●03 業務上疾病とその考え方

（1）業務上疾病とは

　疾病の場合は、業務と発症との間に相当因果関係が認められる場合に労災保険給付の対象となります。これを「業務上疾病」といいます。

　業務上疾病とは、具体的には、労働者が事業主の支配下にある状態において有害因子にばく露したことによって発症した疾病をいいます。

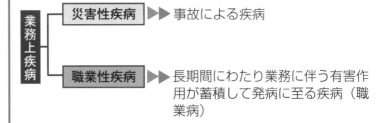

業務上疾病の類型

業務上疾病
- 災害性疾病 ▶▶ 事故による疾病
- 職業性疾病 ▶▶ 長期間にわたり業務に伴う有害作用が蓄積して発病に至る疾病（職業病）

（2）業務上疾病と認められるには

　例えば、労働者が就業時間中に脳出血を発症したとしても、その発症原因に足り得る業務上の理由が認められない限り、業務と疾病との間に相当因果関係は成立しません。

　一方、就業時間外に発症した場合でも、業務上の有害因子にばく露したことによって発症したものと認められれば、業務と疾病との間に相当因果関係が成立し、業務上疾病と認められます。

　一般に、労働者に発症した疾病について、次の3つの要件を満たす場合には、原則として業務上疾病と認められます。

◆業務上疾病の要件

① 労働の場に有害因子が存在していること
　業務に内在する有害な物理的因子、化学物質、身体に過度の負担のかかる作業態様、病原体等の諸因子

② 健康障害を起こし得るほどの有害因子にばく露したこと
　ばく露の濃度、ばく露期間、ばく露の形態等

③ 発症の経過・病態
　少なくとも有害因子へのばく露開始後に発症したもの

業務上疾病

労基法では「労働者が業務上負傷し、または疾病にかかった」場合の事業主の災害補償責任を定め、その75条2項において、業務上疾病については厚生労働省令で定めるとしています。そして労働基準法施行規則（以下「労基則」といいます。）35条、同別表第1の2（以下「別表」といいます。）及びこれに基づく告示によって、業務上疾病が具体的に定められています。

なお、労災保険法では、保険給付の種類をその12条の8で規定していますが、同条2項において業務災害に関する保険給付は労基法に規定する災害事由が生じた場合に行うとしており、補償の対象となる業務上疾病の範囲は、労基法に定める業務上疾病と一致しています。

1 業務上疾病の種類～労基則別表第1の2

別表に掲げられる業務上疾病の概要は次のとおりです（☞別表第1の2は次頁）。

号	内　　容
1号	災害性の腰痛、頭部外傷による硬膜下血腫、せき髄損傷による褥そう、蜂の刺傷やマムシの咬傷等の毒素による疾病など
2号	有害光線よる目の障害、温度の高い作業環境下において発症する熱中症、著しい騒音を発する場所での騒音性難聴など
3号	振動工具を使用することによって発症した振動障害、打鍵業務により上肢に過度の負担がかかり発症した上肢障害など
4号	化学物質との接触による皮膚障害、吸引による気道障害など
5号	粉じんの吸入に起因するじん肺症及びじん肺の合併症（肺結核、続発性気管支炎など）
6号	細菌、ウイルス及び寄生虫に起因する感染症（ウイルス性肝炎、疥癬など）
7号	発がん性を有する化学物質もしくは電離放射線または発がんの危険のある工程に起因するがん疾患（石綿にさらされる作業環境下において業務に従事したことにより発症した肺がん、中皮腫など）など
8号	長期間にわたる長時間の業務その他血管病変等を著しく増悪させる業務による脳・心臓疾患など
9号	心理的に過度の負担を与える事象を伴う業務による精神障害など
10号	前各号に掲げるもののほか、厚生労働大臣の指定する疾病
11号	その他業務に起因することの明らかな疾病

2 業務上疾病の認定の基本的な考え方

労働者に発症する疾病には、さまざまな原因や条件が複数かかわっており、これらの中には業務が関与することを完全に否定し得るものは極めてまれかもしれません。

しかし、単に関与していたという条件関係があることをもって直ちに業務と疾病との間に因果関係が認められるわけではなく、業務による有害因子がその発病に有力な原因となっていることが明らかな場合に相当因果関係が認められ業務上疾病として取り扱われます。

労基法における災害補償責任は事業主の過失の有無を問うことはなく、事業主に課せられるものとされていること（無過失責任）、また、罰則をもってその履行が担保されていること（同法119条1号）、労災保険法における保険給付の原資は事業主の負担する保険料と

されていること等から考えると、労働者のり患した疾病の業務起因性は、明確で、かつ、妥当なものでなければならないのです。

　労災の認定にあたっては、現在の医学的知見に基づいて、業務起因性の肯定要素を集約して基準化を図ることが可能な疾病については「認定基準」を策定し、明示しています。

　したがって、認定基準が示されている疾病に係る労災補償を受けようとする労働者にとっては、当該疾病についての認定基準の要件を満たしていれば業務上疾病として取り扱われることになります。

 労基則別表第1の2

一　業務上の負傷に起因する疾病
二　物理的因子による次に掲げる疾病
　1　紫外線にさらされる業務による前眼部疾患又は皮膚疾患
　2　赤外線にさらされる業務による網膜火傷、白内障等の眼疾患又は皮膚疾患
　3　レーザー光線にさらされる業務による網膜火傷等の眼疾患又は皮膚疾患
　4　マイクロ波にさらされる業務による白内障等の眼疾患
　5　電離放射線にさらされる業務による急性放射線症、皮膚潰瘍等の放射線皮膚障害、白内障等の放射線眼疾患、放射線肺炎、再生不良性貧血等の造血器障害、骨壊死その他の放射線障害
　6　高圧室内作業又は潜水作業に係る業務による潜函病又は潜水病
　7　気圧の低い場所における業務による高山病又は航空減圧症
　8　暑熱な場所における業務による熱中症
　9　高熱物体を取り扱う業務による熱傷
　10　寒冷な場所における業務又は低温物体を取り扱う業務による凍傷
　11　著しい騒音を発する場所における業務による難聴等の耳の疾患
　12　超音波にさらされる業務による手指等の組織壊死
　13　1から12までに掲げるもののほか、これらの疾病に付随する疾病その他物理的因子にさらされる業務に起因することの明らかな疾病
三　身体に過度の負担のかかる作業態様に起因する次に掲げる疾病
　1　重激な業務による筋肉、腱、骨若しくは関節の疾患又は内臓脱
　2　重量物を取り扱う業務、腰部に過度の負担を与える不自然な作業姿勢により行う業務その他腰部に過度の負担のかかる業務による腰痛
　3　さく岩機、鋲打ち機、チェーンソー等の機械器具の使用により身体に振動を与える業務による手指、前腕等の末梢循環障害、末梢神経障害又は運動器障害
　4　電子計算機への入力を反復して行う業務その他上肢に過度の負担のかかる業務による後頭部、頸部、肩甲部、上腕、前腕又は手指の運動器障害
　5　1から4までに掲げるもののほか、これらの疾病に付随する疾病その他身体に過度の負担のかかる作業態様の業務に起因することの明らかな疾病
四　化学物質等による次に掲げる疾病
　1　厚生労働大臣の指定する単体たる化学物質及び化合物（合金を含む。）にさらされる業務による疾病であって、厚生労働大臣が定めるもの
　2　弗素樹脂、塩化ビニル樹脂、アクリル樹脂等の合成樹脂の熱分解生成物にさらされる業務による眼粘膜の炎症又は気道粘膜の炎症等の呼吸器疾患
　3　すす、鉱物油、うるし、テレビン油、タール、セメント、アミン系の樹脂硬化剤等にさらされる業務による皮膚疾患
　4　蛋白分解酵素にさらされる業務による皮膚炎、結膜炎又は鼻炎、気管支喘息等の呼吸器疾患
　5　木材の粉じん、獣毛のじんあい等を飛散する場所における業務又は抗生物質等にさらされる業務によるアレルギー性の鼻炎、気管支喘息等の呼吸器疾患
　6　落綿等の粉じんを飛散する場所における業務による呼吸器疾患
　7　石綿にさらされる業務による良性石綿胸水又はびまん性胸膜肥厚
　8　空気中の酸素濃度の低い場所における業務による酸素欠乏症
　9　1から8までに掲げるもののほか、これらの疾病に付随する疾病その他化学物質等にさらされる業務に起因することの明らかな疾病

五　粉じんを飛散する場所における業務によるじん肺症又はじん肺法（昭和35年法律第30号）に規定するじん肺と合併したじん肺法施行規則（昭和35年労働省令第6号）第1条各号に掲げる疾病
六　細菌、ウイルス等の病原体による次に掲げる疾病
　1　患者の診療若しくは看護の業務、介護の業務又は研究その他の目的で病原体を取り扱う業務による伝染性疾患
　2　動物若しくはその死体、獣毛、革その他動物性の物又はぼろ等の古物を取り扱う業務によるブルセラ症、炭疽病等の伝染性疾患
　3　湿潤地における業務によるワイル病等のレプトスピラ症
　4　屋外における業務による恙虫病
　5　1から4までに掲げるもののほか、これらの疾病に付随する疾病その他細菌、ウイルス等の病原体にさらされる業務に起因することの明らかな疾病
七　がん原性物質若しくはがん原性因子又はがん原性工程における業務による次に掲げる疾病
　1　ベンジジンにさらされる業務による尿路系腫瘍
　2　ベーターナフチルアミンにさらされる業務による尿路系腫瘍
　3　四ーアミノジフェニルにさらされる業務による尿路系腫瘍
　4　四ーニトロジフェニルにさらされる業務による尿路系腫瘍
　5　ビス（クロロメチル）エーテルにさらされる業務による肺がん
　6　ベリリウムにさらされる業務による肺がん
　7　ベンゾトリクロライドにさらされる業務による肺がん
　8　石綿にさらされる業務による肺がん又は中皮腫
　9　ベンゼンにさらされる業務による白血病
　10　塩化ビニルにさらされる業務による肝血管肉腫又は肝細胞がん
　11　オルトートルイジンにさらされる業務による膀胱がん
　12　一・二ージクロロプロパンにさらされる業務による胆管がん
　13　ジクロロメタンにさらされる業務による胆管がん
　14　電離放射線にさらされる業務による白血病、肺がん、皮膚がん、骨肉腫、甲状腺がん、多発性骨髄腫又は非ホジキンリンパ腫
　15　オーラミンを製造する工程における業務による尿路系腫瘍
　16　マゼンタを製造する工程における業務による尿路系腫瘍
　17　コークス又は発生炉ガスを製造する工程における業務による肺がん
　18　クロム酸塩又は重クロム酸塩を製造する工程における業務による肺がん又は上気道のがん
　19　ニッケルの製錬又は精錬を行う工程における業務による肺がん又は上気道のがん
　20　砒素を含有する鉱石を原料として金属の製錬若しくは精錬を行う工程又は無機砒素化合物を製造する工程における業務による肺がん又は皮膚がん
　21　すす、鉱物油、タール、ピッチ、アスファルト又はパラフィンにさらされる業務による皮膚がん
　22　1から21までに掲げるもののほか、これらの疾病に付随する疾病その他がん原性物質若しくはがん原性因子にさらされる業務又はがん原性工程における業務に起因することの明らかな疾病
八　長期間にわたる長時間の業務その他血管病変等を著しく増悪させる業務による脳出血、くも膜下出血、脳梗塞、高血圧性脳症、心筋梗塞、狭心症、心停止（心臓性突然死を含む。）若しくは解離性大動脈瘤又はこれらの疾病に付随する疾病
九　人の生命にかかわる事故への遭遇その他心理的に過度の負担を与える事象を伴う業務による精神及び行動の障害又はこれに付随する疾病
十　前各号に掲げるもののほか、厚生労働大臣の指定する疾病
十一　その他業務に起因することの明らかな疾病

脳・心臓疾患の労災認定

食生活や喫煙、飲酒、運動不足など生活習慣との関係が大きい「生活習慣病」とされる「がん」、急性心不全、心筋梗塞などの「心疾患」、くも膜下出血、脳梗塞などの「脳血管疾患」は日本人の三大死因とされており、このうち、脳や心臓の疾患は国民の死亡原因の多くの比重を占めています。

脳・心臓疾患は、日常生活や遺伝等に起因する諸要因で徐々に悪化して発病するものですが、このうち、長時間過密労働、深夜勤、海外出張等による極度の過労やストレス等の業務が主な原因となり、その自然経過を超えて著しく症状が増悪し、発症した場合（「過労死」とも呼ばれます。）には、業務との因果関係が認められて労災補償の対象になります。

「過労死」の労災補償状況は、請求件数、支給決定件数とも依然として高水準で推移しており、令和4年度（全国）においては、業種別では「運輸業、郵便業」、職種別では「輸送・機械運転従事者」、年齢別では「50〜59歳」が、請求件数、支給決定件数とも最も多くなっています。

 脳・心臓疾患の認定基準

平成13年12月に改正された「脳・心臓疾患の認定基準」に基づき労災認定されていましたが、その後約20年経過する中で、働き方の多様化や職場環境の変化が生じていることから厚生労働省では、最新の医学的知見を踏まえて専門検討会において検証等を行いました。その結果、令和3年9月に認定基準の改正が行われました。基本的な考え方は変わっていませんが、対象疾病、認定要件が見直されました。

（1）基本的な考え方

脳・心臓疾患は、その発症の基礎となる動脈硬化、動脈瘤などの血管病変が、主に加齢、生活習慣・生活環境等の日常生活による諸要因や遺伝等の個人に内在する要因により形成され、それが徐々に進行・増悪して、あるとき突然に発症するものです。

しかし、業務が特に過重であったために血管病変等が著しく増悪し、その結果、脳・心臓疾患が発症することがあります。

このような場合には、業務がその発症に当たって、相対的に有力な原因となったものとして、労災補償の対象となります。

（2）対象疾病

┌─**脳血管疾患**────────┐
- 脳内出血（脳出血）
- くも膜下出血
- 脳梗塞
- 高血圧性脳症
└──────────────┘

┌─**虚血性心疾患等**──────┐
- 心筋梗塞
- 狭心症
- 心停止（心臓性突然死を含む。）
- 重篤な心不全
- 大動脈解離
└──────────────┘

（3）認定要件

　以下の①から③のいずれかの「業務による明らかな過重負荷」を受けたことにより発症した脳・心臓疾患は、業務上の疾病として取り扱われます。

①　発症前の長期間にわたって、著しい疲労の蓄積をもたらす特に過重な業務に就労したこと（長期間の過重業務）

②　発症に近接した時期において、特に過重な業務に就労したこと（短期間の過重業務）

③　発症直前から前日までの間において、発生状態を時間的及び場所的に明確にし得る異常な出来事に遭遇したこと（異常な出来事）

　特に、過重負荷の有無の判断については、疲労の蓄積の観点から、労働時間のほか、勤務時間の不規則性（拘束時間の長い勤務、休日のない連続勤務、勤務間インターバルが短い勤務、不規則な勤務・交替制勤務・深夜勤務）、事業場外における移動を伴う業務（出張の多い業務、その他事業場外における移動を伴う業務）、心理的負荷を伴う業務、身体的負荷を伴う業務、作業環境（温度環境、騒音）等の負荷についても十分検討することとなっています。また、「複数業務要因災害となる場合（☞27頁参照）」のとおり、認定要件①及び②に関し、業務の過重性の検討に当たっては、異なる事業場における労働時間を通算して評価し、労働時間のほかの負荷要因についても十分に考慮し、総合的に判断することとされています。

　なお、業務による明らかな過重負荷として考慮する「長期間にわたる疲労の蓄積」の最も重要な要因と考えられる労働時間の評価の目安については、時間外・休日労働時間が1カ月間におおむね45時間を超えて長くなるほど、業務と発症との関連性が徐々に強まり、発症前1か月間に100時間以上、または2～6か月平均で80時間を超えると、健康障害のリスクが高まり、業務と発症との関連性が強いと評価できるとされています。

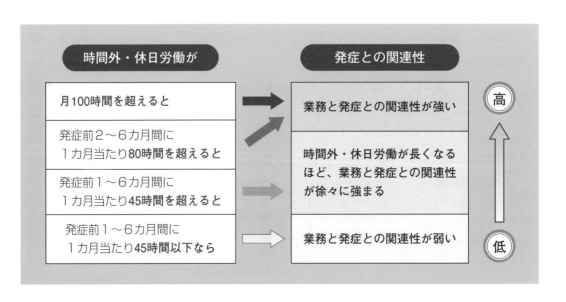

精神障害の労災認定

わが国では、平成10〜23年まで1年間の自殺者数が3万人を超える状態でした。平成24年からは3万人を下回り2万人台で減少傾向が続いていましたが、令和2年及び令和4年では前年より増加しました。自殺者の多くはうつ病等の「心の病」にかかっているといわれています。

労災補償の分野でも、いわゆる「過労自殺」に関心が高まっており、全国における「精神障害」に係る請求件数も急増傾向にあり、令和4年度は2,683件（前年2,346件）もの請求がありました。

しかし、業務がきっかけで発症したとの理由で労災請求がなされたにもかかわらず、それらのすべてが業務上として認定されているわけではありません。

疾病に係る業務上・外の認定については、Column「業務上疾病」（☞13頁参照）で解説しましたが、精神障害も他の疾病と同様に業務と疾病との間に相当因果関係が認められる場合にはじめて業務上疾病として取り扱われることになります。

❶ 精神障害の成因は「ストレス−脆弱性」理論

精神障害は、職場や職場以外のさまざまなストレスとそのストレスへの個人の反応しやすさとの関係で発病に至ると考えられています。

つまり、ストレスが非常に強ければ個人のストレスへの反応しやすさが小さくても発症するし、逆に個人のストレスへの反応しやすさが大きければストレスが小さくても破綻が生じるという相対的関係で理解することが、今日の精神医学的知見となっています。

しかし、個人のストレスへの反応しやすさを客観的に評価することは難しい側面があり、現実に判断することは不可能と言われています。

❷ 「心理的負荷による精神障害の認定基準」の策定

（1）認定基準と業務上外の判断の流れ

厚生労働省は、過労自殺を含む精神障害等の認定の考え方について、「心理的負荷」を客観的に評価する手法を取り入れた判断指針（平成11年）を示しましたが、その後、平成23年12月に「心理的負荷による精神障害の認定基準」を新たに策定し、令和2年6月に認定基準の「業務による心理的負荷評価表」にパ

精神障害等の判断手法

次の①、②及び③の要件をいずれも満たす精神障害を、業務上の疾病として取り扱うこととしています。

① 認定基準の対象となる精神障害を発病していること
② 認定基準の対象となる精神障害の発病前おおむね6か月の間に、業務による強い心理的負荷が認められること
③ 業務以外の心理的負荷や個体側要因により発病したとは認められないこと

以上の要件を満たすかどうかについては、

ⓐ精神障害の発病の有無、発病の時期及び疾患名の確認
ⓑ業務による心理的負荷の強度の評価
ⓒ業務以外の心理的負荷の強度の評価
ⓓ個体側要因の評価

について具体的に検討したうえで、総合的に判断することとしています。ⓑ及びⓒについては、「心理的負荷評価表」（☞20頁参照）を用いて評価します。

ワーハラスメントを明示しました。そして、令和5年9月に新たに「心理的負荷による精神障害の認定基準について」を発出し、心理的負荷評価表を見直し、具体的出来事の追加、具体例を拡充する等、認定基準の改正を行いました。これに伴い、平成23年の通達は廃止されました。

　精神障害等の業務上・外を認定する際には、次のフローチャートの流れに従って判断されます。

◆精神障害の労災認定フローチャート

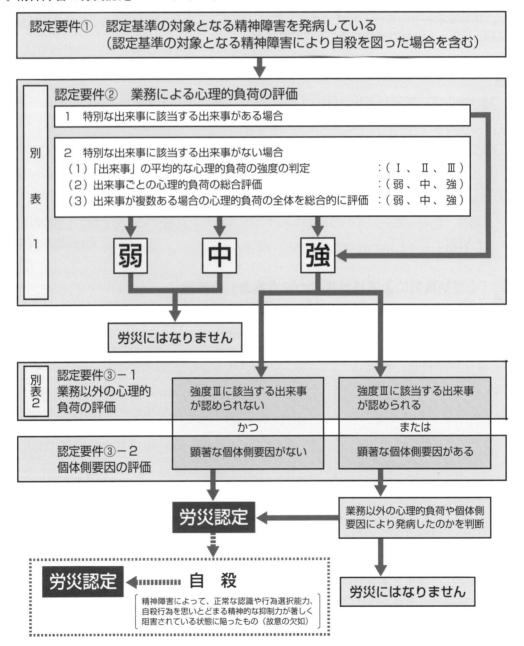

（2）業務による強い心理的負荷が認められる場合

　発病前おおむね6か月の業務による出来事について、**「業務による心理的負荷評価表」**（認定基準の別表1・☞次頁参照）により「強」と評価される場合は、認定要件の1つである「業務による強い心理的負荷」があると認められます。とりわけ極度の長時間労働や心理的負荷といった「特別な出来事」に該当する場合は、心理的負荷が「強」と判断されます。

　なお、「複数業務要因災害となる場合（☞27頁参照）」のとおり、複数事業労働者が一つの事業場のみの業務による出来事を評価して業務災害に該当しない場合には、異なる事業場等の出来事も含め、それぞれ具体的出来事に当てはめ心理的負荷を評価した上で総合的に評価します。

　また、長時間労働が精神障害の発病の原因となり得ることから、認定基準では、長時間労働についての評価の視点を明記しています。よって、複数事業労働者の場合、複数の事業場における労働時間、労働日数はそれぞれ通算し、個別の状況も十分勘案して、心理的負荷の強度を総合的に評価します。

◆強い心理的負荷となる長時間労働

対象となる長時間労働	評価の視点	「強」になる例
①「特別な出来事」としての「極度の長時間労働」	発病直前の極めて長い労働時間を評価	◆発病直前の1か月におおむね160時間を超えるような時間外労働を行った場合 ◆発病直前の3週間におおむね120時間以上の時間外労働を行った場合
②出来事としての長時間労働	発病前の1か月から3か月間の長時間労働を「出来事」として評価	◆発病直前の連続した2か月間に1か月当たりおおむね120時間以上の時間外労働を行った場合 ◆発病直前の連続した3か月間に1か月当たりおおむね100時間以上の時間外労働を行った場合
③恒常的長時間労働がある場合に「強」となる具体例	1か月おおむね100時間の時間外労働を「恒常的長時間労働」の状況とし、右の◆の場合には当該具体的出来事の心理的負荷を「強」と判断	◆具体的出来事の心理的負荷の強度が労働時間を加味せずに「中」程度と評価され、かつ、出来事の後に恒常的長時間労働が認められる場合 ◆具体的出来事の心理的負荷の強度が労働時間を加味せずに「中」程度と評価され、かつ、出来事の前に恒常的長時間労働が認められ、出来事後すぐに（出来事後おおむね10日以内に）発病に至っている場合、または、出来事後すぐに発病には至っていないが事後対応に多大な労力を費やしその後発病した場合 ◆具体的出来事の心理的負荷の強度が、労働時間を加味せずに「弱」程度と評価され、かつ、出来事の前及び後にそれぞれ恒常的長時間労働が認められる場合

＊ここでいう「時間外労働」とは、週40時間を超える労働をいいます。

　ただし、いじめやパワーハラスメント、セクシュアルハラスメントのように、出来事が繰り返されるものについては、発病の6か月よりも前にそれが始まり、発病前6か月以内の期間にも継続していたときは、それが始まった時点からの心理的負荷を評価します。

参考 （別表１）業務による心理的負荷評価表

特別な出来事

特別な出来事の類型	心理的負荷の総合評価を「強」とするもの	
心理的負荷が極度のもの	・生死にかかわる、極度の苦痛を伴う、又は永久労働不能となる後遺障害を残す業務上の病気やケガをした（業務上の傷病による療養中に症状が急変し極度の苦痛を伴った場合を含む）	…項目1関連
	・業務に関連し、他人を死亡させ、又は生死にかかわる重大なケガを負わせた（故意によるものを除く）	…項目3関連
	・強姦や、本人の意思を抑圧して行われたわいせつ行為などのセクシュアルハラスメントを受けた	…項目29関連
	・その他、上記に準ずる程度の心理的負荷が極度と認められるもの	
極度の長時間労働	・発病直前の1か月におおむね160時間を超えるような、又はこれに満たない期間にこれと同程度の（例えば3週間におおむね120時間以上の）時間外労働を行った	…項目12関連

特別な出来事以外

（総合評価の留意事項）

・出来事の総合評価に当たっては、出来事それ自体と、当該出来事の継続性や事後対応の状況、職場環境の変化などの出来事後の状況の双方を十分に検討し、例示されているもの以外であっても出来事に伴って発生したと認められる状況や、当該出来事が生じるに至った経緯等も含めて総合的に考慮して、当該出来事の心理的負荷の程度を判断する。

・職場の支援・協力が欠如した状況であること（問題への対処、業務の見直し、応援体制の確立、責任の分散その他の支援・協力がなされていない等）は、総合評価を強める要素となる。

・仕事の裁量性が欠如した状況であること（仕事が孤独で単調となった、自分で仕事の順番・やり方を決めることができなくなった、自分の技能や知識を仕事で使うことが要求されなくなった等）は、総合評価を強める要素となる。

（具体的出来事）

出来事の類型	具体的出来事	平均的な心理的負荷の強度 Ⅰ Ⅱ Ⅲ	心理的負荷の総合評価の視点	心理的負荷の強度を「弱」「中」「強」と判断する具体例		
				弱	中	強
1	①事故や災害の体験 業務により重度の病気やケガをした	★	・病気やケガの内容及び程度（苦痛や日常生活への支障の状況を含む）・その継続する状況（苦痛や支障の継続する状況、死の恐怖、事故等を再度体験することへの恐怖、回復の期待・失望の状況等の症状の経過を含む）・後遺障害の程度、社会復帰の困難性等	【「弱」になる例】・休業を要さない又は数日程度の休業を要するものであって、後遺障害を残さない業務上の病気やケガをした	【「中」になる例】・短期間の入院を要する業務上の病気やケガをした・業務上の病気やケガをし、一部に後遺障害を残すも、現職への復帰に支障がないようなものであった	【「強」である例】・長期間の入院を要する業務上の病気やケガをした・大きな後遺障害を残すような（労災の障害年金に該当する、現職への復帰ができなくなる、外形的に明らかで日常生活にも支障を来すなどの）業務上の病気やケガをした・業務上の病気やケガで療養中の者について、当該傷病により社会復帰が困難な状況にあった、死の恐怖や強い苦痛が生じた（注）生死にかかわる等の業務上の病気やケガは、特別な出来事として評価
2	業務に関連し、悲惨な事故や災害の体験、目撃をした	★	・本人が体験した場合、予感させる被害の内容及び程度、死の恐怖、事故等を再度体験することへの恐怖等・他人の事故を目撃した場合、被害の内容及び程度の悲惨さ、被害者との関係、本人が被災していた可能性や救助できた可能性等	【「弱」になる例】・業務に関連し、本人の負傷は軽微・無傷で、悲惨とまではいえない事故等の体験、目撃をした	【「中」である例】・業務に関連し、本人の負傷は軽微・無傷で、生命等に支障はないような悲惨な事故等の体験、目撃をした・特に悲惨な事故等を目撃したが、被災者との関係は浅く、本人が被災者を救助できる状況等でもなかった	【「強」になる例】・業務に関連し、本人の負傷は軽度・無傷であったが、自らの死を予感させる、あるいは重大な傷病を招きかねない程度の事故等を体験した・業務に関連し、被災者が死亡する事故、多量の出血を伴うような事故等特に悲惨な事故であって、本人が巻き込まれる可能性がある状況や、本人が被災者を救助することができたかもしれない状況を伴う事故を目撃した
3	②仕事の失敗、過重な責任の発生等 業務に関連し、重大な人身事故、重大事故を起こした	★	・事故の内容、大きさ・重大性、社会的反響の大きさ、加害の程度等・ペナルティ・責任追及の有無及び程度、事後対応の困難性、その後の業務内容・業務量の程度、職場の人間関係、職場の支援・協力の有無及び内容等（注）本人に過失がない場合も含む。	【「弱」になる例】・軽微な事故を生じさせたが特段の責任追及・事故対応はなかった・軽微な物損事故を生じさせ、再発防止のための対応等を行った	【「中」になる例】・他人に負わせたケガの程度は重度ではないが、事後対応に一定の労力をした（強い叱責を受けた、職場の人間関係が悪化した等を含む）	【「強」である例】・業務に関連し、他人に重度の病気やケガ（項目1参照）を負わせ、事後対応にも当たった・他人に負わせたケガの程度は重度ではないが、事後対応に多大な労力を費やした（減給、降格等の重いペナルティを課された、職場の人間関係が著しく悪化した等を含む）（注）他人を死亡させる等の事故は、特別な出来事として評価
4	多額の損失を発生させるなど仕事上のミスをした	★	・ミスやその結果（損失、損害等）の内容、程度、社会的反響の大きさ等・ペナルティ・責任追及の有無及び程度、事後対応の困難性、その後の業務内容・業務量の程度、職場の人間関係、職場の支援・協力の有無及び内容等	【「弱」になる例】・軽微な仕事上のミスをしたが、通常想定される指導等を受けたほかは、特段の事後対応は生じなかった・軽微な仕事上のミスをし、再発防止のための対応等を行った・多額とはいえない損失（その後の業務で容易に回復できる損失、社内でたびたび生じる損失）等を生じさせ、何らかの事後対応を行った	【「中」である例】・会社に大きな損害を与えるなどのミスをしたが、通常想定される指導等を受けたほかは、特段の事後対応は生じなかった・業務上製造する製品の品質に大きく影響する、取引先との関係に大きく影響するなどのミスをし、事後対応にも当たった（取引先からの叱責、ペナルティを課された等も含む）	【「強」になる例】・会社の経営に影響するなどの重大な仕事上のミス（倒産を招きかねないミス、大幅な業績悪化に繋がるミス、会社の信用を著しく傷つけるミス等）をし、事後対応にも当たった・会社の経営に影響するなどの重大な仕事上のミスとまではいえないが、その事後対応に多大な労力を費やした（懲戒処分、降格、月給額を超える賠償責任の追及等重いペナルティを課された、職場の人間関係が著しく悪化した等を含む）

出来事の類型	具体的出来事	平均的な心理的負荷の強度			心理的負荷の総合評価の視点	心理的負荷の強度を「弱」「中」「強」と判断する具体例		
		I	II	III		弱	中	強
4	②仕事の失敗、過重な責任の発生等（続き）		★			・不正行為等の疑いのため事実確認の間、自宅待機等が命じられたが、他の例と比べても均衡を失するものではなく、会社の手続に瑕疵はなかった	・多額の損失等を生じさせ、何らかの事後対応を行った	
5	会社で起きた事故、事件について、責任を問われた		★		・事故、事件の内容、程度、当該事故等への関与・責任の程度、社会的反響の大きさ等 ・ペナルティの有無及び程度、責任追及の程度、事後対応の困難性、その後の業務内容、業務量の程度、職場の人間関係、職場の支援・協力の有無及び内容等 （注）この項目は、部下が起こした事故等、本人が直接引き起こしたものではない事故、事件について、監督責任等を問われた場合の心理的負荷を評価する。本人が直接引き起こした事故については、項目4で評価する。	【「弱」になる例】 ・軽微な事故、事件（損害等の生じない事態、その後の業務で容易に損害等を回復できる事態、社内でたびたび生じる事態等）の責任（監督責任等）を一応問われたが、特段の事後対応はなかった	【「中」である例】 ・立場や職責に応じて事故、事件の責任（監督責任等）を問われ、何らかの事後対応を行った	【「強」になる例】 ・重大な事故、事件（倒産を招きかねない事態や大幅な業務悪化に繋がる事態、会社の信用を著しく傷つける事態、他人を死亡させ、又は生死に関わるケガを負わせる事態等）の責任（監督責任等）を問われ、事後対応に多大な労力を費やした ・重大とまではいえない事故、事件ではあるが、その責任（監督責任等）を問われ、立場や職責を大きく上回る事後対応を行った（減給、降格等の重いペナルティが課された等を含む）
6	業務に関連し、違法な行為や不適切な行為等を強要された		★		・違法性・不適切の程度、強要の程度（頻度、方法、本人の拒否等の状況との関係）、本人の関与の程度等 ・事後のペナルティの程度、事後対応の困難性、その後の業務内容・業務量の程度、職場の人間関係、職場の支援・協力の有無及び内容等	【「弱」になる例】 ・業務に関連し、商慣習としてはまれに行われるような違法行為や、不適切な行為・言動を求められたが、拒むことにより終了した	【「中」である例】 ・業務に関連し、商慣習としてはまれに行われるような違法行為や、商慣習上不適切とされる行為、社内で禁止されている行為・言動等を命じられ、これに従った	【「強」になる例】 ・業務に関連し、重大な違法行為（人の生命に関わる違法行為、会社の信用を著しく傷つける違法行為）を命じられた ・業務に関連し、反対したにもかかわらず、違法行為等を執拗に命じられ、やむなくそれに従った ・業務に関連し、重大な違法行為を命じられ、何度もそれに従った ・業務に関連し、強要された違法行為等が発覚し、事後対応に多大な労力を費やした（重いペナルティを課された等を含む）
7	達成困難なノルマが課された・対応した・達成できなかった		★		・ノルマの内容、困難性、強制の程度、達成できなかった場合の影響、ペナルティの有無及び内容等 ・ノルマに対応するための業務内容、業務量の程度、職場の人間関係、職場の支援・協力の有無及び内容等 ・未達成による経営上の影響度、ペナルティの有無及び内容等 ・未達成による事後対応の困難性、その後の業務内容、業務量の程度、職場の人間関係、職場の支援・協力の有無及び内容等 （注）ノルマには、達成が強く求められる業績目標等を含む。 　また、未達成については、期限に至っていない場合でも、達成できない状況が明らかになったときにはこの項目で評価する。 （注）パワーハラスメントに該当する場合は、項目22で評価する。	【「弱」になる例】 ・同種の経験等を有する労働者であれば達成可能なノルマを課された ・ノルマではない業績目標が示された（当該目標が、達成を強く求められるものではないもの） ・ノルマが達成できなかったが、何ら事後対応は必要なく、会社から責任を問われること等もなかった ・業績目標が達成できなかったものの、当該目標の達成は、強く求められていたものではなかった	【「中」である例】 ・達成は容易ではないものの、客観的にみて、努力すれば達成も可能であるノルマが課され、この達成に向けた業務を行った ・達成が容易ではないノルマが課され、この達成に向け一定の労力を費やした ・ノルマが達成できなかったことにより、その事後対応に一定の労力を費やした、または一定のペナルティを受けた、強い叱責を受けた、職場の人間関係が悪化した	【「強」になる例】 ・客観的に相当な努力があっても達成困難なノルマが課され、達成できない場合には著しい不利益を被ることが明らかで、その達成のため多大な労力を費やした ・経営に影響するようなノルマ（達成できなかったことにより倒産を招きかねないもの、会社の業績に著しくつながるもの、会社の信用を著しく傷つけるもの等）が達成できず、そのため、事後対応に多大な労力を費やした（懲戒処分、降格、左遷、賠償責任の追及といった重いペナルティを課された等を含む） ・客観的に相当な努力があっても達成困難なノルマが達成できず、事後対応にも多大な労力を費やした（重いペナルティを課された等を含む）
8	新規事業や、大型プロジェクト（情報システム構築等を含む）などの担当になった		★		・新規事業等の内容、本人の職責、困難性の程度、能力と業務内容のギャップの程度等 ・その後の業務内容、業務量の程度、職場の人間関係、職場の支援・協力の有無及び内容等	【「弱」になる例】 ・軽微な新規事業等（新規事業であるが、責任が大きいとはいえないもの、期限が定められていないもの等）の担当になった	【「中」である例】 ・新規事業等（新規・大型プロジェクト、新規研究開発、新規出店の統括、大型システム導入、会社全体や不採算部門の建て直し等、成功に対する高い評価が期待されやりがいも大きいが責任も大きい業務）の担当になった	【「強」になる例】 ・経営に重大な影響のある新規事業等（失敗した場合に倒産を招きかねないもの、大幅な業務悪化につながるもの、会社の信用を著しく傷つけるもの、成功した場合に会社の新たな主要事業になるもの等）の担当であって、事業の成否に重大な責任のある立場に就き、当該業務に当たった
9	顧客や取引先から対応が困難な注文や要求等を受けた		★		・顧客・取引先の重要性、注文・要求・指摘の内容、会社の被る負担・損害の内容、程度等 ・事後対応の困難性、その後の業務内容、業務量の程度、	【「弱」になる例】 ・同種の経験等を有する労働者であれば達成可能な注文を出され、業務内容・業務量に一定の変化があった ・要望が示されたが、達成を	【「中」である例】 ・業務に関連して、顧客や取引先から対応が困難な注文（大幅な値下げや納期の繰上げ、度重なる設計変更等）を受け、何らかの事後対応を行	【「強」になる例】 ・通常なら拒むことが明らかな注文（業績の著しい悪化が予想される注文、不適切な行為を内包する注文等）ではあるが、重要な顧客や取引先からのものであるためこれを受け、他部門や別の取引先

	出来事の類型	具体的出来事	平均的な心理的負荷の強度 I II III	心理的負荷の総合評価の視点	心理的負荷の強度を「弱」「中」「強」と判断する具体例		
					弱	中	強
9	②仕事の失敗、過重な責任の発生等（続き）		★ (II)	職場の人間関係、職場の支援・協力の有無及び内容等 （注）ここでいう「要求等」とは、契約に付随して商慣習上あり得る要求や、納品物の不適合の指摘等をいう。 （注）顧客等から何らかの指摘を受けたが、特に対応を求められるものではなく、取引関係や、業務内容・業務量に大きな変化もなかった場合は、項目4で評価する。 　また、顧客等の行為が著しい迷惑行為に該当する場合は、項目27で評価する。	強く求められるものではなく、業務内容・業務量にも大きな変化もなかった	った ・業務に関連して、顧客等から納品物の不適合の指摘等その内容は妥当であるが対応が困難な指摘・要求を受け、その事後対応に従事した ・業務に関連して、顧客等から対応が困難な要求等を受け、その対応に従事した	と困難な調整に当たる等の事後対応に多大な労力を費やした ・顧客や取引先から重大な指摘・要求（大口の顧客の喪失を招きかねないもの、会社の信用を著しく傷つけるもの等）を受け、その解消のために他部門や別の取引先と困難な調整に当たった
10		上司や担当者の不在等により、担当外の業務を行った・責任を負った	★ (I)	・担当外の業務の内容、責任、業務量の程度、本来業務との関係、能力・経験とのギャップ、職場の人間関係、職場の支援・協力の有無及び内容等 ・代行期間等	【「弱」である例】 ・上司等の不在時に上司等が担当していた業務を代行したが、当該業務は以前から経験しているものであった ・上司等の不在時にその代行を任され、当該業務の責任者の立場となったが、特に責任ある判断を求められる事態や追加の業務が生じる事態は生じなかった	【「中」になる例】 ・上司が長期不在となり、各労働者との調整が必要なシフト表の作成等を、一定の労力を要し責任もある業務を継続的に代行した	【「強」になる例】 ・上司等の急な欠員により、能力・経験に比して高度かつ困難な担当外の業務・重大な責任のある業務を長期間担当することを余儀なくされ、当該業務の遂行に多大な労力を費やした
11	③仕事の量・質	仕事内容・仕事量の大きな変化を生じさせる出来事があった	★ (II)	・業務の内容、困難性、能力・経験と業務内容のギャップ、職場の支援・協力の有無及び内容等 ・時間外労働、休日労働の状況とその変化の程度、勤務間インターバルの状況等 ・業務の密度の変化の程度、仕事内容、責任の変化の程度、仕事内容の変化の原因に係る社会的反響の大きさ等 （注）発病前おおむね6か月において、時間外労働時間数に大きな変化がみられる場合には、他の項目で評価される場合でも、この項目でも評価する。	【「弱」になる例】 ・仕事内容の変化が容易に対応できるもの（※）であり、変化後の業務の負荷が大きくなかった ※ 多額とはいえない損失の事後対応、大きな説明会での発表、部下の増加・減少、所属部署の統廃合等 ・仕事量（時間外労働時間数等）に、「中」に至らない程度の変化があった	【「中」である例】 ・担当業務内容の変更、初めて担当する業務や日常的には実施していない困難な業務の実施、損失や不具合の発生への対応等により、仕事内容の大きな変化が生じた ・取引量の急増、担当者の減少等により、仕事量の大きな変化（時間外労働時間数としてはおおむね20時間以上増加し1月当たりおおむね45時間以上となるなど）が生じた ・担当取引先からの契約を打ち切られるなど多額の損失が見込まれる事態が生じ、その原因に本人は関与していないが、当該損失を補うために積極的な営業活動等の事後対応を行った	【「強」になる例】 ・過去に経験したことがない仕事内容、能力・経験に比して質的に高度かつ困難な仕事内容等に変更となり、常時緊張を強いられる状態となった又はその後の業務に多大な労力を費やした ・仕事量が著しく増加して時間外労働も大幅に増える（おおむね倍以上に増加し1月当たりおおむね100時間以上となる）などの状況になり、業務に多大な労力を費やした（休憩・休日を確保するのが困難なほどの状態となった等を含む） ・会社の経営に影響するなどの特に多額の損失（倒産を招きかねない損失、大幅な業績悪化に繋がる損失等）が生じ、その原因に本人は関与していないが、倒産を回避するための金融機関や取引先への対応等の事後対応に多大な労力を費やした
12		1か月に80時間以上の時間外労働を行った	★ (II)	・業務の困難性、能力・経験と業務内容のギャップ、職場の支援・協力の有無及び内容等 ・業務の密度、業務内容、責任等 ・長時間労働の継続期間、労働時間数、勤務間インターバルの状況等 （注）発病前おおむね6か月において、1か月におおむね80時間以上の時間外労働がみられる場合には、他の項目（項目11の仕事量の変化を除く）で評価される場合でも、この項目でも評価する。	【「弱」になる例】 ・1か月におおむね80時間未満の時間外労働を行った （注）他の項目で労働時間の状況が評価されない場合に評価する。	【「中」である例】 ・1か月におおむね80時間以上の時間外労働を行った	【「強」になる例】 ・発病直前の連続した2か月間に、1月当たりおおむね120時間以上の時間外労働を行った ・発病直前の連続した3か月間に、1月当たりおおむね100時間以上の時間外労働を行った （注）発病直前の1か月におおむね160時間を超える等の極度の長時間労働は、特別な出来事として評価
13		2週間以上にわたって休日のない連続勤務を行った	★ (II)	・業務の困難性、能力・経験と業務内容のギャップ、職場の支援・協力の有無及び内容等 ・業務の密度、業務内容、責任等及びそれらの程度の変化 ・連続勤務の継続期間、労働時間数、勤務間インターバルの状況等	【「弱」になる例】 ・休日労働を行った ・休日出勤により連続勤務となったが、休日の労働時間が特に短いものであった	【「中」である例】 ・平日の時間外労働だけではこなせない業務量がある、休日に対応しなければならない業務が生じた等の事情により、2週間以上にわたって連続勤務を行った（1日当たりの労働時間が特に短い場合を除く）	【「強」になる例】 ・1か月以上にわたって連続勤務を行った ・2週間以上にわたって連続勤務を行い、その間、連日、深夜時間帯に及ぶ時間外労働を行った （いずれも、1日当たりの労働時間が特に短い場合を除く）
14		感染症等の病気や事故の危険性が高い業務に従事した	★ (II)	・業務の内容・困難性（ばく露のおそれがある病原体・化学物質等の有害因子の性質・危険性等を含む）、能力・経験と業務内容のギャップ、職場の支援・協力（教育訓練の状況や防護・災害防止対策の状況等を含む）の有無及び内容等 ・当該業務に従事する経緯、その予測の度合、当該業務の継続期間等	【「弱」になる例】 ・重篤ではない感染症等の病気や事故の危険性がある業務に従事した ・感染症等の病気や事故の危険性がある業務ではあるが、防護等の対策の負担は大きいものではなかった	【「中」である例】 ・感染症等の病気や事故の危険性が高い業務に従事し、防護対策等も一定の負担を伴うものであったが、確立した対策を実施すること等により職員のリスクは低減されていた	【「強」になる例】 ・新興感染症の感染の危険性が高い業務等に急遽従事することとなり、防護対策も試行錯誤しながら実施する中で、施設内における感染等の被害拡大も生じ、死の恐怖等を感じつつ業務を継続した

出来事の類型	具体的出来事	平均的な心理的負荷の強度 I II III	心理的負荷の総合評価の視点	心理的負荷の強度を「弱」「中」「強」と判断する具体例 弱	中	強
15 ③仕事の量・質（続き）	勤務形態、作業速度、作業環境等の変化や不規則な勤務があった	★ (II)	・交替制勤務、深夜勤務等、勤務形態の変化の内容、変化の程度、変化に至る経緯、変化後の状況等 ・作業速度（仕事のペース）、作業環境（騒音、照明、温度、湿度、換気、臭気等）、作業場所の変化の内容、変化の程度、変化に至る経緯、変化後の状況等 ・勤務の不規則な程度、一般的な日常生活・労働者の過去の経験とのギャップ、深夜勤務や勤務間インターバルの状況等	【「弱」である例】 ・日勤から夜勤、交替制勤務等に変更になったが、業務内容・業務量にも変更はなかった ・自分の勤務形態がテレワークになった、部下、上司、同僚等がテレワークになった	【「中」になる例】 ・客観的に夜勤への対応が困難な事情があり、これを会社が把握していたにもかかわらず頻回の夜勤を含む勤務に変更となり、睡眠時間帯が不規則な状況となった	【「強」になる例】 ・勤務形態が頻回の急な変更により著しく不規則となり、その予測も困難であって、生理的に必要な睡眠時間をまとまって確保できない状況となり、かつこれが継続した
16 ④役割・地位の変化等	退職を強要された	★ (III)	・退職強要・退職勧奨に至る理由・経緯、退職強要等の態様、強要の程度、職場の人間関係等 ・解雇に至る理由・経過、解雇通告や理由説明の態様、職場の人間関係等 （注）ここでいう「解雇」には、労働契約の形式上期間を定めて雇用されている者であっても、当該契約が期間の定めのない契約と実質的に異ならない状態となっている場合の雇止めの通知を含む。	【「弱」になる例】 ・退職勧奨が行われたが、退職強要とはいえず、断ることによって終了し、職場の人間関係への悪影響もなかった	【「中」になる例】 ・業務状況や労働条件に関する面談の中で上司等から退職に関する発言があったが、客観的に退職勧奨がなされたとはいえないものであった ・強い退職勧奨（早期退職制度の強い利用勧奨を含む）が行われたが、その方法、頻度からして強要とはいえないものであった ・早期退職制度の対象となり、年齢等の要件に合致して早期退職者の募集とこれに係る個人面談が複数回なされたが、当該制度の利用が強いられたものではなかった	【「強」である例】 ・退職の意思のないことを表明しているにもかかわらず、長時間にわたり又は威圧的な方法等により、執拗に退職を求められた ・突然解雇の通告を受け、何ら理由が説明されることなく又は明らかに不合理な理由が説明され、更なる説明を求めても応じられず、撤回されることもなかった
17	転勤・配置転換等があった	★ (II)	・職種、職務の変化の程度、転勤・配置転換等の理由・経緯、転勤の場合、単身赴任の有無、海外の治安の状況等 ・業務の困難性、能力・経験と業務内容のギャップ ・その後の業務内容、業務量の程度、職場の人間関係、職場の支援・協力の有無及び内容等 （注）出向を含む。	【「弱」になる例】 ・以前に経験した場所・業務である等、転勤・配置転換後の業務が容易に対応できるものであり、変化後の業務の負荷が軽微であった	【「中」である例】 ・過去に経験した場所・業務ではないものの、経験、年齢、職種等に応じた通常の転勤・配置転換等であり、その後の業務に対応した （注）ここでの「転勤」は、勤務場所の変更であって転居を伴うものを指す。「配置転換」は、所属部署（担当係等）、勤務場所の変更を指し、転居を伴うものを除く。	【「強」になる例】 ・転勤先は初めて赴任する外国であって現地の職員との会話が不能、治安状況が不安といったような事情から、転勤後の業務遂行に著しい困難を伴った ・配置転換後の業務が、過去に経験した業務と全く異なる質のものであり、これに対応するのに多大な労力を費やした ・配置転換後の地位が、過去の経験からみて異例なほど重い責任が課せられるものであり、これに対応するのに多大な労力を費やした ・配置転換の内容が左遷（明らかな降格で配置転換としては異例、不合理なもの）であって職場内で孤立した状況になり、配置転換後の業務遂行に著しい困難を伴った
18	複数名で担当していた業務を1人で担当するようになった	★ (II)	・職種、責任、業務内容、業務量の変化の程度等 ・その後の業務内容、業務量の程度、職場の人間関係、職場の支援・協力の有無及び内容等	【「弱」になる例】 ・複数名で担当していた業務を1人で担当するようになったが、業務内容・業務量はほとんど変化がなかった、職場の支援が十分になされていた ・複数名で担当していた業務を1人で担当するようになったが、研修・引継期間等の終了に伴うもので、本来1人で担当することが予定されたものであった	【「中」である例】 ・複数名で担当していた業務を1人で担当するようになり、業務内容・業務量が増加するとともに、職場の支援等がなく業務に係る相談や休暇取得が困難となった	【「強」になる例】 ・人員削減等のため業務を1人で担当するようになり、職場の支援等もなされず孤立した状態で業務内容、業務量、責任が著しく増加して質が高まり、必要な休憩・休日も取れない等常時緊張を強いられるような状態となって業務遂行に著しい困難を伴った
19	雇用形態や国籍、性別等を理由に、不利益な処遇等を受けた	★ (II)	・不利益な処遇等（差別に該当する場合も含む）の理由・経緯、内容、程度、職場の人間関係等 ・その継続する状況	【「弱」になる例】 ・労働者間に処遇の差異があるが、その差は小さいものであった、又は理由のあるものであった ・軽微な不利益処遇を受けたが、理由のあるものであった（客観的には不利益とはいえないものも含む）	【「中」である例】 ・非正規雇用労働者であるなどの雇用形態や国籍、性別等の理由、又はその他の理由により、不利益な処遇等を受けた	【「強」になる例】 ・雇用形態や国籍、人種、信条、性別等を理由になされた仕事上の差別、不利益取扱いの程度が著しく大きく、人格を否定するようなものであって、かつこれが継続した ※性的指向・性自認に関する差別等を含む。
20	自分の昇格・昇進等の立場・地位の変更があった	★ (I)	・職務・責任、職場における役割・位置付けの変化の程度等 ・その後の業務内容、職場の人間関係等	【「弱」である例】 ・昇格・昇進等を新たに担当することとなったが、本人の能力や経験と乖離したものではなかった	【「中」になる例】 ・本人の経験等と著しく乖離した責任が課せられたものであったが、職場内における研修・支援があり、昇進後の職責は困難なものではなかった	【「強」になる例】 ・本人の経験等と著しく乖離した重い責任・極めて困難な職責が課せられ、職場の支援等もなされず孤立した状態で当該職責を果たすこととなり、当該昇進後の業務に多大な労力を費やした

23

出来事の類型	具体的出来事	平均的な心理的負荷の強度			心理的負荷の総合評価の視点	心理的負荷の強度を「弱」「中」「強」と判断する具体例		
		I	II	III		弱	中	強
21 ④役割・地位の変化等（続き）	雇用契約期間の満了が迫った	★			・契約締結時、期間満了前の説明の有無、その内容、その後の状況、職場の人間関係等	【「弱」である例】 ・契約期間の満了が迫ったが、契約更新が見込まれるものであった ・契約終了（雇止め）の通告があったが、事前に十分な説明が尽くされる等、契約更新が期待されるものではなかった ・派遣先における派遣期間の終了が迫ったが、派遣元において雇用維持がなされる状況であった	【「中」になる例】 ・事前の説明が尽くされていない突然の契約終了（雇止め）通告であり契約終了までの期間が短かった	【「強」になる例】 ・契約の更新等を強く期待することが合理的な状況であった（上司等がそのような言動を継続的に行っていた）にもかかわらず、突然に契約終了（雇止め）が通告され、通告時の態様も著しく配慮を欠くものであった
22 ⑤パワーハラスメント	上司等から、身体的攻撃、精神的攻撃等のパワーハラスメントを受けた			★	・指導・叱責等の言動に至る経緯や状況等 ・身体的攻撃、精神的攻撃等の内容、程度、上司（経営者を含む）等との職務上の関係等 ・反復・継続など執拗性の状況 ・就業環境を害する程度 ・会社の対応の有無及び内容、改善の状況等 （注）当該出来事の評価対象とならない対人関係のトラブルは、出来事の類型「対人関係」の各出来事で評価する。 （注）「上司等」には、職務上の地位が上位の者のほか、同僚又は部下であっても、業務上必要な知識や豊富な経験を有しており、その者の協力が得られなければ業務の円滑な遂行を行うことが困難な場合、同僚又は部下からの行為によりこれに抵抗又は拒絶することが困難である場合も含む。	【「弱」になる例】 ・上司等による「中」に至らない程度の身体的攻撃、精神的攻撃等が行われた	【「中」になる例】 ・上司等による次のような身体的攻撃・精神的攻撃等が行われ、行為が反復・継続していない ▶治療を要さない程度の暴行による身体的攻撃 ▶人格や人間性を否定するような、業務上明らかに必要性がない又は業務の目的を逸脱した精神的攻撃 ▶必要以上に長時間にわたる叱責、他の労働者の面前における威圧的な叱責など、態様や手段が社会通念に照らして許容される範囲を超える精神的攻撃 ▶無視等の人間関係からの切り離し ▶業務上明らかに不要なことや遂行不可能なことを強制する等の過大な要求 ▶業務上の合理性なく仕事を与えない等の過小な要求 ▶私的なことに過度に立ち入る個の侵害	【「強」である例】 ・上司等から、治療を要する程度の暴行等の身体的攻撃を受けた ・上司等から、暴行等の身体的攻撃を反復・継続するなどして執拗に受けた ・上司等から、次のような精神的攻撃等を反復・継続するなどして執拗に受けた ▶人格や人間性を否定するような、業務上明らかに必要性がない又は業務の目的を大きく逸脱した精神的攻撃 ▶必要以上に長時間にわたる厳しい叱責、他の労働者の面前における大声での威圧的な叱責など、態様や手段が社会通念に照らして許容される範囲を超える精神的攻撃 ▶無視等の人間関係からの切り離し ▶業務上明らかに不要なことや遂行不可能なことを強制する等の過大な要求 ▶業務上の合理性なく仕事を与えない等の過小な要求 ▶私的なことに過度に立ち入る個の侵害 ・心理的負荷としては「中」程度の身体的攻撃、精神的攻撃等を受けた場合であって、会社に相談しても又は会社がパワーハラスメントがあると把握していても適切な対応がなく、改善がなされなかった ※性的指向・性自認に関する精神的攻撃等を含む。
23 ⑥対人関係	同僚等から、暴行又はひどいいじめ・嫌がらせを受けた			★	・暴行又はいじめ・嫌がらせに至る経緯や状況等 ・暴行又はいじめ・嫌がらせの内容、程度、同僚等との職務上の関係等 ・反復・継続など執拗性の状況 ・会社の対応の有無及び内容、改善の状況等	【「弱」になる例】 ・同僚等から、「中」に至らない程度の言動を受けた	【「中」になる例】 ・同僚等から、治療を要さない程度の暴行を受け、行為が反復・継続していない ・同僚等から、人格や人間性を否定するような言動を受け、行為が反復・継続していない	【「強」である例】 ・同僚等から、治療を要する程度の暴行等を受けた ・同僚等から、暴行等を反復・継続するなどして執拗に受けた ・同僚等から、人格や人間性を否定するような言動を反復・継続するなどして執拗に受けた ・心理的負荷としては「中」程度の暴行又はいじめ・嫌がらせを受けた場合であって、会社に相談しても又は会社が暴行若しくはいじめ・嫌がらせがあると把握していても適切な対応がなく、改善がなされなかった ※性的指向・性自認に関するいじめ等を含む。
24	上司とのトラブルがあった		★		・トラブルに至る経緯や状況等 ・トラブルの内容、程度、回数、上司（経営者を含む）との職務上の関係等 ・その後の業務への支障等 ・会社の対応の有無及び内容、改善の状況等	【「弱」になる例】 ・上司から、業務指導の範囲内である指導・叱責を受けた ・業務をめぐる方針等において、上司との考え方の相違が生じた（客観的にはトラブルとはいえないものも含む）	【「中」である例】 ・上司から、業務指導の範囲内である強い指導・叱責を受けた ・業務をめぐる方針等において、周囲からも客観的に認識されるような大きな対立が上司との間に生じた	【「強」になる例】 ・業務をめぐる方針等において、周囲からも客観的に認識されるような大きな対立が上司との間に生じ、その後の業務に大きな支障を来した
25	同僚とのトラブルがあった		★		・トラブルに至る経緯や状況等 ・トラブルの内容、程度、回数、同僚との職務上の関係等 ・その後の業務への支障等 ・会社の対応の有無及び内容、改善の状況等	【「弱」になる例】 ・業務をめぐる方針等において、同僚との考え方の相違が生じた（客観的にはトラブルとはいえないものも含む）	【「中」である例】 ・業務をめぐる方針等において、周囲からも客観的に認識されるような大きな対立が同僚との間に生じた ・同僚との対立により、本来得られるべき業務上必要な協力が得られず、業務に一定の影響が生じた	【「強」になる例】 ・業務をめぐる方針等において、周囲からも客観的に認識されるような大きな対立が多数の同僚との間に又は頻繁に生じ、その後の業務に大きな支障を来した

出来事の類型	具体的出来事	平均的な心理的負荷の強度			心理的負荷の総合評価の視点	心理的負荷の強度を「弱」「中」「強」と判断する具体例		
		Ⅰ	Ⅱ	Ⅲ		弱	中	強
26 ⑥対人関係（続き）	部下とのトラブルがあった		★		・トラブルに至る経緯や状況等 ・トラブルの内容、程度、回数、部下との職務上の関係等 ・その後の業務への支障等 ・会社の対応の有無及び内容、改善の状況等	【「弱」になる例】 ・業務をめぐる方針等において、部下との考え方の相違が生じた（客観的にはトラブルとはいえないものも含む）	【「中」である例】 ・業務をめぐる方針等において、周囲からも客観的に認識されるような大きな対立が部下との間に生じた ・部下との対立により、本来得られるべき業務上必要な協力が得られず、業務に一定の影響が生じた	【「強」になる例】 ・業務をめぐる方針等において、周囲からも客観的に認識されるような大きな対立が多数の部下との間に又は頻繁に生じ、その後の業務に大きな支障を来した
27	顧客や取引先、施設利用者等から著しい迷惑行為を受けた		★		・迷惑行為に至る経緯や状況等 ・迷惑行為の内容、程度、顧客等（相手方）との職務上の関係等 ・反復・継続など執拗性の状況 ・その後の業務への支障等 ・会社の対応の有無及び内容、改善の状況等 （注）著しい迷惑行為とは、暴行、脅迫、ひどい暴言、著しく不当な要求等をいう。	【「弱」になる例】 ・顧客等から、「中」に至らない程度の言動を受けた	【「中」である例】 ・顧客等から治療を要さない程度の暴行を受け、行為が反復・継続していない ・顧客等から、人格や人間性を否定するような言動を受け、行為が反復・継続していない ・顧客等から、威圧的な言動などその態様や手段が社会通念に照らして許容される範囲を超える著しい迷惑行為を受け、行為が反復・継続していない	【「強」になる例】 ・顧客等から、治療を要する程度の暴行等を受けた ・顧客等から、暴行等を反復・継続するなどして執拗に受けた ・顧客等から、人格や人間性を否定するような言動を反復・継続するなどして執拗に受けた ・顧客等から、威圧的な言動などその態様や手段が社会通念に照らして許容される範囲を超える著しい迷惑行為を、反復・継続するなどして執拗に受けた ・心理的負荷としては「中」程度の迷惑行為を受けた場合であって、会社に相談しても又は会社が迷惑行為を把握していても適切な対応がなく、改善がなされなかった
28	上司が替わる等、職場の人間関係に変化があった	★			・人間関係の変化の内容等 ・その後の業務への支障等	【「弱」である例】 ・上司が替わったが、特に業務内容に変更もなく、上司との関係に問題もなかった ・良好な関係にあった上司、同僚等が異動した ・同僚・後輩に昇進で先を越されたが、人間関係に問題が生じたものではなかった	（注）上司が替わった、同僚等に昇進で先を越された等に伴い、上司・同僚等との関係に問題が生じたときには、項目22〜25で評価する。	
29 ⑦セクシュアルハラスメント	セクシュアルハラスメントを受けた		★		・セクシュアルハラスメントの内容、程度等 ・その継続する状況 ・会社の対応の有無及び内容、改善の状況、職場の人間関係等	【「弱」になる例】 ・「○○ちゃん」等のセクシュアルハラスメントに当たる発言をされた ・職場内に水着姿の女性のポスター等を掲示された	【「中」である例】 ・胸や腰等への身体接触を含むセクシュアルハラスメントであっても、行為が継続しておらず、会社が適切かつ迅速に対応し発病前に解決した ・身体接触のない性的な発言のみのセクシュアルハラスメントであって、発言が継続していない ・身体接触のない性的な発言のみのセクシュアルハラスメントであって、複数回行われたものの、会社が適切かつ迅速に対応し発病前にそれが終了した	【「強」になる例】 ・胸や腰等への身体接触を含むセクシュアルハラスメントであって、継続して行われた ・胸や腰等への身体接触を含むセクシュアルハラスメントであって、行為は継続していないが、会社に相談しても適切な対応がなく、改善がなされなかった又は会社への相談等の後に職場の人間関係が悪化した ・身体接触のない性的な発言のみのセクシュアルハラスメントであって、発言の中に人格を否定するようなものを含み、かつ継続してなされた ・身体接触のない性的な発言のみのセクシュアルハラスメントであって、性的な発言が継続してなされ、会社に相談しても又は会社がセクシュアルハラスメントがあると把握していても適切な対応がなく、改善がなされなかった （注）強姦や、本人の意思を抑圧して行われたわいせつ行為などのセクシュアルハラスメントは、特別な出来事として評価

【恒常的長時間労働がある場合に「強」となる具体例】	1か月おおむね100時間の時間外労働を「恒常的長時間労働」の状況とし、次の①〜③の場合には当該具体的出来事の心理的負荷を「強」と判断する。 ① 具体的出来事の心理的負荷の強度が労働時間を加味せずに「中」程度と評価され、かつ、出来事の後に恒常的長時間労働が認められる場合 ② 具体的出来事の心理的負荷の強度が労働時間を加味せずに「中」程度と評価され、かつ、出来事の前に恒常的長時間労働が認められ、出来事後すぐに（出来事後おおむね10日以内に）発病に至っている場合、又は、出来事後すぐに病気には至っていないが事後対応に多大な労力を費やしその後発病した場合 ③ 具体的出来事の心理的負荷の強度が、労働時間を加味せずに「弱」程度と評価され、かつ、出来事の前及び後にそれぞれ恒常的長時間労働が認められる場合

（別表２）業務以外の心理的負荷評価表

出来事の類型	具体的出来事	心理的負荷の強度		
		Ⅰ	Ⅱ	Ⅲ
①自分の出来事	離婚又は配偶者と別居した			★
	自分が重い病気やケガをした又は流産した			★
	自分が病気やケガをした		★	
	配偶者とのトラブル、不和があった	★		
	自分が妊娠した	★		
	定年退職した	★		
②自分以外の家族・親族の出来事	配偶者、子供、親又は兄弟姉妹が死亡した			★
	配偶者や子供が重い病気やケガをした			★
	親類の誰かで世間的にまずいことをした人が出た			★
	親族とのつきあいで困ったり、辛い思いをしたことがあった		★	
	親が重い病気やケガをした		★	
	家族が婚約した又はその話が具体化した	★		
	子供の入試・進学があった又は子供が受験勉強を始めた	★		
	親子の不和、子供の問題行動、非行があった	★		
	家族が増えた（子供が産まれた）又は減った（子供が独立して家を離れた）	★		
	配偶者が仕事を始めた又は辞めた	★		
③金銭関係	多額の財産を損失した又は突然大きな支出があった			★
	収入が減少した		★	
	借金返済の遅れ、困難があった		★	
	住宅ローン又は消費者ローンを借りた	★		
④事件、事故、災害の体験	天災や火災などにあった又は犯罪に巻き込まれた			★
	自宅に泥棒が入った		★	
	交通事故を起こした		★	
	軽度の法律違反をした	★		
⑤住環境の変化	騒音等、家の周囲の環境（人間環境を含む）が悪化した		★	
	引越した		★	
	家屋や土地を売買した又はその具体的な計画が持ち上がった	★		
	家族以外の人（知人、下宿人など）が一緒に住むようになった	★		
⑥他人との人間関係	友人、先輩に裏切られショックを受けた		★	
	親しい友人、先輩が死亡した		★	
	失恋、異性関係のもつれがあった		★	
	隣近所とのトラブルがあった		★	

（注）心理的負荷の強度ⅠからⅢは、別表１と同程度である。

3 複数業務要因災害となる場合

複数の会社で働く労働者が安心して働くことができるよう、働いているすべての会社の業務上の負荷を総合的に評価して、労災認定の判断が行われます。

複数業務要因災害とは、複数事業労働者が一つの事業場のみの業務上の負荷（労働時間やストレス等）を評価して業務災害にあたらない場合に、複数の事業場等の業務上の負荷を総合的に評価することによって、初めて認定基準を満たすことができる災害をいいます。

したがって、調査の結果、一つの事業場のみの業務上の負荷を評価するだけで認定基準を満たす場合は、「業務災害」として支給決定されることになります（事業主が労基法に基づく災害補償責任を負うことになるため）。

なお、複数業務要因災害の対象となる傷病等は、「脳・心臓疾患」や「精神障害」などです。

> **注意!**
> 複数業務要因災害は、一つの事業場における業務上の負荷のみでは業務上疾病との間に業務起因性が認められない災害であるため、複数の就業先のそれぞれの事業主は、労基法に基づく災害補償責任を負わないこととなります。

業務上の負荷の総合的評価

会社A　会社B

Aの負荷を評価して判断　Bの負荷を評価して判断

労災不認定　労災不認定

A及びBの負荷を個別に評価
いずれの会社についても労災認定できない場合は、AとBの負荷を総合的に評価して判断

労災認定

通勤災害となる場合

通勤災害とは、通勤による労働者の傷病等をいいます。
通勤災害に対する保険給付の内容は、原則的には業務災害の場合と同じです。

●通勤災害保護制度
　労災保険法は本来、労基法に定められた事業主の災害補償責任（同法75条～88条）について保険の方式で担保することにより、労働者が確実に給付を受けられるようにし、事業主の一時的な補償負担を緩和することを目的としたものです。つまり、本来、補償対象は「業務災害」に限られています。
　しかし、通勤が労務を提供するために、不可欠な行為であり、また、産業の発展に伴う都市の通勤事情などを考慮して、昭和48年から通勤災害についても保険給付を行うこととされたものです。

Q18　通勤による疾病というのは、現実にはあるのでしょうか？

A　通勤による疾病の例として、①通勤による負傷に起因する疾病（自動車事故でガラスの破片で負傷し、破傷風になったなど）、②通勤に起因することが明らかな疾病（転倒したタンクローリーから有害物質が流出して急性中毒になったなど）があります。

Q19　昼休みに昼食のため帰宅し、その後会社へ戻る途中で交通事故に遭った場合は、通勤災害になりますか？

A　通勤は、1日に1回のみしか認められないわけではありません。午前中の業務を終了して帰り、昼食をとった後、午後の業務に就くために再び出勤する場合は、その往復行為は、就業と関連性があるものと認められます。

●01 通勤災害の要件

　通勤災害として労災保険から給付を受けるためには、その災害が「通勤による」ものでなければなりません。「通勤による」ものといえるためには、通勤と災害との間に相当因果関係があること（通勤に通常伴う危険が具体化したこと）が必要です。

　具体的には、その「通勤」が次の要件を満たす必要があります。

◆ 通勤災害の要件

①　就業に関するものであること
②　次のいずれかの移動であること

　　1）住居と就業の場所との間の往復
　　2）就業の場所から他の就業の場所への移動
　　3）赴任先住居と帰省先住居との間の移動

③　合理的な経路と方法によること
④　移動途中で、合理的な経路の逸脱・中断がないこと
⑤　業務の性質を有するものでないこと

　以下では、前記の「通勤」の要件ごとに、通勤災害となる場合・ならない場合の具体的な判断についてみてみましょう。

●02 通勤災害の具体的な判断

（1）就業に関し

　通勤とされるためには、移動が業務と密接な関連をもって行われることが必要です。

　したがって、前記②の1）住居と就業の場所との間の往復、あるいは2）就業の場所から他の就業の場所への移動の場合は、被災当日に就業することとなっていたこと、ま

たは現実に就業していたことが必要です。

「就業に関し」（業務）と認められる

- ●事業主の命令で物品を届けに行く場合
- ●参加が強制され、出勤扱いとなる会社主催の行事（運動会等）に参加する場合
- ●事業主の命令を受けて得意先との打ち合わせに参加する場合
- ●電車を乗り過ごし、引き返して会社に遅刻する場合
- ●会社を早退する場合　　　　　　　　　　　　　など

「就業に関し」（業務）と認められない

- ●休日に任意参加の会社主催の行事に参加する場合
- ●参加が強制されない同僚との懇談会、送別会等への参加
- ●専従でない一般の組合員が労働組合大会に出席する場合
- ●午後の遅番出勤者が会社の運動部の練習のため朝から出勤する場合　　　　　　　　　　　　　　など

複数就業者の事業場間の移動

　2つ以上の事業場をかけもちで働いている労働者も少なくありません。このような労働者は、例えば、第一の事業場へ出勤し、終業後そのまま第二の事業場へ移動する場合があります。第一の事業場から第二の事業場へ移動する途中で災害にあった場合、労災保険法では、自宅と事業場との間の移動と同様に、通勤災害として保護しています。

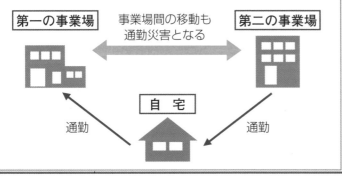

Q20 得意先との打ち合わせ後、そのまま飲食店で接待し、その帰りに負傷した場合は通勤災害になりますか？

A このケースの場合は、得意先の接待が「就業に関し」、つまり「業務」といえるかどうかが問題となります。

　酒食を伴う接待は、打ち合わせの後だとしても、通常、その後の取引を円滑にすることなどを目的としたもので、直接業務上の効果をもたらすものでなければ、業務には当たらないと考えられます。

　ただし、接待への参加が会社からの命令で、接待の目的・出席者の立場など諸般の事情を考慮して業務と認められる場合には、接待先からの帰宅途中の災害も通勤災害となることがあります。

Q21 A会社からB会社へ移動する途中で事故に遭った場合、どちらの会社の保険関係で処理されるのですか？

A この場合は、A会社で仕事を終えた後、次の仕事のためにB会社への移動を余儀なくされます。つまり、B会社での労務の提供に不可欠な移動として、B会社の保険関係により処理されることになります。

Q22 会社が兼業を禁止していても、会社間の移動中に事故が発生した場合は通勤災害となるのですか？

A 事業場の中には、就業規則等に兼業禁止規定を置いている場合もよくみられます。しかし、会社の兼業禁止と労災保険法上の取扱いは別のものです。

　したがって、兼業禁止規定に違反するか否かにかかわらず、通勤災害の要件を満たせば、保険給付が行われます。

Q23　通常は家族のいる所から通勤していますが、会社の近くにアパートを借りており、早出や長時間の残業の場合にそのアパートから通勤する場合は、どちらが「住居」となるのでしょうか？

A　「住居」とは、労働者が日常生活をする場所で、就業の拠点となるところです。
　このケースの場合は、通常通勤している家族のいる家のほか、早出・残業の場合に利用しているアパートも、「住居」と認められます。

Q24　家族が入院しており、介護のため1日おきに病院で寝泊りしています。病院から直接出勤する際に事故に遭った場合は通勤災害とはならないのでしょうか？

A　病院に寝泊りした期間が一定期間あり、付き添い介護の必要がある場合には、寝泊りしている病院を「住居」として、病院と会社との往復の際の災害が通勤災害と認められる場合もあります。

Q25　出勤時に、住んでいるマンションの共用階段から転落した場合は通勤災害にはならないのですか？

A　ご質問は、共用階段でのケガが「住居」内での負傷なのか、「通勤経路」上での負傷なのかということです。
　集合住宅であるマンションの共用階段は、公衆の出入りが可能な場所ですから、自分の部屋を出たところからが通勤経路となり、共用階段での負傷は、通勤災害になるものと考えられます。

（2）住　居

　「住居」とは、労働者が居住して日常生活の用に供している家屋等の場所で、本人の就業のための拠点となるところをいいます。

「住居」と認められる○

●就業の必要上、家族の住む場所とは別に就業の場所の近くに借りた単身のマンション・下宿先
●通常は家族のいる所から通勤している者が、長時間残業、早出出勤、交通ストライキ、天災等のためやむを得ず泊まる会社近くのホテル等　　　　　　　など

「住居」と認められない✕

●友人宅で麻雀をし、翌朝そこから直接出勤する場合　　　　　　　　　　　　　　　　　　　　　　　　　など

単身赴任者の取扱い

　一般に単身赴任は、労働者を住居からの通勤が困難な場所で就労させなければならない業務上の必要性と、持ち家がある、子供の教育のためなど家庭事情とを両立させるためにやむを得ず行われるものです。
　そこで、労災保険法では、赴任先住居と帰省先住居との間の移動中に発生した災害についても、通勤災害として保護しています。

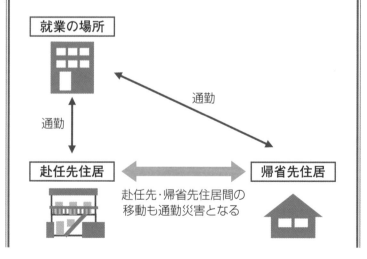

就業の場所

通勤

通勤

赴任先住居

帰省先住居

赴任先・帰省先住居間の移動も通勤災害となる

■赴任先・帰省先住居間での災害が通勤災害となる要件

① 転任直前の住居と就業の場所との間の日々の往復が距離等を考慮して困難であること

② 赴任先住居は、労働者が日常生活を営む場所で、就業のための根拠となるところであること

③ 帰省先住居は、そこへの移動に反復継続性が認められるものであること

④ 就業との関連性が認められる住居間の移動であること

> 1）帰省先→赴任先
> ：勤務日当日またはその前日に行われる移動
> 2）赴任先→帰省先
> ：勤務日当日またはその翌日に行われる移動

※ただし、急な悪天候などによる交通機関の状況等合理的な理由がある場合には、前々日以前に行われた移動または翌々日以後に行われた移動もまた、就業との関連性が認められる。

⑤ やむを得ない事情で転任により家族と別居していること

> 1）配偶者と別居している場合
> 2）配偶者がいない労働者が子と別居している場合
> 3）配偶者も子もいない労働者が同居介護していた要介護状態にある父母または親族と別居している場合　　など

（3）就業の場所

　通勤経路の始点または終点となる就業の場所とは、業務を開始し、または終了する場所をいいます。一般的には、会社や工場等の業務を行う場所をいいます。

「就業の場所」と認められる

●物品を得意先に届けて、その届出先から直接帰宅する場合の物品の届け先
●全員参加が強制されていて、出勤扱いとなる会社主催の研修会の会場
●事業主の命令で得意先を接待する場所、得意先と打ち合わせをする場所
●事業主の命令で社外の勉強会に出席する場合の勉強会の会場　　など

Q26 赴任先の住居と帰省先の住居が同一県内にありますが、この間の移動も通勤災害の対象となりますか？

A 赴任先・帰省先間の移動が通勤災害の範囲と認められるには、転任前の住居（帰省先）と就業の場所との間の日々の移動が困難な状況でなければなりません。
　この場合、転任前の住居と就業の場所との距離が、最も経済的・合理的と認められる通常の経路で判断され、具体的には、原則として、徒歩による測定距離や鉄道旅客貨物運賃算出表に掲げる距離等を組み合わせて60km以上の場合とされています。

Q27 単身赴任で週末には、妻がその父親を介護している実家に帰り、月曜はそこから出勤していますが、実家から会社へ向かう途中で事故に遭った場合、通勤災害になるのでしょうか？

A 配偶者が要介護状態にある労働者または配偶者の父母を介護している場合は、父母の住む実家への移動が反復継続してなされていれば、その実家も帰省先住居と認められます。

Q28 得意先を数件回る外勤の営業担当者の場合は、どこからどこまでが通勤経路になるのですか？

A 外勤業務に従事し、自宅と担当区域内を直行・直帰している場合は、自宅を出てから最初の用務先が業務開始の場所となり、最後の用務先が業務終了の場所となります。
　したがって、自宅から最初の用務先までの間と、最後の用務先から自宅までの間が通勤経路となります。

Q29 勤務先が妻と同じ方向で、自家用車で妻を勤務先に送った後、忘れ物に気付いて引き返す途中で事故に遭った場合は、通勤災害になりますか?

A　まず、就業の必要上、自分の勤務先と同一方向にある妻の勤務先に車で妻を送っていくことは、通勤の合理的な経路と認められます。
　また、その後忘れ物を取りに戻る行為は、業務に必要なものであれば、就業との関連性も認められますから、通勤災害となります。

Q30 通常利用していた駅から自宅までの通りが、最近ひったくり事件が多発しているというので、夜間は別の道を利用しています。夜間に通る道路上で交通事故に遭った場合、通勤災害になるのでしょうか?

A　通勤に利用する経路は、複数あってもかまいません。防犯上、夜間には安全な経路をとることは通常合理性があるといえます。
　したがって、出勤時と帰宅時とで経路が異なっていても、著しく遠回りになるような事情がなければ、合理的な経路と認められます。

Q31 会社には電車通勤で届け出て定期代の支給を受けていました。実際には自家用車で通勤していましたが、車で出勤する途中で事故に遭った場合、通勤災害になるのでしょうか?

A　ご質問のように、会社に申請していた交通手段とは異なる手段によって通勤していた場合でも、通勤災害の「通勤」の要件の判断には影響しません。
　自家用車は、一般的には通勤の手段としてとられていますので、合理的な経路をとっていれば、通勤災害となります。

┌─「就業の場所」と認められない─ ☒
│ ●会社での打ち合わせ後、場所を変えて慰労会を行った場合の慰労会の会場　　　　　など
└─────────────────────

（4）合理的な経路・方法

　合理的な経路及び方法とは、移動を行う場合に、一般に労働者が用いると認められる経路及び方法をいいます。

①合理的な経路

　労働者が通勤のために通常利用する経路であれば、そのような経路が複数あったとしても、それらはいずれも合理的な経路となります。

┌─「合理的な経路」と認められる─ ◎
│ ●タクシー等を利用する場合に、通常利用が考えられる経路が2、3ある場合
│ ●当日の交通事情（デモ行進等）により迂回してとる経路
│ ●マイカー通勤者が貸し切りの車庫を経由して通る通路
│ ●共働きで子供を見る者がおらず、保育所に子供を預けるためにとる経路　　　　　など
└─────────────────────

┌─「合理的な経路」と認められない─ ☒
│ ●特段の合理的な理由もなく、著しく遠回りな経路をとる場合
│ ●鉄道線路、鉄橋、トンネル等を歩行して通る場合　　　　　　　　　　　　　　　　など
└─────────────────────

②合理的な方法

　鉄道、バス等の公共交通機関を利用する場合、自動車・自転車を本来の用法に従って使用する場合、徒歩の場合など、通常用いられる交通方法は、その労働者が平常用いているか否かにかかわらず、一般に合理的な方法と認められます。

┌─「合理的な方法」と認められない─ ☒
│ ●無免許で自動車を運転する場合
│ ●自動車・自転車を泥酔して運転する場合　　　　　など
└─────────────────────

（5）逸脱・中断・日常生活上必要な行為

①逸脱・中断

逸脱とは、通勤の途中で就業や通勤と関係のない目的で合理的な経路をそれることをいい、中断とは、通勤の経路上で通勤と関係のない行為を行うことをいいます。

通勤経路を逸脱・中断すると、逸脱・中断している間とその後の経路上の行為は、通勤とはなりません。

―「逸脱・中断」となるもの――――――

通勤の途中で
- ●麻雀をする場合
- ●映画館に入る場合
- ●バーなどで飲酒する場合
- ●デートのために長時間ベンチで話し込む場合
- ●居酒屋等で長時間腰を落ち着けて飲酒した場合

など

―「ささいな行為」として「逸脱・中断」とならないもの―

- ●通勤経路近くにある公衆便所を利用する場合
- ●通勤経路近くの公園で短時間休息する場合
- ●経路上の店でタバコ、雑誌等を購入する場合
- ●駅構内でジュースを立ち飲みする場合

など

逸脱・中断と通勤の範囲

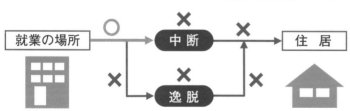

逸脱・中断後、再び通常の合理的な経路に復しても、逸脱・中断している間とその後の移動は通勤とはならない。

②日常生活上必要な行為

通勤の途中で逸脱・中断があると、その後は通勤とならないのが原則ですが、日常生活上必要な行為であってやむを得ない理由で最小限度の範囲で行う場合には、逸脱・中断している間を除き、合理的な経路に復した後は再び通勤となります。

Q32 終業後、タイムセールで安売りしているというので、会社とは反対方向にあるスーパーに食料品を買いに行く途中で転んでケガをした場合でも通勤災害になりますか？

A この場合は、会社とは反対方向の店に向かって通勤の経路を逸脱した間に災害が発生したものといえます。

通勤経路を逸脱している間は、食料品の購入という日常生活上必要な行為であっても、通勤には該当せず、通勤災害とは認められません。

Q33 終業後、同僚と近くの居酒屋で3、4時間ほど酒を飲んで帰る途中で駅の階段から転落した場合は通勤災害になりますか？

A 同僚と飲酒する行為は、通勤とは無関係の行為です。

もっとも、ごく短時間、のどの渇きを潤すためにビールを飲むなどの行為は、「ささいな行為」と認められる余地があります。

しかし、終業後3、4時間もの長時間にわたって飲酒していた場合には、通勤行為の中断があったものとして、それ以降の行為は通勤とは認められません。

Q34 会社の帰りに本屋へ立ち寄り、1時間ほど立ち読みして帰る途中で事故に遭った場合は、通勤災害となるのでしょうか？

A 書店で立ち読みする行為は、通勤とは無関係の行為です。本を買うためにごく短時間立ち寄っただけならば、ささいな行為とみることも考えられます。

しかし、1時間ほど立ち読みする行為は、ささいな行為とはいえず、日用品の購入に準ずる行為とも言いがたく、書店から自宅までの間は、通勤の範囲とは認められないと考えられます。

Q35 終業後、同僚と一緒に帰る途中で会社の隣にある喫茶店に入り、50分程度コーヒーを飲みながら雑談していました。同僚と別れて自宅へ向かう途中で事故に遭った場合、通勤災害になりますか？

A 喫茶店で雑談する行為は、日常生活上必要な行為とはいえません。また、50分にわたり喫茶店で過ごすことは、通勤の途中で通常行うような「ささいな行為」とみることも困難です。この場合は、中断があったものとして、その後帰途に復した後の災害は、通勤災害にはなりません。

Q36 昼間予備校に通うアルバイトが、予備校から直接出勤する途中で交通事故に遭いました。この場合でも通勤災害になりますか？

A この場合は、自宅から会社へ直接向かうのではなく、途中で予備校に寄ってから会社へ向かう途中の災害です。予備校へ通う行為は、通勤とは関係のない行為ですから、逸脱・中断があったものとみられ、その後の会社へ向かう途中での事故は、通勤災害にはなりません。
　なお、一定の職業訓練等を受ける行為は、「日常生活上必要な行為」とされていますが、これは、職業能力開発促進法に基づく職業訓練や大学等の学校教育など職業能力の開発向上を目的としたものをいい、予備校への通学は該当しません。

Q37 会社の送迎バスで帰宅中、バスから降りた直後、そのバスに轢かれた場合は、通勤災害となるのですか？

A 事業主が提供する専用交通機関である送迎バスを利用して通勤している場合は、その利用に起因する災害は、業務起因性が認められます。
　したがって、この場合は、「業務の性質を有するもの」ですから、通勤災害ではなく、業務災害が認められることになります。

┌─ 日常生活上必要な行為として逸脱・中断の例外となる行為 ─
①日用品の購入その他これに準ずる行為
　●帰途で惣菜等を購入する行為
　●独身者などが食事をするため食堂に立ち寄る行為
　●クリーニング店に立ち寄る行為　　　　　　　　など
②職業訓練等の教育訓練で職業能力の開発向上を目的としたものを受ける行為
③選挙権の行使その他これに準ずる行為
④病院・診療所で診療・治療を受けることその他これに準ずる行為
⑤要介護状態にある家族の介護（継続的にまたは反復して行われているもの）
↓
配偶者、子、父母、孫、祖父母、兄弟姉妹、配偶者の父母

　　日常生活上必要な行為と通勤の範囲

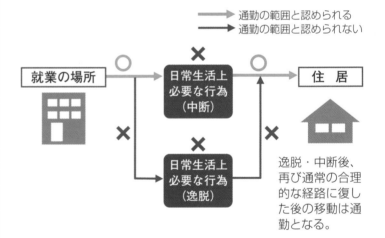

→ 通勤の範囲と認められる
→ 通勤の範囲と認められない

就業の場所 ── ○ ── 日常生活上必要な行為（中断） ── ○ ── 住居
日常生活上必要な行為（逸脱）

逸脱・中断後、再び通常の合理的な経路に復した後の移動は通勤となる。

（6）業務の性質を有するもの

　以上のような要件を満たす移動であっても、その行為が業務の性質を有するものである場合は、通勤とはなりません。例えば、次のような行為は、通勤災害ではなく、業務災害として取り扱われます。

┌─ 業務の性質を有するもの→業務災害に ─
　●突発的な事故等で緊急用務のため休日・休暇中に会社から呼び出しを受け、緊急出勤する場合
　　　　　　　　　　　　　　　　　　　　　　　　など

第 2 章

職場で労働災害が
起こったら

災害発生時の現場対応

　職場で業務災害が発生したときは、被災者の救出・救護、二次災害の防止を行うほか、監督署等へ災害報告をすることが必要です。

災害発生時の対応の流れ

災害現場
- ●被災者の救護
- ●事務所への連絡

↓

事務所
- ●被災者の病院搬送
- ●関係各所への通報

↓

病　院
- ●付添いの手配
- ●保険適用の説明

↓

監督署
- ●労災保険の手続き
- ●報告書の提出

●労働基準監督署
　労基法、労働安全衛生法、労災保険法など職場に関する法律の施行にあたる行政機関です。ここに配置された労働基準監督官は、事業場に立入検査したり、違法事件を捜査する権限を持ちます。
　監督署は、警察や消防と違い、全国一律の電話番号ではありませんし、24時間開いているわけでもありません。所轄監督署の電話番号を把握しておくと同時に、閉庁時の連絡のためファックス番号も調べておきましょう。（◎148頁参照）

●01 救護・被災者の救出、応急措置、現場保存

　災害現場では、発見した者がまず、被災者を救護するほか、責任者・担当部署へ連絡します。

　救護と連絡が済んだら、後の災害調査などのため、災害現場を保存する必要があります。

災害発生時の初動対応

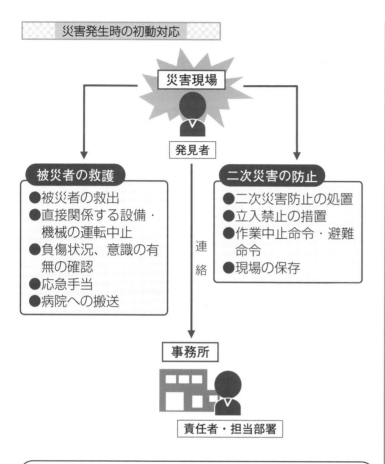

Q38 被災者を、社有車で病院へ
　　搬送してもよいですか？

A　休業を要しないような軽いケ
　　ガや、救急車の到着時間が明ら
　　かに長いと判断されるときなど
　　は、一般車を使用してもかまい
　　ません。そのために、応急手当、
　　救急救命の知識を備え、事務所
　　の近隣の病院の治療科目、救急
　　病院の場所や連絡先を把握して
　　おく必要があります。

●02 各関係者への連絡

　責任者は、救急要請などに備え、被災者の負傷状況、意
識の有無などを発見者から確認します。

　病院への搬送の手配が済んだら、被災者の家族、会社（本
社等）、行政機関（監督署・警察署）、関係取引先（発注者・
受注者）へ連絡します。

各関係者への連絡

| 事務所 | → | 消防署 |

●救急車の手配
●レスキュー隊の手配

責任者・担当部署

家　族

●搬出先
●付添いの手配

Q39 監督署へは、電話などで通
　　報すればよいのですか？

A　死傷災害は、所定の書面で報
　　告することが義務づけられてい
　　ます（☞40頁参照）。しかし、
　　大きな災害の場合は、電話など
　　で第一報を入れることが大切で
　　す。監督署に即時通報すべき災
　　害は、①死亡災害、②重大災害、
　　③障害が残るような災害、④休
　　業するような災害、です。

●重大災害
　一時に3人以上が死傷する災
害をいい、厚生労働省では他の
死傷災害とは区別して集計する
など重要視しています。1人ひ
とりは入院しないような軽いケ
ガなどでも、一度に大勢が被災
する事故は、死亡事故と同じく
社会的関心事となります。

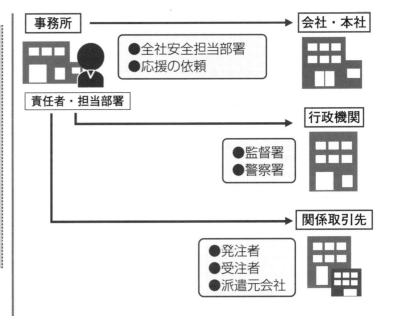

注意!

家族に連絡するときは

被災労働者の家族へ連絡する場合には、次のような事項を伝えましょう。

- ●被災状況
- ●手術の要否
- ●病院の場所・連絡先・交通手段
- ●付添い者の所属・氏名
- ●事務所の連絡先・担当者

事務所側で、最寄の待ち合わせ場所で出迎えるなどの配慮も重要です。

また、家族との連絡に備えて、事務所には担当者を置きましょう。

●03 二次災害防止の措置、作業中止命令、避難命令等

災害現場では、被災者を救出するときはもちろんのこと、それ以降も含めて二次災害を防止するよう注意しなければなりません。

危険箇所には、立入禁止の措置をとると同時に、状況によっては他の労働者についても作業中止命令や避難命令を出す必要があります。

◆二次災害が多発している災害の例

- ●火災・爆発　　●感電
- ●ガス中毒　酸素欠乏症（一酸化炭素・硫化水素・メタンガス・有機溶剤など）
- ●建築物の倒壊　　●土砂崩壊　　●溺水
- ●公道上の交通事故

●04 監督署等による調査・立会い

業務災害については、監督署による調査が行われます。同時に、業務上過失致死傷として、警察署の調査もあります。

これらのために、災害現場はできる限り保存することが大切です。

災害調査への備え

立会い者
- ●事業所責任者　　●上司・作業主任者
- ●現認者・同僚　　●安全担当者

準備する書類

被災者の状況が分かるもの
- ●労働3帳簿＝労働者名簿、出勤簿、賃金台帳
（建設現場は、作業員名簿、新規入場者チェック記録）
- ●資格、技能講習などの記録
- ●健康診断の状況

直接関係する設備・機械の状況が分かるもの
- ●設備・機械の点検表
- ●官公庁への届出書類（機械・設備・建設物の設置届、変更届）

事業所の管理状況が分かるもの
- ●作業手順書　　●安全管理体制
- ●安全日誌　　　●安全パトロール記録

その他用意するもの
- ●災害発生当時の状況を記録したもの
- ●ビデオ、カメラ（災害調査の記録用）

Q40 死亡災害、重大災害が起こった場合は、特別な対応が必要でしょうか？

A　死亡災害や重大災害も、他と同様の流れでかまいませんが、報道機関への対応は追加して考える必要があります。担当者の配置、災害場所への入場管理を行うべきでしょう。

② 監督署への事務手続き、届出等

Q41 始業直後に被災し、当日は休んだ後、翌日から勤務したときは、休業１日として報告書を提出するのでしょうか？

A 災害の当日だけ休んだ場合は休業災害とはみなされませんので、報告書は必要ありません。

Q42 重層的下請関係では、死傷病報告はどの事業者が報告するのでしょうか？

A 死傷病報告を提出するのは、労災保険の適用にかかわらず、被災者を直接雇用している事業主であり、届け出るのは被災場所（工場や建設現場）の所在地を管轄する監督署です。下請の従業員が被災した場合、報告するのは下請事業者になります。ただし元請が、下請の報告書作成に協力するのは不可欠です。

Q43 派遣労働者が、派遣先の職場でケガをした場合、死傷病報告は派遣元・派遣先のどちらがするのでしょうか？

A 派遣労働者の場合は例外として、労働者を雇用する派遣元事業者だけでなく、被災場所である派遣先事業者も死傷病報告を提出しなければなりません。
休業４日以上の「様式23号」には、提出事業者が派遣先・派遣元のどちらであるか、被災した派遣先の事業場名を記入する欄が設けられています。

＜様式23号報告の流れ＞
①派遣先が、所轄監督署に報告書を提出→②派遣先が派遣元に、報告書控えの写しを送付→③派遣元が写しを添えて、所轄監督署へ報告書を提出

休業１～３日の「様式24号」は、派遣労働者を記す部分があり、派遣先名は災害発生状況の欄に記入します。

●01 労働者死傷病報告

業務災害については、**第３章**で解説する労災保険請求の手続きとは別に、所轄の監督署へ報告書を提出しなければなりません。

これを「労働者死傷病報告」といい、被災の重篤度によって、２種類の様式に分かれています（☞記載例は42頁～44頁参照）。

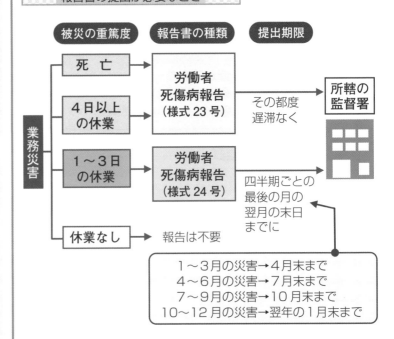

報告書の提出が必要なとき

（１）死亡または休業４日以上の災害

被災者が死亡、またはケガのために４日以上休業したときは、「労働者死傷病報告」（様式23号）を提出します。

提出期限は、災害の都度、遅滞なく行わなければなりません。

（２）休業１日～３日の災害

休業が１日から３日の災害は、四半期ごとにまとめて、「労働者死傷病報告」（様式24号）を最後の月の翌月末日

までに提出します。

死傷病報告を怠ると…

　受注、労災保険料、安全成績への影響を恐れて、死傷病報告を提出しなかったり、虚偽の内容を記載して届け出る事業所があります。これを「労災かくし」といいます。労災かくしが行われると、被災者が適正な保険給付を受けられなくなり、災害の再発防止対策も講じられなくなることから、監督署では厳しく対処しています。死傷病報告は、提出を怠っただけで刑事罰が科せられるほどの重要な手続きですので、確実に行いましょう。

●02 事故報告書の提出

　火災・爆発、建物の倒壊、ボイラーやクレーンなどの一定の事故については、不休災害や人的被害がない場合でも、「**事故報告書**」（様式22号。下記①〜⑥について）による監督署への届出が必要となります。

◆事故報告書の提出が必要な事故

① 　火災・爆発
② 　高速回転体の破裂
③ 　機械集材装置・索道などの鎖・索の切断
④ 　建築物・煙突などの倒壊
⑤ 　ボイラー・圧力容器の破裂
⑥ 　クレーン・移動式クレーン・デリック・エレベーター・建設用リフト・簡易リフト・ゴンドラの一定の事故
⑦ 　酸欠空気・放射線の漏れ

Q44 労災事故を起こすと、保険料に影響するのでしょうか？

A　労災保険の保険料は、過去の災害率をもとに、事業の種類ごとに定められています。しかし、同じ事業の間でも、災害発生率には差があることから、より公平に保険料負担をするため、一定規模以上の事業所については個々の保険収支によって、本来の保険料率から上下する仕組み（メリット制。☞46頁参照）がとられています。したがって、労災事故を起こすと、低く抑えられていたメリット保険料が外されたり、高い保険料が適用されたりなど、保険料に影響することがあります。

注意!
🔍 左の⑦の場合の事故報告書は、任意の様式でかまいません。

41

労働者死傷病報告（死亡または休業４日以上）

労働者死傷病報告

様式第23号（第97条関係）（表面）

労働保険番号（建設業の工事に従事する下請人の労働者が被災した場合、元請人の労働保険番号を記入すること。）	事業の種類

8 1 0 0 | 1 3 1 0 8 8 1 2 3 4 5 0 0 0　総合工事業

都道府県　所掌　管轄　　基幹番号　　　　枝番号　統一・基礎事業場番号

事業場の名称（建設業にあっては工事名を併記のこと。）

カナ　ム コ ウ ダ ケ ン セ ツ カ ブ シ キ ガ イ シャ

漢字　向 田 建 設 株 式 会 社

工事名　第 一 住 宅 棟 建 設 工 事

職員記入欄
派遣先の事業の
労働保険番号
都道府県　所掌　管轄　　基幹番号　　　　枝番号　被一括事業場番号　派遣労働者が被災した場合は、派遣元の事業場の郵便番号

事業場の所在地
東京都中野区本町○−○−○　電話 03（○○○○）○○○○
構内下請事業の場合は親事業場の名称、建設業の場合は元方事業場の名称
村沢・水野共同企業体
派遣労働者が被災した場合は、派遣先の事業場の名称
派遣先　派遣元
提出事業者の区分

郵便番号 1 6 4 − 0 0 1 2　労働者数 1 2 人　発生日時（時間は24時間制とすること）
7：平成
9：令和　9 0 5 0 4 1 5 1 6 3 0
元号　年　月　日　時　分

被災労働者の氏名（姓と名の間は1文字空けること。）
カナ　イ ト ウ　ケ ン
漢字　伊 東　健

生年月日
1：明治　3：大正　5：昭和　7：平成　9：令和
5 5 7 1 2 0 8　（40）歳

性別
男　女
（いずれかに○）

職種　型枠工　経験期間 1 8 年　月

休業見込期間又は死亡日時（死亡の場合は死亡欄に○）	傷病名	傷病部位	被災地の場所
休業見込 6　死 ○ 死亡日時	頭部骨折	側頭部	東京都中野区本町

災害発生状況及び原因
①どのような場所で　②どのような作業をしているときに　③どのような物又は環境に　④どのような不安全な又は有害な状態があって　⑤どのような災害が発生したかを詳細に記入すること。

略図（発生時の状況を図示すること。）

鉄骨7階建住宅棟建設工事現場でトラッククレーンでデッキ材をつり上げて3階へ搬入中、つり荷が建物の梁に当たって斜めになり、デッキ材が滑り落ちて足場上で搬入作業を行っていた被災者の側頭部に当たった。

労働者が外国人である場合のみ記入すること。
国籍・地域（　　）　在留資格（　　）

職員記入欄
国籍・地域コード　在留資格コード
起因物　店社コード　業種分類
事故の型　発注者種類事業等区分　業務上疾病　自由設定項目　(1)　(2)　(3)
1：該当　2：非該当

報告書作成者職氏名	労務安全課長　橋本雅也

5 年　4 月　20 日

新宿　労働基準監督署長殿

事業者職氏名　向田建設株式会社
代表取締役　向田　明

受付印

提出時点の見込みを記入。全治○カ月といった治療期間、あるいは入院見込みではなく、再出勤するまでの休業期間の見込みを記入。

医師・歯科医師の診断をもとに記入。

①どのような場所で、②どのような作業をしているとき、③どのような物または環境によって、④どのような不安全または有害な状態があって、⑤どのような災害が発生したのかを記入。
単に「被災者本人の不注意」で済ませずに、再発防止対策に役立つよう、不安全または有害な状態を明らかにする。

様式第23号（第97条関係）（裏面）

備考

1　□□□で表示された枠（以下「記入枠」という。）に記入する文字は、光学的文字・イメージ読取装置（OCIR）で直接読み取りを行うので、この用紙は汚したり、穴をあけたり、必要以上に折り曲げたりしないこと。

2　記入すべき事項のない欄、記入枠及び職員記入欄は、空欄のままとすること。

3　記入枠の部分は、必ず黒のボールペンを使用し、枠からはみ出さないように大きめの漢字、カタカナ及びアラビア数字で明瞭に記入すること。

　　なお、濁点及び半濁点は同一の記入枠に「ガ」「パ」等と記入すること。

4　「性別」、「休業見込」及び「死亡」の欄は、該当する項目に○印を付すこと。

5　「事業場の名称」の欄の漢字が記入枠に書ききれない場合は、下段に続けて記入すること。

6　派遣労働者が被災した場合、派遣先及び派遣元の事業者は、「提出事業者の区分」の欄の該当する項目に○印を付した上、それぞれ所轄労働基準監督署長に提出すること。

7　「経験期間」の欄は、当該職種について1年以上経験がある場合にはその経験年数を記入し、1年未満の場合にはその月数を記入し、該当する項目に○印を付すこと。

8　「国籍・地域」及び「在留資格」の欄は、第97条の労働者が外国人（出入国管理及び難民認定法（昭和26年政令第319号。以下「入管法」という。）別表第1の1の表の外交又は公用の在留資格をもって在留する者及び日本国との平和条約に基づき日本の国籍を離脱した者等の出入国管理に関する特例法（平成3年法律第71号）に定める特別永住者を除く。）である場合に、入管法第2条第5号に規定する旅券、入管法第19条の3に規定する在留カード又は入管法第20条第4項に規定する在留資格証明書により確認し、記入すること。

　　なお、労働施策の総合的な推進並びに労働者の雇用の安定及び職業生活の充実等に関する法律（昭和41年法律第132号）第28条第1項の規定による外国人雇用状況の届出と同様の国籍・地域及び在留資格を記入すること。

労働者死傷病報告（休業１日以上３日以下）

様式第24号（第97条関係）

労働者死傷病報告

事業の種類	事業場の名称（建設業にあっては工事名を併記のこと。）	事業場の所在地	電話	労働者数		5年4月から	5年6月まで
物品配送業	東日本物流センター株式会社	江東区東雲○-○-○	03（○○○○）○○○○	115名			

被災労働者の氏名	性別	年齢	職種	派遣労働者の場合は欄に○	発生年月日	傷病名及び傷病の部位	休業日数	災害発生状況
金子　慎司	男・女	42歳	配送員		4月17日	右腕及び腰部打撲	2日	倉庫で積荷作業中、落下した荷物で右腕及び腰部を打った。
名取　葉子	男・女	27歳	事務員		6月3日	左足首捻挫	1日	事務所内の階段で踏みはずして転倒した。
	男・女	歳			月　日		日	
	男・女	歳			月　日		日	
	男・女	歳			月　日		日	
	男・女	歳			月　日		日	

報告書作成者氏名　職名　総務部長　氏名　高橋　正雄

5年7月4日

亀戸　労働基準監督署長　殿

事業者職氏名　東日本物流センター株式会社　代表取締役　宮下　肇

備考　派遣労働者が被災した場合、派遣先及び派遣元の事業者は、それぞれ所轄労働基準監督署に提出すること。

様式23号の場合より簡素でよいが、どのような場所で、どのような荷物をしているとき、どのような作業をして災害が発生したのかを記入。

休業した実日数を記入。

 チェックリスト

1 被災現場のチェックリスト

✔	チ ェ ッ ク 項 目
☐	指揮者はだれか
☐	二次災害の恐れはないか
☐	本人に意識はあるか（呼びかけに反応するか）
☐	本人が被災したときの状況を理解しているか
☐	被災時の目撃証言は収集したか
☐	脈拍はどうか（速い・普通・遅い）
☐	嘔吐・失禁はないか
☐	痛みの部位、性質は
☐	しびれはないか
☐	救急車に同乗する人は決めたか
☐	同乗者との連絡方法はよいか
☐	直接関係する機械・設備は止めたか
☐	被災場所を立入禁止にしたか
☐	現場の保存はよいか

2 事務所の初期対応のチェックリスト

✔	チ ェ ッ ク 項 目	✔	チ ェ ッ ク 項 目
☐	ケガの程度の確認したか	☐	警察署へ通報したか
☐	救急車の手配はよいか	☐	発注者へ通報したか
☐	家族へ連絡できたか	☐	関係取引先への連絡はよいか
☐	会社・本社への連絡はよいか	☐	報道機関への対応は決めたか
☐	監督署へ通報したか		

3 緊急連絡先一覧表

連絡先	電話番号	ファックス	連絡先	電話番号	ファックス
一般病院			警察署		
救急病院			交　番		
消防署			発注者		
本　社			取引先		
所轄監督署					

〈家族の連絡先（従業員名簿など）〉

従業員の氏名	住　所	電話番号	緊急連絡先

メリット制

労災保険の保険料率は、事業主間の保険料負担の公平を図るため「事業の種類」ごとに災害率等に応じて定められています。しかし、事業の種類が同一であっても、災害率には相当の開きがあることがあります。これでは、労働災害防止に熱心な事業主も無関心な事業主も同じ保険率で、後者はより多くの保険給付を受ける結果となって不合理であるばかりでなく、災害防止の努力が報われないとすれば、安全に対する熱意をなくすことにもなりかねません。

そこで、事業主の保険料負担の実際的な公平を期すとともに、災害の多寡による保険料の増減という事実を事業主の経営感覚に訴えることによって災害防止努力を促進することを目的とした制度が、労災保険に係る「メリット制」と呼ばれるものです。

この制度が適用される事業は、継続事業と有期事業で若干異なり、また「特例メリット制」という制度もあります。順を追って説明します。

◆ メリット制の考え方

$$\text{メリット収支率} = \frac{\text{保険給付及び特別支給金の額（業務災害）}[\text{二次健康診断等給付を除く}]}{\text{保険料（非業務災害分を除く）}\times \text{調整率}} \times 100$$

1 継続事業（一括有期事業[1]を含む。）

次のいずれかの事業について適用され、その事業の過去3年間の保険料の額と保険給付の額との比率（収支率）によって、保険率が原則として40%の範囲内で引き上げまたは引き下げられます。[2]

> ① 労働者数が過去3年間とも100人以上の事業
> ② 過去3年間とも20人以上100人未満の労働者を使用する事業であって、災害度係数（それぞれの労災保険率（非業務災害[3]を除きます。）と労働者数との相乗積）が0.4以上の事業[4]
> ③ 保険関係が一括されている建設の事業等（一括有期事業）については、過去3年間とも確定保険料の額が40万円以上[5]の事業

※1　同一の事業主で、小規模な有期事業が同時に行われている場合に、事務処理の簡素化のため、これらの事業をまとめて労災保険の保険関係が一括されている建設の事業などがこれに当たります。

※2　引き上げまたは引き下げられた保険率は、都道府県労働局長から事業主に通知されます。具体例を示して説明します。
　　　過去3年間の保険料額が100万円、保険給付額が30万円の場合は、収支率が45%（30÷(100×第1種調整率0.67) = 0.45）となり、収支率が45%の場合は、20%の減少率（メリット増減表による）となって、メリット収支率算定期間の最後の保険年度の次の次の保険年度の労災保険率より適用となります。
　　　※4の事例のように事業の種類が「めっき業（製造業）」の事業にあっては、労災保険率はその業種に適用される1,000分の7をメリット料率の1,000分の5.72*として適用を受けることになり、メリット収支率算定期間の最後の保険年度が令和3年度であれば、令和5年度の労災保険率から適用されます。
　　　　　　　　　　　　　　　　　　　　　　　* (7 − 0.6)×(1 − 0.2)+0.6 = 5.72

※3 非業務災害率とは、労災保険の適用を受けるすべての事業の過去3年間の通勤災害に係る災害率及び二次健康診断等給付に要した費用の額その他の事情を考慮して厚生労働大臣の定める率をいい、現在1,000分の0.6となっています。

※4 災害度係数が0.4以上の事業とは、労働者数×（労災保険率－非業務災害率）≧0.4を満たす事業ということになりますが、具体例を示して説明します。
　事業の種類が、製造業の中の「めっき業」の事業にあっては、労災保険率が1,000分の7と定められています。例えば使用する労働者数が70名であれば、災害度係数は次のとおりとなり、メリット対象事業場となります。
$$70 \times (1,000分の7 - 1,000分の0.6) = 0.448$$

※5 一括有期事業については、確定保険料が「40万円以上100万円未満」の場合は、メリット制による増減幅は±30%です。

❷ 有期事業（建設・立木の伐採の事業）

次の事業について適用され、確定保険料の額から非業務災害率に応ずる部分の額を減じた額を40%（立木の伐採の事業については35%）の範囲内で引き上げまたは引き下げます。

①建設の事業：確定保険料の額が40万円以上（平成23年度以前に成立した事業については100万円以上）、または請負金額が1億1,000万円以上（平成26年度以前に成立した事業については1億2,000万円以上）の事業

②立木の伐採の事業：確定保険料の額が40万円以上（平成23年度以前に成立した事業については100万円以上）、または素材生産量が1,000㎥以上のもの

❸ 特例メリット制

中小企業を対象に、厚生労働省令で定める労働者の安全または衛生を確保するための措置を講じた場合であって、特例メリット制の適用を申告しているときに、当該安全衛生措置を講じた保険年度を含む

◆対象となる中小企業

企業全体の主たる事業	企業全体の常時使用する労働者数
金融業・保険業・不動産業・小売業・飲食店	50人以下
卸売業・サービス業	100人以下
上記以外の事業	300人以下

3年間の保険料の額と保険給付の額との比率（収支率）によって、当該安全衛生措置を講じた保険年度の翌々保険年度から3保険年度間について保険率を45%の範囲内で引き上げまたは引き下げる制度です。

この特例メリット制の対象となるのは、継続事業（一括有期事業等を除きます。）であって、上記のメリット制の適用のある事業であり、当該安全衛生措置を講じた次の年度の4月1日から9月30日までの間に適用の申告を行う必要があります。

費用徴収

　労災保険は、不正行為により保険給付が行われた場合には、その労災保険財政に対する不当な侵害を回復するために、不正受給者及び虚偽の報告をした事業主から、また、保険給付の事由となる災害が事業主の保険関係成立届を提出しない期間中または保険料の滞納期間中及び事業主の責めに帰すべき事由により発生した場合には、事業主への経済的な制裁として、事業主から、いずれも、その保険給付に要した費用の全部または一部を徴収金として徴収することとされています（労災保険法12条の３、31条）。

　前者を不正受給者からの費用徴収、後者を事業主からの費用徴収といいます。

1 不正受給者からの費用徴収

　偽りその他不正の手段により保険給付を受けた者は、これにより受けた保険給付に相当する額を徴収されます。この場合、事業主が災害発生状況などについて虚偽の報告または証明を行ったときは、その事業主は、不正受給者と連帯して徴収金を納付しなければなりません。

2 事業主からの費用徴収

（1）保険給付の事由となる災害が事業主の保険関係成立届を提出しない期間中に生じた場合

　事業主が労働保険の保険料の徴収等に関する法律（以下「徴収法」といいます。）の規定に基づき保険関係成立届を提出していない期間中に生じた事故について保険給付が行われた場合の費用徴収については、監督署等から労災保険に係る保険関係成立届の提出について指導を受けたにもかかわらず、提出を行っていなかった場合には、故意に保険関係成立届の提出を行っていないものと認定し、対象となる保険給付の額の100％の額を徴収することとなっています。※1

　また、監督署等から指導を受けた事実はないものの、保険関係成立日以降１年を経過しても

費用徴収制度とは

　労働者を１人でも雇っている事業主は、原則として労災保険の適用事業主となります。事業主は、労働者を雇い入れた日から10日以内に「保険関係成立届」を所轄監督署等に提出して労災保険の加入手続きをしなければなりません。

　事業主がこの加入手続きを怠っていた期間中に労災事故が発生した場合でも、労働者やその遺族は労災保険から給付を受けることができますが、事業主からはその保険給付の額の全部または一部が徴収されます。

　また、事業主は別途、加入手続きをしていない過去２年間を遡って、その期間中の保険料も徴収されることになります。

なお提出を行っていなかった場合には、重大な過失により保険関係成立届の提出を行っていないものと認定し、対象となる保険給付の額の40％の額を徴収することとなっています。※1

※1 ※2
　費用徴収の対象となる保険給付は、休業（補償）給付、障害（補償）給付、傷病（補償）年金、遺族（補償）給付及び葬祭料（葬祭給付）であり、業務災害はもちろんのこと通勤災害も対象となります。
　また、これらの費用徴収は、療養開始後（即死の場合は死亡後）３年以内のものに限られます。

◆労災保険の未加入事業主に対する費用徴収

対象となる場合	費用徴収
労災保険の加入手続きについて行政機関から指導等を受けたにもかかわらず、手続きをしない間に業務災害や通勤災害が発生した場合	事業主が**「故意」**に手続きをしないものとして、支給された保険給付額の**100%**を徴収
労災保険の加入手続きについて行政機関から指導等は受けていないが、適用事業となってから１年を経過しても手続きをせず、その間に業務災害や通勤災害が発生した場合	事業主が**「重大な過失」**により手続きをしないものとして、支給された保険給付額の**40%**を徴収

（2）保険給付の事由となる災害が事業主の重大な過失により保険料を滞納している期間中に生じた場合

　事業主が、一般保険料を、督促状の指定期限内に納付しない期間中に発生した事故について保険給付が行われた場合の費用徴収については、対象となる保険給付の額に滞納率（最高限度40%）を乗じて得た額を徴収することとなっています。[※2]

　ただし、法令等の措置により保険料の納付を猶予している場合等には、それぞれの猶予等の期間中に発生した事故は、費用徴収の対象とはなりません。

（3）事業主の故意または重大な過失により事故が発生した場合

　事業主が次のいずれかに該当する場合には、保険給付を行った場合には、対象となる保険給付の額の30%の額を徴収することとなっています。[※3]

① 法令に危険防止のための直接的、かつ、具体的な措置が規定されている場合に、事業主が当該規定に明白に違反したため、事故を発生させたと認められるとき
② 法令に危険防止のための直接的措置が規定されているが、その規定する措置が具体性に欠けている場合に、事業主が監督行政庁より具体的措置について指示を受け、その措置を講ずることを怠ったために事故を発生させたと認められるとき
③ 法令に危険防止のための措置が規定されていないが、事故発生の危険が明白かつ急迫であるため、事業主が監督行政庁より直接、かつ、具体的な措置について指示を受け、その措置を講ずることを怠ったため事故を発生させたと認められるとき

[※3] 費用徴収の対象となる保険給付は、休業補償給付、障害補償給付、傷病補償年金、遺族補償給付及び葬祭料であり、業務災害のみが対象となります。
　また、これらの費用徴収は、療養開始後（即死の場合は死亡後）３年以内のものに限られます。

第 3 章

労災保険請求の手続き

治療を受けるとき 　　　　　　　　　**療養（補償）等給付**

●治ゆ

労災保険でいう「治ゆ」とは、身体の諸器官や組織が健康時の状態に完全に回復した状態だけをいうものではなく、傷病の症状が安定し、医学上一般に認められた医療（労災保険の療養の範囲）を行っても、その医療効果（症状の回復・改善）が期待できなくなった状態をいい、この状態を治ゆ（症状固定）といいます。

Q45 指定病院等でなくとも、本人の希望する病院で治療を受けることはできませんか？

A　療養（補償）等給付は、指定病院等で無料で治療を受ける現物給付が原則です。指定病院等以外で治療を受けることができるのは、緊急の医療の必要がある場合などに限られ、被災者本人が選択できるわけではありません。

したがって、診療を受ける前に、受診しようとしている病院等が指定病院等かどうかを確認してください。

Q46 労災病院では請求書類を提出してからでないと治療を受けられないのですか？

A　緊急で治療を受けなければならない場合もありますので、通常は救護が優先されます。

治療を受ける際に、労災であることを病院に申し出て、その後速やかに請求書を提出してください。

病院によっては、請求書が提出されるまでの間、保証金の支払いを求められる場合があります。この場合は、請求書提出後、保証金が返還されます（この場合は預かり証・認印を持参してください）。

●01 療養（補償）等給付の内容

療養（補償）等給付は、業務災害（複数業務要因災害を含む）または通勤災害でケガをしたり、病気になった労働者が治療などを必要とする場合に、傷病が治ゆ（症状固定）するまで支給されます。療養（補償）等給付には、「**療養の給付**」と、「**療養の費用の支給**」の２種類があります。

療養（補償）等給付は、原則として、「療養の給付」によります。これは、労災病院や都道府県労働局長が指定する病院・診療所・薬局・訪問看護事業者で、無料で治療を受けられるもの（現物給付）です。

ただし、その地域に指定病院等がない場合や、緊急で指定病院等以外の病院等で治療を受ける必要がある場合などには、その病院等で治療を受けた後、かかった費用の支給を受ける（現金給付）ことができます（療養の費用の支給）。

◆給付の対象となる「療養」の範囲

●診　　察
●薬剤または治療材料の支給
●処置または手術などの治療
●入院
●訪問看護事業者が行う訪問看護
●移送費（被災場所や自宅などから医療機関へ、あるいは医療機関から医療機関へ移送する費用、自宅から医療機関への通院に要する費用等）

●02 請求手続き

（１）療養の給付

提出書類▶ 業務災害 複数業務要因災害 「療養補償給付及び複数事業労働者療養給付たる療養の給付請求書」
（様式５号）

通勤災害 「療養給付たる療養の給付請求書」
（様式16号の３）

☞記載例は57頁〜60頁参照

どこへ▶労災指定病院等を経由して所轄の監督署へ

いつまでに ▶ 速やかに

労災指定病院から他の労災指定病院に転医する場合

提出書類

- ▶ 業務災害 複数業務要因災害 「療養補償給付及び複数事業労働者療養給付 たる療養の給付を受ける指定病院等（変更）届」（様式6号）

- ▶ 通勤災害 「療養給付たる療養の給付を受ける指定病院 等（変更）届」（様式16号の4）

どこへ ▶ 転医先の労災指定病院等を経由して所轄の監督署へ
いつまでに ▶ 速やかに

療養の給付の請求手続き

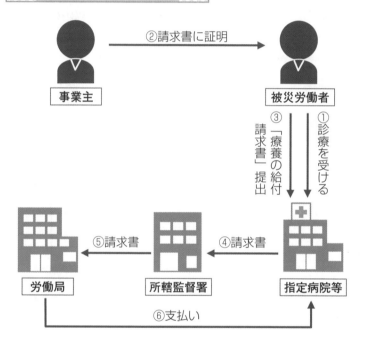

（2）療養の費用の支給

提出書類

- ▶ 業務災害 複数業務要因災害 「療養補償給付及び複数事業労働者療養給付 たる療養の費用請求書」

病院	様式7号(1)
薬局	様式7号(2)
柔道整復師	様式7号(3)
はり師、きゅう師、 あん摩マッサージ指圧師	様式7号(4)
訪問看護事業者	様式7号(5)

Q47 誤って健康保険で受診して しまっても、労災保険に請求で きますか？

A 労災保険の手続きを行うべき ところ、誤って健康保険扱いで 治療を受けた後、その傷病が業 務・複数業務要因または通勤災 害に該当することが判明した場 合には、当該傷病労働者の加入 する健康保険を取り扱っている 機関（政府管掌は所轄社会保険 事務所、組合管掌は当該健康保 険組合、国民健康保険は所轄の 市町村国民保険取扱い部署）に 対して、当該健康保険自己負担 分以外の費用を返納したうえ で、療養の費用請求書に、その 返還金及び自己負担分領収書 と、当該治療に係る診療報酬明 細書（写し）を添付して請求す れば支給されます。

なお、被災労働者が労災認定 を行った監督署へ申し出て、療 養（補償）等給付たる療養の費 用の支払い先として、健康保険 の保険者の口座を指定した場合 は、労災保険と健康保険との間 で調整できる場合があります。 詳しくは、監督署へお問い合わ せください。

Q48 海外出張中に負傷して現地 の病院に入院しましたが、その 費用について労災保険に請求で きますか？

A 療養補償給付及び複数事業 労働者療養給付は、労災指定病 院等による療養の給付を原則と しています。しかし、海外の出 張先の病院で療養することは、 労災指定病院等による療養の給 付を受けないことに相当の理由 がある場合に該当しますので、 療養の給付に代えて療養の費用 を請求することができます。

この場合、療養の費用請求書 の医師の証明欄に代わる証明を 現地の医師から受けておく必要 があります。その際には、傷病 名、傷病の経過、療養の期間及 び診療実日数、療養の内訳及び 金額の事項について、医師から 証明を受けたうえで請求書に領 収書など必要な書類を添えて手 続きを行ってください。

なお、療養の費用の額は、支 給決定日における外国為替換算

率により換算した邦貨額によって支払われます。

▶ （通勤災害）「療養給付たる療養の費用請求書」

病院	様式16号の5(1)
薬局	様式16号の5(2)
柔道整復師	様式16号の5(3)
はり師、きゅう師、あん摩マッサージ指圧師	様式16号の5(4)
訪問看護事業者	様式16号の5(5)

☞記載例は61頁～72頁参照

添付書類▶看護・移送等に要した費用がある場合は、当該費用についての明細書・看護・移送等をした者の請求書または領収書

　その他受けた療養の内容によって添付資料が異なります（☞（3）参照）。

どこへ▶所轄の監督署へ

いつまでに▶費用の支出が確定した日から2年以内に

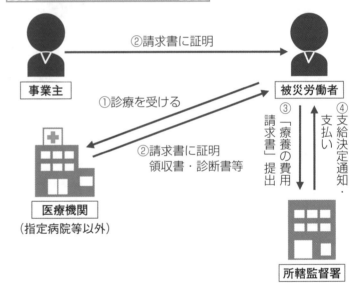

療養の費用の請求手続き

②請求書に証明

事業主

①診療を受ける

被災労働者

②請求書に証明
領収書・診断書等

③「療養の費用請求書」提出

④支給決定通知・支払い

医療機関
（指定病院等以外）

所轄監督署

Q49 医師から骨折部の固定のため固定装具の購入を指示されましたが、その代金は支給されますか？

A　傷病労働者に装用させた治療用装具などの費用は、指定医療機関で作成されたものは他の一般診療費と同様に療養の現物給付扱いとなりますが、外部の製作業者に依頼して作成したものは傷病労働者に対する費用支払い扱いとなります。よって当該購入代金の領収書を添付し、療養の費用請求書に主治医の証明（装具等の装用の必要性の記載）を受けたうえで請求すれば支給されます。

Q50 個室の差額ベット料も支給されますか？

A　入院室料金は、入院に関する費用であり療養の範囲に含まれますが、入院室料金の取り扱いについては、通常一般の患者が入院する場合の普通の病室が標準となります。
　しかし、治療上の必要が認められる場合には個室等の室料差額分についても支給対象となりますが、患者の希望や、医療機関の施設の都合等によって個室等へ入院した場合は、これにより生じた差額室料については労災保険からは支給されません。

（3）療養費用の具体的な請求方法

●1　治療材料（装具等）

　労災指定病院や労災指定病院以外の病院等での治療に関して、医師の指示により治療材料（装具等）の費用を負担した場合には、その費用が支給対象となります。

添付書類▶当該治療材料（装具等）の費用を負担した際の領収書

どこへ▶所轄の監督署へ

いつまでに▶費用の支出が確定した日から２年以内に

●2　移送費

被災場所や自宅などから医療機関へ、あるいは医療機関から他の医療機関へ移送する費用、自宅から医療機関への通院に要する費用等については、一定の条件の下でその費用が支給対象となります。

添付書類▶原則として当該費用を負担した際の領収書
（公共交通機関の運賃等で療養の費用請求書の医師証明欄の実診療日数によってその費用を算定できるものについてはこの限りではない。）
どこへ▶所轄の監督署へ
いつまでに▶費用の支出が確定した日から２年以内に

●3　柔道整復師

柔道整復師等に施術を受けた場合には、その施術料金を傷病労働者に代わって所轄の監督署に請求書を提出し、その監督署から直接支払いを受けることができる**受任者払い**の承認を受けている柔道整復師とそれ以外の柔道整復師の場合とでは、請求方法が異なります。

受任者払いの承認を受けている柔道整復師等の場合

どこへ▶施術を受けた柔道整復師等へ
いつまでに▶遅滞なく

受任者払いの承認を受けていない柔道整復師等の場合

どこへ▶所轄の監督署へ
いつまでに▶費用の支出が確定した日から２年以内に

●4　はり師・きゅう師

はり・きゅうの施術については、医師が施術効果が認められると判断した場合に行われた施術について支給の対象となります。

添付書類▶① 初療の日及び初療の日から６カ月を経過した日の請求書に、医師の診断書
初療の日から９カ月を経過する場合は、はり師またはきゅう師の意見書、症状経過表、医師の意見または診断書
② 施術費用に関する施術所の領収書

Q51 通院費（交通費）について、タクシー代も支給されますか？

A 療養（補償）等給付の対象となる移送費には、通院に要する費用も含まれます。

タクシーで通院しているような場合は、傷病の状態や、通院のために通常必要とされる交通機関として利用したのであれば支給の対象となります。

ただし、傷病労働者の住居地または勤務先と同一市町村内の適切な医療機関または隣接する市町村内の適切な医療機関（一定の要件あり）、それ以外の地域の医療機関（同一もしくは隣接する同一市町村内に当該傷病に適した医療機関が存在しない場合）への通院のため、原則片道２km以上の通院であることが必要です。

なお、請求にあたっては、領収書の添付が必要です。

Q52 転医先への通院は電車の利用が不可欠です。この場合の電車賃は支給されますか？

A 通院にかかる電車賃も、移送費として療養（補償）等給付の対象となります。

ただしこの場合も、傷病労働者の住居地または勤務先と同一市町村内の適切な医療機関または隣接する市町村内の適切な医療機関（一定の要件あり）への通院のため、原則片道２km以上の通院であることが必要です。

Q53 負傷後搬送された医療機関で入院手術を行いました。その後主治医から通院治療を指示されましたが、その医療機関は私の住居地と同一市町村内にはありません。その後の通院に際し電車の利用が不可欠となりましたが、その費用は支給されますか？

A 移送費の一定の要件にかかわらず、通院のため支出した費用について、療養の費用請求書に主治医の証明（通院の必要性の記載）を受けたうえで請求すれば支給されます。

Q54 業務上の頸肩腕症候群のため医療機関で加療中ですが、回復が遅いのではり治療をしたいと思っています。はり治療の費用も支給されますか？

A　はり・きゅう・マッサージ治療は、①傷病の治療効果がもはや期待できないと医学的に認められるものの、後遺症状としての疼痛、痺れや麻痺などの改善が期待し得ることから施術が必要であると主治医が認めた場合や、②傷病の状態から一般医療とはり等の施術を併せて行うことにより運動機能などの回復が期待し得ることから施術が必要であり主治医が治療目的を明示し認めた場合に療養費用として保険給付の対象となります。
　ご質問のケースは②に該当し、労災保険から費用の支給を受けるためには、主治医がはり等の施術を必要と認め治療目的を明記した診断書を添付して請求することが必要です。
　なお、施術期間は当面6カ月となり、6カ月を経過したものについては、改めて診断書が必要となります。

③　施術費用内訳書
どこへ▶所轄の監督署へ
いつまでに▶費用の支出が確定した日から2年以内に

●5　マッサージ

　マッサージの施術についても、医師が医療上マッサージの施術を行うことが必要と認められると判断した場合に行われたマッサージについて支給の対象となります。

添付書類▶①　初療の日及び初療の日から6カ月を経過した日の請求書に、医師の診断書
　初療の日から9カ月を経過する場合は、はり師またはきゅう師の意見書、症状経過表、医師の意見または診断書
②　施術費用に関する施術所の領収書
③　施術費用内訳書
どこへ▶所轄の監督署へ
いつまでに▶費用の支出が確定した日から2年以内に

●6　訪問看護事業者

　重度のせき髄・頸髄損傷患者及びじん肺患者等、病状が安定またはこれに準ずる状態にあり、かつ居宅において保健師、看護師、准看護師、理学療法士及び作業療法士による療養上の世話及び診療の補助が必要な傷病労働者が対象となります。

添付書類▶当該訪問看護に要した費用の領収書
どこへ▶所轄の監督署へ
いつまでに▶費用の支出が確定した日から2年以内に

（業務災害／複数業務要因災害）療養補償給付及び複数事業労働者療養給付たる療養の給付請求書

様式第5号（表面） 労働者災害補償保険
業務災害用
複数業務要因災害用
療養補償給付及び複数事業労働者
療養給付たる療養の給付請求書

裏面に記載してある注意事項をよく読んだ上で、記入してください。

標準字体 0 1 2 3 4 5 6 7 8 9 ゛゜ ー
ア イ ウ エ オ カ キ ク ケ コ サ シ ス セ ソ タ チ ツ テ ト ナ ニ ヌ
ネ ノ ハ ヒ フ ヘ ホ マ ミ ム メ モ ヤ ユ ヨ ラ リ ル レ ロ ワ ン

標準字体で記入してください。

※帳票種別 **34590**
①管轄局署
②業通別 保留 **1** 業通
⑥処理区分 1全レセ 3全給付
④受付年月日 ※
㉒廃業 ⑦支給・不支給決定年月日 ※

⑤労働保険番号
府県 **1 3** 所掌 **1** 管轄 **0 8** 基幹番号 **1 2 3 4 5 6** 枝番号 **0 0 0**

※印の欄は記入しないでください。（職員が記入します）

※記入枠内の年については和暦で表記。

年金証書番号記入欄

⑧性別 **1** （1男 3女 5両 7更 9計）
⑨労働者の生年月日 **5 5 8 8 2 6**（1明治 3大正 5昭和 7平成 9令和）
⑩負傷又は発病年月日 **9 5 5 2 8**

㉔請求 ⑪再発年月日 ※
㉕複災 ⑬三者 ⑭特疾 特別加入者 ※
㉖傷病性質（業） ※

⑫労働者 氏名 **ヤマモト イチロウ**
氏 名 **山本 一郎** （39歳）
郵便番号 **167-0053**

必ず記入。

フリガナ **スギナミク ニシオギミナミ**
住所 **杉並区西荻南○−○−○**

職種 **鋳物工**

⑰負傷又は発病の時刻 午前（前）**10時40分頃**

⑯災害発生の事実を確認した者の職名、氏名
職名 **第一工場長**
氏名 **三浦 良男**

現認した者がいない場合は報告を受けた者を記入。

⑱災害の原因及び発生状況
（あ）どのような場所で（い）どのような作業をしているときに（う）どのような物又は環境に（え）どのような不安全な又は有害な状態があって（お）どのような災害が発生したか（か）⑩と初診日が異なる場合はその理由を詳細に記入すること

鋳物工場内の2階倉庫から1階作業場に通じる階段において、木箱
（65×45×20cm）を倉庫から搬出作業中、後ろ向きに階段を下ってい
たため足を踏み外し、約1.7m下に転落し、左足首を捻挫した。

建設業の現場での災害は工事名称と現場住所を⑲欄に記入。⑩の記入内容と当該医療機関での初診と違うときはその事由も記入。

⑳指定病院等の 名称 **田中病院** 電話（ 03 ）○○○○−○○○○
所在地 **杉並区荻窪○−○−○** 〒 **167−0051**

㉑傷病の部位及び状態 **左足首関節捻挫**

⑳及び㉑も必ず記入。

⑫の者については、⑩、⑰及び⑱に記載したとおりであることを証明します。 **5年 6月 1日**

事業の名称 **高橋機械工業株式会社** 電話（ 03 ）○○○○−○○○○
事業場の所在地 **杉並区荻窪○−○−○** 〒 **167−0051**
事業主の氏名 **代表取締役 高橋 一郎**
（法人その他の団体であるときはその名称及び代表者の氏名）

事業主の証明が必要。

労働者の所属事業場の名称・所在地 **同 上** 電話（ ）−

（注意）1 労働者の所属事業場の名称・所在地については、労働者が直接所属する事業場が一括適用の取扱いを受けている場合に、労働者が直接所属する支店、工事現場等を記載してください。
2 派遣労働者について、療養補償給付又は複数事業労働者療養給付のみの請求がなされる場合にあっては、派遣先事業主は、派遣元事業主が証明する事項の記載内容が事実と相違ない旨裏面に記載してください。

上記事業場所在地内の所属の場合は「同上」と記入。

上記により療養補償給付又は複数事業労働者療養給付たる療養の給付を請求します。 **5年 6月 5日**

新宿 労働基準監督署長 殿

田中
診療所 薬局 訪問看護事業者 経由

請求人の 住所 **杉並区西荻南○−○−○** 〒 **167−0053** 電話（ 03 ）○○○○−○○○○ （ 方）
氏名 **山本 一郎**

請求人住所・電話番号・郵便番号は連絡先等になるので省略不可。

	署 長	副署長	課 長	係 長	係	決定年月日	・ ・
支不支給決定決議書							
	調査年月日					不支給の理由	
	復命書番号 第 号 第 号 第 号						

（この欄は記入しないでください。）

請求人の記名または署名が必要。

様式第5号(裏面)

㉒その他就業先の有無		
有 無	有の場合のその数 (ただし表面の事業場を含まない) 社	有の場合でいずれかの事業で特別加入している場合の特別加入状況 (ただし表面の事業を含まない)
		労働保険事務組合又は特別加入団体の名称
	労働保険番号（特別加入）	加入年月日　　　　　　　　　　　　　年　　　　　月　　　　　日

[項目記入にあたっての注意事項]

1　記入すべき事項のない欄又は記入枠は空欄のままとし、事項を選択する場合には該当事項を○で囲んでください。（ただし、⑧欄並びに⑨及び⑩欄の元号については、該当番号を記入枠に記入してください。）

2　⑱は、災害発生の事実を確認した者(確認した者が多数のときは最初に発見した者)を記載してください。

3　傷病補償年金又は複数事業労働者傷病年金の受給権者が当該傷病に係る療養の給付を請求する場合には、⑤労働保険番号欄に左詰めで年金証書番号を記入してください。また、⑨及び⑩は記入しないでください。

4　複数事業労働者療養給付の請求は、療養補償給付の支給決定がなされた場合、遡って請求されなかったものとみなされます。

5　㉒「その他就業先の有無」欄の記載がない場合又は複数就業していない場合は、複数事業労働者療養給付の請求はないものとして取り扱います。

6　疾病に係る請求の場合、脳・心臓疾患、精神障害及びその他二以上の事業の業務を要因とすることが明らかな疾病以外は、療養補償給付のみで請求されることとなります。

[その他の注意事項]

　この用紙は、機械によって読取りを行いますので汚したり、穴をあけたり、必要以上に強く折り曲げたり、のりづけしたりしないでください。

派遣先事業主証明欄	派遣元事業主が証明する事項(表面の⑩、⑰及び⑲)の記載内容について事実と相違ないことを証明します。		
	年　　月　　日	事 業 の 名 称	電話(　　　)　　―　　〒　―
		事業場の所在地	
		事 業 主 の 氏 名	
		(法人その他の団体であるときはその名称及び代表者の氏名)	

社会保険労務士記載欄	作成年月日・提出代行者・事務代理者の表示	氏　　名	電話番号
			(　　)　　―

（通勤災害）療養給付たる療養の給付請求書

■ 様式第16号の3（表面）労働者災害補償保険

通勤災害用
療養給付たる療養の給付請求書

裏面に記載してある注意事項をよく読んだ上で、記入してください。

標 準 字 体	0 1 2 3 4 5 6 7 8 9 " ° ー
	ア イ ウ エ オ カ キ ク ケ コ サ シ ス セ ソ タ チ ツ テ ト ナ ニ ヌ
	ネ ノ ハ ヒ フ ヘ ホ マ ミ ム メ モ ヤ ユ ヨ ラ リ ル レ ロ ワ ン

標準字体で記入してください。

※ 帳票種別　③ ４ ５ ９ ０

①管轄局署　②業通別　③保留　⑥処理区分

②業通別 3（1業 2通 3 ）

※④受付年月日

⑤労働保険番号
府県 所掌 管轄 基幹番号 枝番号
1 3 1 1 6 1 2 3 4 5 6 0 0 0

年金証書番号記入欄

②療養　②支給・不支給決定年月日

⑧性別（1男 3女）1 ⑨労働者の生年月日 3昭和 5 5 0 1 2 3　⑩負傷又は発病年月日 9 5 4 2 2

⑪再発年月日

⑫労働者 シメイ（カタカナ）コ バ ヤ シ ジ ツ ク オ

⑬三者　⑭特疾　⑮特別加入者

氏名 小林 次男 （48歳）

郵便番号 1 8 5 - 0 0 1 2

必ず記入。

フリガナ コクブンジシホンチョウ
住所 国分寺市本町○ー○ー○ ハニーコーポ207

職種 営業職

⑰第三者行為災害　該当する （該当しない）

⑯通勤災害に関する事項　裏面のとおり

⑳指定病院等の
名称 本橋病院　電話（042）○○○-○○○○
所在地 立川市錦町○ー○ー○　〒190-0022

㉑傷病の部位及び状態 左手首骨折

⑫の者については、⑩及び裏面の（ロ）、（ハ）、（ニ）、（ホ）、（ト）、（チ）、（リ）（通常の通勤の経路及び方法に限る。）及び（ヲ）に記載したとおりであることを証明します。

5年 4月 24日

事業の名称 株式会社ビー・エム・プランニング　電話（042）○○○-○○○○
事業場の所在地 立川市錦町○ー○ー○　〒190-0022
事業主の氏名 代表取締役 阿川 正広
（法人その他の団体であるときはその名称及び代表者の氏名）

労働者の所属事業場の名称・所在地 同 上　電話（ ）

（注意）1 事業主は、裏面の（ロ）、（ハ）及び（リ）については、知り得なかった場合には証明する必要がないので、知り得なかった事項の符号を消してください。
2 労働者の所属事業場の名称・所在地については、労働者が直接所属する事業場が一括適用の取扱いを受けている場合に、労働者が直接所属する支店、工事現場等を記載してください。
3 派遣労働者について、療養給付のみの請求がなされる場合にあっては、派遣先事業主は、派遣元事業主が証明する事項の記載内容が事実と相違ない旨裏面に記載してください。

上記により療養給付たる療養の給付を請求します。

立川 労働基準監督署長 殿

本橋 病院 診療所 薬局 訪問看護事業者 経由

5年 4月 27日

〒185-0012　電話（042）○○○-○○○○
請求人の 住所 国分寺市本町○ー○ー○ ハニーコーポ207 方
氏名 小林 次男

支不支給決定決議書

	署　長	副署長	課　長	係　長	係	決定年月日	・　　・
						不支給の理由	
調査年月日	・　・						
復命書番号	第　号	第　号	第　号				

（この欄は記入しないでください。）

※印の欄は記入しないでください。（職員が記入します）

このスペースに文字を記入しないでください。

折り曲げる場合には◀の所を谷に折りさらに2つ折りにしてください。

──（吹き出し注釈）──

記入枠内の年については和暦で表記。

該当する場合には第三者行為災害届の所轄監督署への提出が必要。

⑳及び㉑も必ず記入。

事業主の証明が必要。

上記事業場所在地内の所属の場合は「同上」と記入。

請求人住所・電話番号・郵便番号は連絡先等になるので省略不可。

請求人の記名または署名が必要。

※下記の事項の記載内容に基づき通勤災害として請求することになるので、記入漏れに注意！

> 道路上等での被災の場合は、現場住所等を記入。建物・施設敷地内での負傷は建物・施設名・所在地を記入。

> 通常の通勤経路（住居⇔就業の場所）の詳細を記入し、当日災害発生場所に至るまでの経路等を記入。

> 現認した者がいない場合は報告を受けた者を記入。

様式第16号の3（裏面）　　　　　　　　　　　通勤災害に関する事項

(イ)	災害時の通勤の種別 （該当する記号を記入）	イ	イ．住居から就業の場所への移動　　　ロ．就業の場所から住居への移動 ハ．就業の場所から他の就業の場所への移動 ニ．イに先行する住居間の移動　　　　ホ．ロに接続する住居間の移動
(ロ)	負傷又は発病の年月日及び時刻		5 年 4 月 22 日　午前 8時45分頃
(ハ)	災害発生の場所	立川市錦町○丁目 ○○銀行○○支店前市道	（ニ）就業の場所　　立川市錦町○－○－○ （災害時の通勤の種別がハに該当する場合は移動 の終点たる就業の場所）　親ピー・エム・プランニング本社
(ホ)	就業開始の予定年月日及び時刻 （災害時の通勤の種別がイ、ハ又はニに該当する場合は記載すること）		5 年 4 月 22 日　午前 9時00分頃
(ヘ)	住居を離れた年月日及び時刻 （災害時の通勤の種別がイ、ニ又はホに該当する場合は記載すること）		5 年 4 月 22 日　午前 8時00分頃
(ト)	就業終了の年月日及び時刻 （災害時の通勤の種別がロ、ハ又はホに該当する場合は記載すること）		年　月　日　午前 時　分頃
(チ)	就業の場所を離れた年月日及び時刻 （災害時の通勤の種別がロ又はハに該当する場合は記載すること）		年　月　日　午前 時　分頃
(リ)	災害時の通勤の種別に関する移動の通常の経路、方法及び所要時間並びに災害発生の日に住居又は就業の場所から災害発生の場所に至った経路、方法、所要時間その他の状況		自宅 徒歩 JR国分寺駅 JR中央線 JR立川駅 徒歩 会社 ─15分─ ─10分─ ─15分─ ［通常の通勤所要時間］　時間　40 分
(ヌ)	災害の原因及び発生状況 (あ)どのような場所を (い)どのような方法で移動している際に (う)どのような物で又はどのような状況において (え)どのようにして災害が発生したか (お)⑦と⑩の初診日が異なる場合はその理由を簡明に記載すること		JR立川駅から会社まで徒歩で通勤中、錦町○丁目○○銀行○○支店前の市道で道路の縁石につまずき、転倒し、左手首を骨折した。
(ル)	現認者の　住所	立川市錦町○－○－○	
	氏名	川口　ヒサ	電話(042)○○○－○○○○
(ヲ)	転任の事実の有無 （災害時の通勤の種別がニ又はホに該当する場合）	有 ・ 無	(ワ)転任直前の住居に係る住所

	⑱その他就業先の有無		
有 無	有の場合のその数 （ただし表面の事業場を含まない） 社	有の場合でいずれかの事業で特別加入している場合の特別加入状況（ただし表面の事業を含まない） 労働保険事務組合又は特別加入団体の名称	
	労働保険番号（特別加入）	加入年月日　　　　　　　　　　　　　　　年　　月　　日	

［項目記入に当たっての注意事項］
1 記入すべき事項のない欄又は記入枠は空欄のままとし、事項を選択する場合には当該事項を○で囲んでください。（ただし、⑱欄並びに⑲⑳㉑欄の元号については該当番号を記入枠に記入してください。）
2 傷病年金の受給権者が当該傷病にかかる療養の給付を請求する場合には、⑳労働保険番号欄に左詰めで年金証書番号を記入してください。また、⑨及び⑩は記入しないでください。
3 ⑫は、請求人が健康保険の日雇特例被保険者でない場合には記載する必要はありません。
4 (ホ)は、災害時の通勤の種別がイの場合には、移動の終点たる就業の場所における就業開始の予定時刻を、ニの場合には、後続するイの移動の終点たる就業の場所における就業開始の予定の年月日及び時刻を記載してください。
5 (ト)は、災害時の通勤の種別がロの場合には、移動の起点たる就業の場所における就業終了の年月日及び時刻を、ホの場合には、先行するロの移動の起点たる就業の場所における就業終了の年月日及び時刻を記載してください。
6 (チ)は、災害時の通勤の種別がロの場合には、移動の起点たる就業の場所を離れた年月日及び時刻を記載してください。
7 (リ)は、通常の通勤の経路を図示し、災害発生の場所及び災害発生の日に住居又は就業の場所から災害発生の場所に至った経路を朱線等を用いて分かりやすく記載するとともに、その他の事項についてもできるだけ詳細に記載してください。

［標準字体記入にあたっての注意事項］
　□□□で表示された記入枠に記入する文字は、光学式文字読取装置(OCR)で直接読取りを行いますので、以下の注意事項に従って、表面の右上に示す標準字体で記入してください。
1 筆記用具は黒ボールペンを使用し、記入枠からはみ出さないように書いてください。
2 「促音」「よう音」などは大きく書き、濁点、半濁点は1文字として書いてください。
（例）キッテ → キツテ　　　キョ → キヨ　　　バ → ハ゛
3 シツソン は斜の弧を書き始めるとき、小さくカギを付けてください。
4 I はカギを付けないで垂直に、4 の2本の縦線は上で閉じないで書いてください。

派遣先事業主証明欄	派遣元事業主が証明する事項（表面の⑭並びに（ロ）、（ハ）、（ニ）、（ホ）、（ト）、（チ）、（リ）（通常の通勤の経路及び方法に限る。）及び（ワ））の記載内容について事実と相違ないことを証明します。		
	事業の名称		電話（　　）　　－
年　月　日	事業場の所在地		〒　　－
	事業主の氏名 （法人その他の団体であるときはその名称及び代表者の氏名）		

社会保険労務士記載欄	作成年月日・提出代行者・事務代理者の表示	氏　名	電話番号
			（　　）　　－

（業務災害／複数業務要因災害）療養補償給付及び複数事業労働者療養給付たる療養の費用請求書

■ 様式第7号（1）（表面）　労働者災害補償保険

業務災害用
複数業務要因災害用
療養補償給付及び複数事業労働者療養給付たる療養の費用請求書（同一傷病分）　第 1 回

標準字体　0123456789゜゛ー
アイウエオカキクケコサシスセソタチツテトナニヌ
ネノハヒフヘホマミムメモヤユヨラリルレロワン

※帳票種別 3 4 2 6 0　①管轄局署　②業通別 1業 3通　③受付年月日　⑥三者コード 135　⑪委任未記入者 35末支給 他　⑬審査コード

③労働保険番号　府県 13 所掌 1 管轄 05 基幹番号 123456 枝番号 000　④ ⑤年金証書の番号

⑤労働者の性別 1男　⑥労働者の生年月日 7 5 年7月13日（昭和）　⑦負傷又は発病年月日 9 5 年2月12日

⑨労働者の氏名 ノグチ マナブ　野口 学 （29歳）　職種 とび工

⑧住所 〒213-0004 川崎市高津区諏訪○－○－○

新規　変更　⑩預金の種類 1普通 3当座　口座番号 0123456

○○ 高津 野口 学

メイギニン ノグチ マナフ

⑨の者については、⑦並びに裏面の（ヌ）及び（ヲ）に記載したとおりであることを証明します。

事業の名称 港南建設株式会社　電話（03）○○○○－○○○○
事業場の所在地 品川区北品川○－○－○　〒140-0001
事業主の氏名 代表取締役 大山 茂

5年3月2日

療養の内訳 （イ）療養の期間 5年2月12日 から 5年2月25日まで 14日間　診療実日数 6日

（ロ）傷病の部位及び傷病名 右膝内側靱帯損傷

（ハ）傷病の経過の概要 痛みを訴える 漸次軽快

病院又は診療所の 所在地 品川区東五反田○－○－○ 〒141-0022
名称 藤井病院　電話（03）○○○○－○○○○
診療担当者氏名 川田 太一　3 2 0 0 0円

5年2月25日

（ニ）療養の内訳及び金額（内訳裏面のとおり。）

（ホ）看護料　（ヘ）移送費

（ト）上記以外の療養費　（チ）療養の給付を受けなかった理由 近くに療養に適した労災指定病院がなかったため　⑳療養に要した費用の額（合計） 3 2 0 0 0円

㉑費用の種類　㉒療養期間の初日　㉓療養期間の末日　㉔診療実日数　㉕転帰事由

上記により療養補償給付又は複数事業労働者療養給付たる療養の費用の支給を請求します。

5年3月4日　〒213-0004 電話（044）○○○－○○○○
請求人の 住所 川崎市高津区諏訪○－○－○
氏名 野口 学

品川 労働基準監督署長 殿

※印の欄は記入しないでください。

記入枠内の年については和暦で表記。

事故の発生日・発病の日を正確に記入。

費用請求として新規の場合は、請求人本人の振込希望口座番号等を必ず記入。

事業主の証明が必要。ただし、第2回目以降の請求が離職後（証明を受けるべき事業主との雇用関係が消滅したこと）である場合は不要。

最終の投薬期間も算入。

診療を行った医師または歯科医師の証明を受ける。

記名または署名が必要。

付添看護人を必要とした場合の費用または病院等が遠距離の場合の移送に要した費用等を記入。この場合は要した費用の請求書または領収書を添付。

※請求金額の基となる領収書は紛失防止のため、ホッチキス等でまとめ、請求書に添付（請求書への糊付けは読み取り障害の原因となるのでしないでください。）。

請求人住所・電話番号・郵便番号は連絡先等になるので省略不可。

61

※下記の事項の記載内容に基づき業務災害として請求することとなるので、⒥～㋺は記入漏れのないよう注意！

※その現場にいない者にも状況が分かるようできるだけ具体的に記入。
本請求分の表面の証明医療機関と異なる医療機関での受診がある場合は、受診経過（医療機関名、初診日等）を記入。

直接所属している事業場が表面の事業場と異なる（一括適用の取扱いを受けている支店、工場、工事現場等）場合に記入。表面に証明を行った事業場と同一所在地内に所属する場合は「証明事業場に同じ」と記入。

災害発生の事実を確認した人の職名・氏名を記入。
現認した者がいない場合は報告を受けた者を記入。

【証明医療機関へのお願い】
内訳については診療報酬明細書に代わる内容となるので、診療報酬点数の算定内容を「摘要」欄等に記載してください。

様式第7号（1）（裏面）

| （リ）労働者の所属事業場の名称・所在地 | 証明事業場に同じ | （ヌ）負傷又は発病の時刻 | 午後 2時10分頃 | （ル）災害発生の事実を確認した者の | 職名 大工 氏名 安部 太郎 |

医療機関が記入。

（ヲ）災害の原因及び発生状況　（あ）どのような場所で（い）どのような作業をしているときに（う）どのような物又は環境に（え）どのような不安全な又は有害な状態があって（お）どのような災害が発生したか（か）㋐と初診日が異なる場合はその理由を詳細に記入すること

五反田スカイマンション新築工事現場において、天井足場から天井用足場（2700×300×50mm）の化粧ベニヤ板を受け取ろうとして脚立に足をかけようとしたときに、バランスをくずして床に落下し右ひざを強打した。

療養の内訳及び金額

診療内容			点数(点)
初診	時間外・休日・深夜		
再診	外来診療料	× 回	
	継続管理加算	× 回	
	外来管理加算	× 回	
	時間外	× 回	
	休日	× 回	
	深夜	× 回	
指導			
在宅	往診	回	
	夜間	回	
	緊急・深夜	回	
	在宅患者訪問診療	回	
	その他		
	薬剤	回	
投薬	内服 薬剤	単位	
	調剤	× 回	
	屯服 薬剤	単位	
	外用 薬剤	単位	
	調剤	× 回	
	処方	× 回	
	麻毒	回	
	調基		
注射	皮下筋肉内	回	
	静脈内	回	
	その他	回	
処置		回	
	薬剤		
手術麻酔	薬剤		
検査	薬剤		
画像診断		回	
	薬剤		
その他	処方せん	回	
	薬剤		
入院	入院年月日	年 月 日	
	病・診・衣 入院基本料・加算	× 日間	
		× 日間	
		× 日間	
		× 日間	
	特定入院料・その他		
小計		点 ①	

診療内容	金額	摘要
初診	円	
再診	回	円
指導	回	円
その他		円
食事（基準）		
	円× 日間	円
	円× 日間	円
	円× 日間	円
小計	②	円

摘要

⑨その他就業先の有無

有	有の場合のその数（ただし表面の事業場を含まない）	社
無		
有の場合でいずれかの事業で特別加入している場合の特別加入状況（ただし表面の事業を含まない）	労働保険事務組合又は特別加入団体の名称	
	加入年月日	年 月 日
	労働保険番号（特別加入）	

派遣先事業主証明欄	派遣元事業主が証明する事項（表面の⑲並びに（ヌ）及び（ヲ）の記載内容について事実と相違ないことを証明します。		
年 月 日	事業の名称	電話（ ） －	
	事業場の所在地	〒 －	
	事業主の氏名		
	（法人その他の団体であるときはその名称及び代表者の氏名）		

社会保険労務士記載欄	作成年月日・提出代行者・事務代理者の表示	氏 名	電 話 番 号
			（ ） －

（業務災害／複数業務要因災害）療養補償給付及び複数事業労働者療養給付たる療養の費用請求書（薬局）

様式第7号（2）（表面）　労働者災害補償保険

業務災害用
複数業務要因災害用

第 1 回

療養補償給付及び複数事業労働者療養給付たる療養の費用請求書（同一傷病分）

標準字体 0 1 2 3 4 5 6 7 8 9 ゙ ゚ ー
ア イ ウ エ オ カ キ ク ケ コ サ シ ス セ ソ タ チ ツ テ ト ナ ニ ヌ
ネ ノ ハ ヒ フ ヘ ホ マ ミ ム メ モ ヤ ユ ヨ ラ リ ル レ ロ ワ ン

（薬）

※ 帳票種別　①管轄局署　②業通別　※受付年月日　③三者コード　⑤委任未支給　特別加入者　※審査コード

帳票種別：3 4 2 6 1

②業通別：1　1業 3通

③労働保険番号：府県 1 3 所掌 1 管轄 5 基幹番号 1 2 3 4 5 6 枝番号 0 0 0

④管轄局　種別　西暦年　番号

⑤労働者の性別：1　1男 3女
⑥労働者の生年月日：5 4 7 1 0 2 2（年号 昭和）
⑦負傷又は発病年月日：9 5 3 1 0

⑭金融機関　店舗
※金融機関コード
※郵便局コード

シメイ（カタカナ）：ナ カ ゙ タ　ヨ シ オ

氏名　永田　義夫　（50歳）

職種　ゴルフ場コース管理

住所　郵便番号 192－0911　八王子市打越町○－○

新規・変更

⑯預金の種類：1　1普通 3当座

⑰口座番号：1 2 3 4 5 6

振込を希望する金融機関の名称
○○　八王子
口座名義人　永田　義夫

メイギニン（カタカナ）：ナ カ ゙ タ　ヨ シ オ

（つづき）メイギニン（カタカナ）

⑨の者については、⑦並びに裏面の（ホ）及び（ト）に記載したとおりであることを証明します。

5年 3月 25日

事業の名称　河合ゴルフ株式会社　電話（042）○○○－○○○○
事業場の所在地　八王子市川口町○－○　〒 193－0801
事業主の氏名　菅野　周一

（注意）派遣労働者について、療養補償給付又は複数事業労働者療養給付のみの請求がなされる場合にあっては、派遣先事業主は、派遣元事業主が証明する事項の記載内容が事実と相違ない旨裏面に記載してください。

（イ）傷病名　左手小指切創

⑨の者については、（イ）に記載したとおりであることを証明します。

5年3月25日

所在地　八王子市猶原町○－○　〒 193－0803
病院又は診療所の名称　渡辺外科医院　電話（042）○○○－○○○○
診療担当者氏名　渡辺　健太郎

⑨の者については、（ロ）、㉓に記載したとおりであること及び（ロ）、㉓に記載した事項は　渡辺　健太郎　医師の処方に基づくものであることを証明します。

薬剤師の証明

5年 3月 25日

所在地　八王子市猶原町○－○　〒 193－0803
薬局の名称　中島薬局　電話（042）○○○－○○○○
調剤担当者氏名　柴田　純子

（ロ）療養の内容　期間　5年 3月 10日から　5年 3月 19日まで　10日間　調剤実日数　3日

（ハ）療養の給付を受けなかった理由　かかりつけの薬局が労災の指定を受けていないため

㉔療養に要した費用の額（内訳裏面のとおり）　千万 百万 十万 万 千 百 十 円　3 5 3 9 0

㉑療養期間の初日

㉒療養期間の末日　から

㉓調剤数量　まで

上記により療養補償給付又は複数事業労働者療養給付たる療養の費用の支給を請求します。

5年 3月 27日

〒 192－0911　電話（042）○○○－○○○○
請求人の住所　八王子市打越町○－○
氏名　永田　義夫

八王子 労働基準監督署長 殿

事故の発生日・発病の日を正確に記入。

費用請求として新規の場合は、請求人本人の振込希望口座番号等を必ず記入。

事業主の証明が必要。ただし、第2回目以降の請求が離職後（証明を受けるべき事業主との雇用関係が消滅したこと）である場合は不要。

診療を行った医師または歯科医師の証明を受ける。

薬剤師の証明を受ける。

記名または署名が必要。

請求人住所・電話番号・郵便番号は連絡先等になるので省略不可。

63

その現場にいない者にも状況が分かるようできるだけ具体的に記入。
本請求分の表面の証明医療機関と異なる医療機関での受診がある場合は、受診経過（医療機関名、初診日等）を記入。

直接所属している事業場が表面の事業場と異なる（一括適用の取扱いを受けている支店、工場、工事現場等）場合に記入。表面に証明を行った事業場と同一所在地内に所属する場合は「証明事業場に同じ」と記入。

災害発生の事実を確認した人の職名・氏名を記入。現認した者がいない場合は報告を受けた者を記入。

様式第7号（2）（裏面）

(ニ)労働者の所属事業場の名称・所在地	証明事業場に同じ	(ホ)負傷又は発病の時刻　午前㊙　5時　00分頃	(ヘ)災害発生の事実を確認した者の 職名 指導員　氏名 中島 常夫

(ト)災害の原因及び発生状況　(あ)どのような場所で(い)どのような作業をしているときに(う)どのような物又は環境に(え)どのような不安全な又は有害な状態があって(お)どのような災害が発生したか(か)⑦と初診日が異なる場合はその理由を詳細に記入すること。

芝刈機で3番グリーンの芝刈作業中、誤って刃に触れてしまい、左手の小指を切ってしまった。

療養の内訳及び金額　← 薬局が記入。

病院又は診療所の	名　称	
	所在地	
担 当 医氏　名	1.	3.
	2.	4.

医師番号	処方月日	調剤月日	処　　方		調剤数量	調剤報酬点数		
			医薬品名・規格・用量・剤型・用法	単位薬剤料(点)		調剤料(点)	薬剤料(点)	加算料(点)

受付回数	摘要
回	

調剤基本料	(点)	時間外・等加算	(点)	指導料	(点)	合計点数	(点)
						合計金額	(円)

(注意)　1．共通の注意事項
　　(1)　この請求書は、薬局から薬剤の支給を受けた場合に提出すること。
　　(2)　事項を選択する場合には、該当する事項を○で囲むこと。
　　(3)　(ニ)は、労働者の直接所属する事業場が一括適用の取扱いを受けている場合に、
　　　　労働者が直接所属する支店、工事現場等を記載すること。
　　2．傷病補償年金又は複数事業労働者傷病年金の受給権者が当該傷病に係る療養の費用を請求
　　　する場合以外の場合の注意事項
　　(1)　④は、記載する必要がないこと。
　　(2)　(ヘ)は、災害発生の事実を確認した者（確認した者が多数あるときは、最初に発見した者）
　　　　を記載すること。
　　(3)　(ヘ)及び(ト)は、第2回以後の場合には記載する必要がないこと。
　　(4)　第2回以後の請求が離職後である場合には事業主の証明は受ける必要がないこと。
　　3．傷病補償年金又は複数事業労働者傷病年金の受給権者が当該傷病に係る療養の費用を請求
　　　する場合の注意事項
　　(1)　③、⑥、⑦及び(ホ)から(ト)までは記載する必要がないこと。
　　(2)　事業主の証明は受ける必要がないこと。
　　4．複数事業労働者療養給付の請求は、療養補償給付の支給決定がなされた場合、遡って請求
　　　されなかったものとみなすこと。
　　5．㉔「その他就業先の有無」欄の記載がない場合又は複数就業していない場合は、複数事業
　　　労働者療養給付の請求はないものとして取り扱うこと。
　　6．疾病に係る請求の場合、脳・心臓疾患、精神障害及びその他二以上の事業の業務を要因とす
　　　ることが明らかな疾病以外は、療養補償給付のみで請求されることとなること。

㉔その他就業先の有無	
有	有の場合のその数（ただし表面の事業場を含まない）　　　　社
無	
有の場合でいずれかの事業で特別加入している特別加入状況（ただし表面の事業を含まない）	労働保険事務組合又は特別加入団体の名称
	加入年月日　　年　月　日
	労働保険番号（特別加入）

派遣先事業主証明欄	派遣元事業主が証明する事項（表面の⑦並びに(ホ)及び(ト)）の記載内容について事実と相違ないことを証明します。		
	年　月　日	事 業 の 名 称	電話(　)　－
		事業場の所在地	〒　　－
		事 業 主 の 氏 名	
		（法人その他の団体であるときはその名称及び代表者の氏名）	

社会保険労務士記載欄	作成年月日・提出代行者・事務代理者の表示	氏　　名	電 話 番 号
			(　)　－

（業務災害／複数業務要因災害）療養補償給付及び複数事業労働者療養給付たる療養の費用請求書（柔道整復師）

■ 様式第7号（3）（表面）　労働者災害補償保険

業務災害用／複数業務要因災害用

療養補償給付及び複数事業労働者療養給付たる療養の費用請求書（同一傷病分）

第 1 回

標準字体

0	1	2	3	4	5	6	7	8	9	°	ー
ア	イ	ウ	エ	オ	カ	キ	ク	ケ	コ	サ	シ	ス	セ	ソ	タ	チ	ツ	テ	ト	ナ	ニ	ス
ネ	ノ	ハ	ヒ	フ	ヘ	ホ	マ	ミ	ム	メ	モ	ヤ	ユ	ヨ	ラ	リ	ル	レ	ロ	ワ	ン

柔

※ 帳票種別 `3 4 2 6 2`　①管轄局署 □□□□　②業通別 □ `1` 業 `3`通

※受付年月日 □□□□□□　三者コード □□□　委任未支給 □　特別加入者 □　審査コード □□

（注意）
一、記入枠の部分は、必ず黒のボールペンを使用し、様式右上に記載された「標準字体」で、枠からはみ出さないように大きめのカタカナ及びアラビア数字で明瞭に記入してください。

③労働保険番号 府県 `1 3` 所掌 `1` 管轄 `1 4` 基幹番号 `1 2 3 4 5 6 0 0 0` 枝番号 □□□□

④ 管轄局 □ 種別 □□ 西暦年 □□ 番号 □□□□□

⑤労働者の性別 （男1 女3）`1`　⑥労働者の生年月日 `5 5 4 8` 年 `9 5 3 2`月日　⑦負傷又は発病年月日 □□□

⑬金融機関コード □□□□　金融機関 □□□□　店舗 □□□□

⑭類別コード □□□□

シメイ（カタカナ）`シ ミ ス` `タ イ ス ケ`

労働者の 氏名 **清水　大介** （43歳）　職種 **物流ドライバー**

住所 ⑧郵便番号 `1 1 1` - `0 0 3 2` **台東区浅草○ー○ー○**

（新規）変更　○○　浅草　清水　大介

⑯預金の種類 `1` 普通 3当座　⑰口座番号 `1 2 3 4 5 6 7`

メイギニン（カタカナ）`シ ミ ス` `タ イ ス ケ` ⑱

（つづき）メイギニン（カタカナ）⑲

⑨の者については、⑦並びに裏面の（ホ）及び（ト）に記載したとおりであることを証明します。

5年 4月 6日

事業の名称 **川上製材株式会社**　電話（ 03 ）○○○○ー○○○○

事業場の所在地 **江戸川区中央○ー○ー○**　〒 132 - 0021

事業主の氏名 **代表取締役　新井　幸三**
（法人その他の団体であるときはその名称及び代表者の氏名）

（注意）派遣労働者について、療養補償給付又は複数事業労働者療養給付のみの請求がなされる場合にあっては、派遣先事業主は、派遣元事業主が証明する事項の記載内容が事実と相違ない旨裏面に記載してください。

⑨の者については、（イ）から（ハ）まで及び⑳に記載したとおりであることを証明します。　〒 124 - 0024

5年 4月 8日

施術所の名称 **倉田接骨院**　電話（ 03 ）○○○○ー○○○○

住所 **葛飾区新小岩○ー○ー○**

氏名 **倉田　靖**

柔道整復師の証明

療養の内容
（イ）期間 `5`年 `3`月 `2`日から `5`年 `3`月 `31`日まで `30`日間 施術実日数 `13`日

（ロ）傷病の部位及び傷病名 **右趾骨骨折**

（ハ）傷病の経過の概要 **腫脹、疼痛あり、漸次軽快中**

`5`年 `3`月 `31`日 治癒（症状固定）・継続中・転医・中止

⑳指定・指名番号 府県 `1 3` 種別 `2` 一連番号 `1 2 3 4 1`

㉑療養に要した費用の額（内訳裏面のとおり。）□□□□ `1 6 2 9 0` 円

㉒療養期間の初日 □□□□□□ から　㉓療養期間の末日 □□□□□□ まで　㉔施術実日数 □□□　㉕転帰事由 □

上記により療養補償給付又は複数事業労働者療養給付たる療養の費用の支給を請求します。

〒 111 - 0032　電話（ 03 ）○○○○ー○○○○

5年 4月 10日

請求人の 住所 **台東区浅草○ー○ー○**

氏名 **清水　大介**

江戸川 労働基準監督署長 殿

（右側の注記）

- 記入枠内の年については和暦で表記。
- 事故の発生日・発病の日を正確に記入。
- 労災指定・指名柔道整復師に対して裏面委任状にて委任の場合は記入不要。委任によらない費用請求として新規の場合は振込希望口座番号等を必ず記入。
- 事業主の証明が必要。ただし、第2回目以降の請求が離職後（証明を受けるべき事業主との雇用関係が消滅したこと）である場合は不要。
- 柔道整復師の証明を受ける。
- 記名または署名が必要。
- 【証明施術所へのお願い】（イ）～（ハ）は裏面療養の内訳と関連する事項のため省略不可です。

（下部の注記）

- ※労災指定・指名柔道整復師への受領委任の場合、裏面委任状の委任者についても、上記請求人と同じ（同一印、または自筆による署名）証明で委任を行う。
- 請求人住所・電話番号・郵便番号は連絡先等になるので省略不可。

65

※下記の事項の記載内容に基づき業務災害として請求することとなるので、(ニ)〜(ト)は記入漏れのないよう注意！

※その現場にいない者にも状況が分かるようできるだけ具体的に記入。
本請求分の表面の証明医療機関と異なる医療機関での受診がある場合は、受診経過（医療機関名、初診日等）を記入。

直接所属している事業場が表面の事業場と異なる（一括適用の取扱いを受けている支店、工場、工事現場等）場合に記入。表面に証明を行った事業場と同一所在地内に所属する場合は「証明事業場に同じ」と記入。

災害発生の事実を確認した人の職名・氏名を記入。現認した者がいない場合は報告を受けた者を記入。

柔道整復師が記入。

指名を受けた柔道整復師に施術を受けた場合は、委任状の委任者は、表面請求人と同じ記名または署名が必要。

様式第7号(3)(裏面)

| (ニ) 労働者の所属事業場の名称・所在地 | 証明事業場に同じ | (ホ) 負傷又は発病の時刻　午 後 9 時 10 分頃 | (ヘ) 災害発生の事実を確認した者の | 職名 フォークリフト運転手　氏名 山下 二郎 |

(ト)災害の原因及び発生状況　(あ)どのような場所で(い)どのような作業をしているときに(う)どのような物又は環境に(え)どのような不安全な又は有害な状態があって(お)どのような災害が発生したか(か)⑦と初診日が異なる場合はその理由を詳細に記入すること。

2トン積みフォークリフトに長さ3mのラワン板材（重量約1.5トン）を積み、道路上のトラックに積み込むため、フォークリフトと並行して歩いていたところ、途中約4度の下り勾配のため積み荷が落ち、右足に当たって負傷した。

療養の内訳及び金額	初 検 料	初検年月日 平成 令和 年 月 日 時頃		時間外・深夜・休日加算	円		千		円
	再 検 料	回		円	指導管理料	回		円	
	運動療法料	回		円	施術情報提供料		円		
	休業(補償)給付証明料	回		円	証明期間				
	往 診 料	距離(片道) km	回 1回	円	夜間・離島・暴風雨雪加算		円		
		傷病名及び部位		金 額		特別材料料			
	整 復 固 定 料 初回処置	イ		円		円			
		ロ							
		ハ							
	後 療 料	イ		回	回	包帯交換料	円		
		ロ							
		ハ							
		ニ							
	電 療 料	イ	回	ロ	回	ハ	回	ニ	回
	罨法料	冷罨法 イ	回	ロ	回	ハ	回	ニ	回
		温罨法 イ	回	ロ	回	ハ	回	ニ	回
	その他								
	合 計						千		円

(注 意)
1．共通の注意事項
（1）この請求書は、柔道整復師から施術を受けた場合に提出すること。
（2）事項を選択する場合には、該当する事項を○で囲むこと。
（3）(ニ)は、労働者の直接所属する事業場が一括適用の取扱いを受けている場合に、労働者が直接所属する支店、工事現場等を記載すること。
2．傷病補償年金又は複数事業労働者傷病年金の受給権者が当該傷病に係る療養の費用を請求する場合以外の注意事項
（1）④は、記載する必要がないこと。
（2）(ヘ)は、災害発生の事実を確認した者（確認した者が多数あるときは、最初に発見した者）を記載すること。
（3）(ト)は、第2回以後の場合には記載する必要がないこと。
（4）第2回以後の請求が離職後である場合には事業主の証明は受ける必要がないこと。
3．傷病補償年金又は複数事業労働者傷病年金の受給権者が当該傷病に係る療養の費用を請求する場合の注意事項
（1）③、⑥、⑦及び(ホ)から(ト)までは記載する必要がないこと。
（2）事業主の証明は受ける必要がないこと。
4．複数事業労働者療養給付の請求は、療養補償給付の支給決定がなされた場合、遡って請求されなかったものとみなすこと。
5．㉖「その他就業先の有無」欄の記載がない場合又は複数就業していない場合は、複数事業労働者療養給付の請求はないものとして取り扱うこと。
6．疾病に係る請求の場合、脳・心臓疾患、精神障害及びその他二以上の事業の業務を要因とすることが明らかな疾病以外は、療養補償給付のみで請求されることとなること。

㉖その他就業先の有無	
有	有の場合のその数 （ただし表面の事業場を含まない）
無	社
有の場合でいずれかの事業場で特別加入している場合の特別加入状況（ただし表面の事業を含まない）	労働保険事務組合又は特別加入団体の名称
	加入年月日 年 月 日
	労働保険番号（特別加入）

派遣元事業主が証明する事項（表面の⑦並びに(ニ)及び(ホ)及び(ト))の記載内容について事実と相違ないことを証明します。

派遣先事業主証明欄	年 月 日	事業の名称	電話( ) －
		事業場の所在地	〒
		事業主の氏名	
			(法人その他の団体であるときはその名称及び代表者の氏名)

委 任 状
私は、柔道整復師 ＿＿＿＿＿＿＿＿ を代理人と定め、私が請求する表記療養の費用につき労災保険から給付される金額の受領を委任します。
　　　年 月 日　　　　　　委任者の住所
　　　　　　　　　　　　　　　氏名

| 社会保険労務士記載欄 | 作成年月日・提出代行者・事務代理者の表示 | 氏 名 | 電 話 番 号 |
| | | | ( ) － |

（業務災害 複数業務要因災害）療養補償給付及び複数事業労働者療養給付たる療養の費用請求書（はり・きゅう・マッサージ）

■ 様式第7号（4）（表面）　労働者災害補償保険

業務災害用
複数業務要因災害用
療養補償給付及び複数事業労働者療養給付たる療養の費用請求書(同一傷病分)

第 1 回

標準字体 0 1 2 3 4 5 6 7 8 9 ゛゜ー
ア イ ウ エ オ カ キ ク ケ コ サ シ ス セ ソ タ チ ツ テ ト ナ ニ ヌ
ネ ノ ハ ヒ フ ヘ ホ マ ミ ム メ モ ヤ ユ ヨ ラ リ ル レ ロ ワ ン

はり
きゅう

※ 帳票種別	①管轄局署	②業通別	⑥受付年月日	⑦三者コード	⑧委任未支給	特別加入者	⑨審査コード
3 4 2 6 3		1 1業 3通					

③労働保険番号　府県 所掌 管轄 基幹番号 枝番号
1 3 1 0 1 1 2 3 4 5 6 0 0 0

④　管轄局 種別 西暦年 番号

年金証書の番号

⑤労働者の性別
1 男1 女3
⑥労働者の生年月日 5 5 9 3 1 4

⑦負傷又は発病年月日 9 5 1 2 7

⑭金融機関　金融機関 店舗　金融機関コード

⑮※ 顧客局コード

⑨労働者の シメイ（カタカナ）：姓と名の間は1文字あけて記入してください。濁点・半濁点は1文字として記入してください。
サ サ キ　ユ ウ ジ゛

氏名　佐々木　雄司　（39歳）　職種　トラック運転手

住所　郵便番号 1 3 0 - 0 0 1 1　墨田区石原○－○－○

新規・変更

○関する金融機関

○○
両国
佐々木雄司

⑯預金の種類
1 普通 3 当座 → 1

⑰口座番号（左詰め、ゆうちょ銀行の場合は、記号（5桁）は左詰め、番号は右詰めで記入し、空欄には「0」を記入。）
1 2 3 4 5 6 7

メイギニン（カタカナ）：姓と名の間は1文字あけて記入してください。濁点・半濁点は1文字として記入してください。
⑱ サ サ キ　ユ ウ ジ゛

⑲（つづき）メイギニン（カタカナ）

⑨の者については、⑦並びに裏面の（ホ）及び（ト）に記載したとおりであることを証明します。

5 年 3 月 2 日

事業の名称　城東運送株式会社　電話（ 03 ）○○○○－○○○○
事業場の所在地　中央区新富○－○－○　〒 104 - 0041
事業主の氏名　代表取締役社長　野田　郁雄

（注意）派遣労働者について、療養補償給付又は複数事業労働者療養給付のみの請求がなされる場合にあっては、派遣先事業主は、派遣元事業主が証明する事項の記載内容が事実と相違ない旨裏面に記載してください。

⑨の者については、（イ）から（ハ）に記載したとおりであることを証明します。

5 年　3 月 4 日

施術所の名称　田口鍼灸院　〒 104 - 0043
住所　中央区湊○－○－○　電話（ 03 ）○○○○－○○○○
氏名　田口　大蔵

あん摩マッサージ指圧師・はり師・きゅう師の証明	療養の内容	（イ）期間	5 年 2 月 3 日から 5 年 2 月21日まで 19 日 間 施術実日数 10 日
	（ロ）傷病の部位及び傷病名		腰部打撲
	（ハ）傷病の経過の概要		腰部痛に対し、はり施術し、軽快した。 5 年 2 月 21 日 治癒（症状固定）・継続中・転医・中止
	⑳指定・指番号		府県 種別 一連番号 1 3 3 1 2 3 4 5
	㉑療養に要した費用の額（内訳裏面のとおり。）		2 6 9 0 0

㉒療養期間の初日	㉓療養期間の末日	㉔施術実日数	㉕転帰事由
※	から	まで	

上記により療養補償給付又は複数事業労働者療養給付の費用の支給を請求します。

5 年 3 月18日

〒 130 - 0011　電話（ 03 ）○○○○－○○○○
住所　墨田区石原○－○－○　（　　　方）
請求人の　氏名　佐々木　雄司

中央 労働基準監督署長 殿

事故の発生日・発病の日を正確に記入。

費用請求として新規の場合は、請求人本人の振込希望口座番号等を必ず記入。

事業主の証明が必要。ただし、第2回目以降の請求が離職後（証明を受けるべき事業主との雇用関係が消滅したこと）である場合は不要。

はり師等の証明を受ける。

記名または署名が必要。

請求人住所・電話番号・郵便番号は連絡先等になるので省略不可。

※その現場にいない者にも状況が分かるようできるだけ具体的に記入。
本請求分の表面の証明医療機関と異なる医療機関での受診がある場合は、受診経過（医療機関名、初診日等）を記入。

直接所属している事業場が表面の事業場と異なる（一括適用の取扱いを受けている支店、工場、工事現場等）場合に記入。表面に証明を行った事業場と同一所在地内に所属する場合は「証明事業場に同じ」と記入。

災害発生の事実を確認した人の職名・氏名を記入。現認した者がいない場合は報告を受けた者を記入。

はり師等が記入。

指名を受けた施術所の場合は、記名または署名のいずれか。

様式第7号（4）（裏面）

労働者の所属事業場の名称・所在地：証明事業場に同じ

（ホ）負傷又は発病の時刻　午前（後）2時30分頃

職名：運転手
（ヘ）災害発生の事実を確認した者の　氏名：石田 登

（ト）災害の原因及び発生状況
トラックに積荷を載せる作業中、トラックの荷台から地面に落ち、その際、腰を強打した。

療養の内沢及び金額

初検料　初検　年　月　日　加算料金
注療料　距離（片道）km　回数　1回の料金　夜間加算料金　時間外・休日
施術名　回数　1回の料金
はり・きゅう：はり／きゅう／はり・きゅう併用／電気針／電気温灸器
マッサージ：マッサージ／あん法料／変形徒手矯正術（肢）
光線療法：極超短波（超短波）／低周波
はり又はきゅうとマッサージの併用

備考：（イ）はり・きゅうのみ　（ロ）はり・きゅうと一般医療

（業務災害 複数業務要因災害）療養補償給付及び複数事業労働者療養給付たる療養の費用請求書（訪問看護）

■ 様式第7号（5）（表面）　労働者災害補償保険

標 準 字 体	0 1 2 3 4 5 6 7 8 9 ゛ ゜ ー
	ア イ ウ エ オ カ キ ク ケ コ サ シ ス セ ソ タ チ ツ テ ト ナ ニ ヌ
	ネ ノ ハ ヒ フ ヘ ホ マ ミ ム メ モ ヤ ユ ヨ ラ リ ル レ ロ ワ ン

第 1 回
業務災害用
複数業務災害用
療養補償給付及び複数事業労働者療養給付たる療養の費用請求書（同一傷病分）

訪看

※ 帳票種別	①管轄局署	②業通号	受付年月日	⑩三者コード	⑪委任未支給	⑫特別加入者	⑬審査コード
3 4 2 6 5		1					
		1 業 3 通	元号 年 月 日		1 委任	元号 1 末支給 3 委未	

（注意）
③労働保険番号

府県	所掌	管轄	基幹番号	枝番号	④	管轄局	種別	西暦年	番号
1 3	1	0 9	1 2 3 4 5 6 0 0 0		年金証書の番号	金番号			

⑤労働者の性別	⑥労働者の生年月日	⑦負傷又は発病年月日	⑭金融機関 金融機関 店舗
1 男 2 女	5 5 9 . 2 2 5 元号 年 月 日	9 5 5 1 3 元号 年 月 日	⑨振込金融機関 コード
	1~9月は右へ 1~9日は右へ	1~9月は右へ 1~9日は右へ	⑮ ※ 職種 コード

⑧
労働者の

シメイ（カタカナ）：姓と名の間は1文字あけて記入してください。濁点・半濁点は1文字として記入してください。
ス ス ゛ キ ク ニ ヒ コ

氏名　鈴木　邦彦　（39歳）　職種　鋳物工

住所　⑧郵便番号 1 7 7 - 0 0 3 3　練馬区高野台○-○-○

新規・変更

⑯預金の種類 1 普通 2 当座　口座番号 左詰め　ゆうちょ銀行の場合は、記号（5桁）は左詰め、番号は右詰めで記入し、空欄には「0」を記入。
1　1 2 3 4 5 6

振込を希望する金融機関の預金口座名義人

練馬高野台
鈴木　邦彦

メイギニン（カタカナ）：姓と名の間は1文字あけて記入してください。濁点・半濁点は1文字として記入してください。
ス ス ゛ キ ク ニ ヒ コ

（つづき）メイギニン（カタカナ）

⑨の者については、⑦並びに裏面（ホ）及び（ト）に記載したとおりであることを証明します。

事業の名称　東京鋳物（株）　電話（ 03 ）○○○○-○○○○
5年　6月22日　事業場の所在地　板橋区赤塚○-○-○　〒 175 - 0092
事業主の氏名　田丸　正太郎
（法人その他の団体であるときはその名称及び代表者の氏名）

（注意）　派遣労働者について、療養補償給付又は複数事業労働者療養給付のみの請求がなされる場合にあっては、派遣先事業主は、派遣元事業主が証明する事項の記載内容が事実と相違ない旨裏面に記載してください。

医師証明欄
（イ）傷病名　第12胸椎損傷、両下肢麻痺
⑨の者については、（イ）に記載したとおりであることを証明します。
5年　6月18日　病院又は診療所の所在地　板橋区板橋○-○-○　〒 173-0004
病院又は診療所の名称　板橋病院　電話（ 03 ）○○○○-○○○○
診療担当者氏名　中山　正吾

訪問看護事業者の証明
⑨の者については、（ロ）及び⑳に記載したとおりであること及び（ロ）に記載した事項は中山 正吾 医師の指示に基づくものであることを証明します。
所在地　板橋区板橋○-○-○　〒 173-0004
5年　6月25日　訪問看護事業者の名称　桜田訪問看護ステーション　電話（ 03 ）○○○○-○○○○
訪問看護担当者　島村　靖子

療養の内容	（ロ）期間　5年　5月11日から　5年　5月31日まで　21日間　訪問看護の日数 10 日

⑳療養に要した費用の額（内訳裏面のとおり。）　千万百千百十円　7 9 0 0 0
（ハ）療養の給付を受けなかった理由　近くに指定訪問看護事業者がなかったため

㉑訪問開始年月日	㉒訪問終了年月日	㉓実日数
元号 年 月 日	元号 年 月 日	
※		
1~9月は右へ 1~9日は右へ から	1~9月は右へ 1~9日は右へ まで	

上記により療養補償給付又は複数事業労働者療養給付たる療養の費用の支給を請求します。

5年　6月29日　〒 177 - 0033　電話（ 03 ）○○○○-○○○○
請求人の　住所　練馬区高野台○-○-○　（　　方）
氏名　鈴木　邦彦

池袋　労働基準監督署長　殿

右側注記：

- 事故の発生日・発病の日を正確に記入。
- 費用請求として新規の場合は、請求人本人の振込希望口座番号等を必ず記入。
- 事業主の証明が必要。ただし、第2回目以降の請求が離職後（証明を受けるべき事業主との雇用関係が消滅したこと）である場合は不要。なお、裏面の注意事項2又は3を参照。
- 病院または診療所の診療担当者の証明を受ける。
- 訪問看護事業者の訪問看護担当者の証明を受ける。
- 記名または署名が必要。

※印の欄は記入しないでください。（職員が記入します。）
※裏面の注意事項を読んでから記入してください。折り曲げる場合には◀の所を谷に折り、さらに2つ折りにしてください。

様式第7号（5）（裏面）

（ニ）労働者の所属事業場の名称・所在地	証明事業場に同じ	（ホ）負傷又は発病の時刻	午前・午後 10時 20分頃	（ヘ）災害発生の事実を確認した人の	職名 管理部長 氏名 山野　清

災害発生の事実を確認した人の職名・氏名を記入。

（ト）災害の原因及び発生状況　（あ）どのような場所で（い）どのような作業をしているときに（う）どのような物又は環境に（え）どのような不安全な又は有害な状態があって（お）どのような災害が発生したか（か）⑦と初診日が異なる場合はその理由を詳細に記入すること。

工場内移動中、２階フロアから１階へ降りる階段より誤って転落した。

その現場にいない者にも状況が分かるようできるだけ具体的に記入。

療養の内訳及び金額

この欄は、訪問看護事業者の証明をもらうときに記入してもらう。

傷病の経過				
基本療養費	看護師等	円× 日 円	指示期間（特別指示期間）	年 月 日～ 年 月 日／ 年 月 日～ 年 月 日
		円× 日 円		年 月 日～ 年 月 日／ 年 月 日～ 年 月 日
	准看護師	円× 日 円	訪問日	
		円× 日 円		1 2 3 4 5 6 7
	加算 円 　　　加算 円			8 9 10 11 12 13 14
精神科基本療養費	看護師等	円× 日 円		15 16 17 18 19 20 21
		円× 日 円		22 23 24 25 26 27 28
	准看護師	円× 日 円		29 30 31
		円× 日 円		
	加算 円 　　　加算 円		主治医への直近報告年月日	年 月 日
管理療養費	初 日 円			
	2日目以降 日 円		提供した情報の概要	
	加算 円 　　　加算 円			
情報提供療養費	円			
ターミナルケア療養費	死亡年月日 年 月 日 円		情報提供先の市（区）町村の名称	
合　計	円			

（注意）
1．共通の注意事項
（1）この請求書は、訪問看護事業者から訪問看護を受けた場合に提出すること。
（2）（ニ）は、労働者が直接所属する事業場が一括適用の取扱いを受けている場合に、労働者が直接所属する支店、工事現場等を記載すること。
2．傷病補償年金又は複数事業労働者傷病年金の受給権者が当該傷病に係る療養の費用を請求する場合以外の場合の注意事項
（1）④は、記載する必要がないこと。
（2）（ヘ）は、災害発生の事実確認した（確認した者が多数あるときは最初に発見した者）を記載すること。
（3）（ヘ）及び（ト）は、第2回以後の請求の場合には記載する必要がないこと。
（4）第2回以後の請求で離職後である場合には事業主の証明は受ける必要がないこと。
3．傷病補償年金又は複数事業労働者傷病年金の受給権者が当該傷病に係る療養の費用を請求する場合の注意事項
（1）③、⑥、⑦、（ホ）、（ヘ）及び（ト）は記載する必要がないこと。
（2）事業主の証明は受ける必要がないこと。
4．「療養の内訳及び金額」の各欄に書き切れない場合は、余白に記載するか、別紙を添付すること。
5．複数事業労働者療養給付の請求は、療養補償給付の支給決定がなされた場合に、遡って請求されなかったものとみなすこと。
6．⑳「その他就業先の有無」欄の記載がない場合又は複数就業していない場合は、複数事業労働者療養給付の請求はないものとして取り扱うこと。
7．疾病に係る請求の場合、脳・心臓疾患、精神障害及びその他二以上の事業の業務を要因とすることが明らかな疾病以外は、療養補償給付のみで請求されること。

⑳その他就業先の有無		
有	有の場合のその数（ただし表面の事業場を含まない）	社
無		
有の場合でいずれかの事業で特別加入している場合の特別加入状況（ただし表面の事業を含まない）	労働保険事務組合又は特別加入団体の名称	
	加入年月日	年 月 日
	労働保険番号（特別加入）	

派遣先事業主証明欄	派遣元事業主が証明する事項（表面の⑦並びに（ホ）及び（ト）の記載内容について事実と相違ないことを証明します。		
	年 月 日	事業の名称	電話（ 　） 　－
		事業場の所在地	〒 　－
		事業主の氏名	
		（法人その他の団体であるときはその名称及び代表者の氏名）	

社会保険労務士記載欄	作成年月日・提出代行者・事務代理者の表示	氏　名	電　話　番　号
			（ 　） 　－

（通勤災害）療養給付たる療養の費用請求書

■ 様式第16号の5（1）（表面）労働者災害補償保険

通勤災害用
療養給付たる療養の費用請求書

第 1 回（同一傷病分）

標準字体 0 1 2 3 4 5 6 7 8 9 ゙ ゚ ー
ア イ ウ エ オ カ キ ク ケ コ サ シ ス セ ソ タ チ ツ テ ト ナ ニ ヌ
ネ ノ ハ ヒ フ ヘ ホ マ ミ ム メ モ ヤ ユ ヨ ラ リ ル レ ロ ワ ン

※ 帳票種別	①管轄局署	②業通別	※受付年月日	③三者コード	④⑧任未支給	⑤特別加入者	⑨審査コード
3 4 2 6 0		3（1業 3通）					

③ 労働保険番号
府県	所掌	管轄	基幹番号	枝番号
1 3	1	0 9	1 2 3 4 5 6	0 0 0

④ | 管轄局 | 種別 | 西暦年 | 番号 | 年金証書の番号
⑤ 労働者の性別 3（1男 2女 3女） ⑥ 労働者の生年月日 5 5 1 1 0 4（明1 大3 昭5 平7）9（元号） 5 2 1 0 ⑦ 負傷又は発病年月日
⑭ 金融機関 | 金融機関店舗コード
⑮ ※ 郵便局コード

⑧ 労働者のシメイ（カタカナ）姓と名の間は1文字あけて記入してください。濁点・半濁点は1文字として記入してください。
サ キ ヤ マ ア キ コ

氏名 **先山 明子** （46歳） 職種 **営業事務**

住所 郵便番号 1 7 7 - 0 0 4 2 **練馬区下石神井○-○**

（新規）変更

⑯預金の種類 1（普通 3当座）
⑰ 口座番号 1 2 3 4 5 6 7
⑱ メイギニン（カタカナ） サ キ ヤ マ ア キ コ
⑲（つづき）メイギニン（カタカナ）

⑧の者については、⑦並びに裏面の（ワ）（通常の通勤の経路及び方法に限る。）、（カ）、（ヨ）、（タ）、（レ）、（ソ）、（ネ）及び（ム）に記載したとおりであることを証明します。

5年 2月25日
事業の名称 **山吉食品工業株式会社** 電話（03）○○○○-○○○○
事業場の所在地 **豊島区駒込○-○-○** 〒170-0003
事業主の氏名 **丸山 太吉**

（注意）1 事業主は裏面の（ワ）、（カ）及び（ヨ）については、知り得なかった場合には証明する必要がないので、知り得なかった事項の符号を消してください。
2 派遣労働者について、療養給付の費用が請求されるにあたっては、派遣先事業主は、派遣元事業主が証明する事項の記載内容が事実と相違ない旨裏面に記載してください。

療養の内容
（イ）期間 5年 2月10日 から 5年 2月25日 まで 16日間 診療実日数 5日

（ロ）傷病の部位及び傷病名 **外傷による歯冠破損**
（ハ）傷病の経過の概要 **2月10日より治療を開始**
5年 2月25日（治癒 継続中・転医・中止・死亡）

医師又は歯科医師の証明

病院又は診療所の 所在地 **豊島区駒込○-○-○** 〒170-0003
名称 **早井歯科** 電話（03）○○○○-○○○○
診療担当者氏名 **鈴木 一夫**

5年 2月26日

6 6 3 6 0

（二）療養の内訳及び金額（内訳裏面のとおり。）
（ホ）看護料 年 月 日から 月 日まで 日間（看護師の資格の有・無）
（ヘ）移送費 から まで 片道・往復 キロメートル 回
（ト）上記以外の療養費（内訳別紙請求書又は領収書 枚のとおり。）

⑲ 療養の給付を受けなかった理由 **近くに指定病院がなかったため**
⑳ 療養に要した費用の額（合計） 6 6 3 6 0

㉑費用の種別	㉒療養期間の初日	㉓療養期間の末日	㉔診療実日数	㉕転帰事由
※		から	まで	日	

上記により療養給付たる療養の費用の支給を請求します。

〒177-0042 電話（03）○○○○-○○○○
5年 2月27日 住所 **練馬区下石神井○-○** （ 方）
請求人の 氏名 **先山 明子**

池袋 労働基準監督署長 殿

※印の欄は記入しないでください。（職員が記入します。）
※裏面の注意事項を読んでから記入してください。折り曲げる場合は◀の所を谷に折りさらに2つ折りにしてください。

記入枠内の年については和暦で表記。

費用請求として新規の場合は、請求人本人の振込希望口座番号等を必ず記入。

事業主の証明が必要。ただし、第2回目以降の請求が離職後（証明を受けるべき事業主との雇用関係が消滅したこと）である場合は不要。

最終の投薬期間も参入。

診療を行った医師または歯科医師の証明を受ける。

記名または署名が必要。

付添看護人を必要とした場合の費用または病院等が遠距離の場合の移送に要した費用等を記入。この場合は要した費用の請求書または領収書を添付。

※請求金額の基となる領収書は紛失防止のため、ホッチキス等でまとめ、請求書に添付（請求書への糊付けは読み取り障害の原因となるのでしないでください。）。

請求人の記名または署名が必要。

請求人住所・電話番号・郵便番号は連絡先等になるので省略不可。

※下記の事項の記載内容に基づき通勤災害として請求することになるので、記入漏れのないよう注意！

直接所属している事業場が表面の事業場と異なる場合に記入。
表面に証明を行った事業場と同一所在地内に所属する場合は「証明事業場に同じ」と記入。

現認した者がいない場合は報告を受けた者を記入。

道路上等での被災の場合は、現場住所等を記入。建物・施設敷地内での負傷は建物・施設名・所在地を記入。

通常の通勤経路（住居⇔就業の場所）の詳細を記入し、当日災害発生場所に至るまでの経路等を記入。

【証明医療機関へのお願い】
内訳については診療報酬明細書に代わる内容となるので、診療報酬点数の算定内容を「摘要」欄等に記載してください。

様式第16号の5(1)(裏面)

(リ)災害時の通勤の種別（該当する記号を記入）	イ	イ. 住居から就業の場所への移動　　　　ロ. 就業の場所から住居への移動 ハ. 就業の場所から他の就業の場所への移動 ニ. イに先行する住居間の移動　　　　ホ. ロに後続する住居間の移動
(ヌ)労働者の所属事業場の名称・所在地	証明事業場に同じ	(ル)現認者の　住所　所沢市中新井○ 　　　　　　氏名　石井 花子　　　電話(04)○○○○−○○○○

(ヲ)災害の原因及び発生状況　(あ)どのような場所を(い)どのような方法で移動している際に(う)どのような物で又はどのような状況において(え)どのようにして災害が発生したか(お)⑦と初診日が異なる場合はその理由を簡明に記載すること

石神井公園駅から乗車した電車が練馬駅付近にさしかかったとき、信号停止で急ブレーキがかかったため、手すりに顔を強くぶつけ、歯を欠損した。

(カ)傷病又は発病の年月日及び時刻	2年2月10日　午前 7時 50分頃	(ワ)災害時の通勤の種別に関する移動の通常の経路、方法及び所要時間並びに災害発生の日に住居又は就業の場所から災害発生の場所に至った経路、方法、時間その他の状況
(ヨ)災害発生の場所	西武池袋線練馬駅付近	
(タ)就業の場所（災害時の通勤の種別がハに該当する場合は移動の終点たる就業の場所）	豊島区駒込○−○−○山吉食品工業㈱	
(レ)就業開始の予定年月日及び時刻（災害時の通勤の種別がイ、ハ又はニに該当する場合は記載すること）	2年2月10日　午後 8時 30分頃	
(ソ)住居を離れた年月日及び時刻（災害時の通勤の種別がイ、ニ又はホに該当する場合は記載すること）	2年2月10日　午前 7時 30分頃	
(ツ)就業終了の年月日及び時刻（災害時の通勤の種別がロ、ハ又はホに該当する場合は記載すること）	年 月 日　午前後 時 分頃	
(ネ)就業の場所を離れた年月日及び時刻（災害時の通勤の種別がロ、ハ又はホに該当すること）	年 月 日　午前後 時 分頃	
(ナ)第三者行為災害	該当する・該当しない	
(ラ)健康保険日雇特例被保険者手帳の記号及び番号		
(ム)転任の事実の有無（災害時の通勤の種別が二又はホに該当する場合）	有・無　(ウ)転任直前の住居に係る所在地	

自宅 ━バス10分━ 石神井公園駅 ━━ 池袋駅 ━━ 駒込駅 ━バス15分━ 会社

(通常の移動の所要時間)　　　時間 50 分)

診療の内訳及び金額

診療内容				点数(点)		診療内容	金額	摘要
初診	時間外・休日・深夜					初診 回	円	
再診	外来診療料	×	回			再診 回	円	
	継続管理加算	×	回			指導 回	円	
	外来管理加算	×	回			その他	円	
	時間外	×	回					
	休日	×	回			食事(基準)	円	
	深夜	×	回			円×日間	円	
指導						円×日間	円	
在宅	往診		回			円×日間	円	
	夜間・深夜		回			小 計	円	
	緊急・深夜		回					
	在宅患者訪問診療		回			摘 要		
	その他							
	薬剤							
投薬	内服 薬剤	×	単位					
	調剤	×	回					
	電服 薬剤		単位					
	外用 薬剤	×	単位					
	調剤	×	回					
	処方		回					
	麻毒		回					
	調基							
注射	皮下筋肉内		回					
	静脈内		回					
	その他		回					
処置								
	薬剤							
手術麻酔								
	薬剤							
検査								
	薬剤							
画像診断			回					
	薬剤							
その他	処方せん		回					
	薬剤							
入院	入院年月日	年 月 日						
	病・診・衣 入院基本料・加算							
		×	日間					
		×	日間					
		×	日間					
		×	日間					
	特定入院料・その他							
小 計	点	①		円		合計金額 ①+②	円	

㊶その他就業先の有無		
有 無	有の場合のその数 （ただし表面の事業場を含まない）	社
有の場合でいずれかの事業で特別加入している場合の特別加入状況（ただし表面の事業を含まない）	労働保険事務組合又は特別加入団体の名称	
	加入年月日	年 月 日
	労働保険番号（特別加入）	

派遣元事業主が証明する事項（表面の⑦並びに(ワ)（通常の通勤の経路及び方法に限る。）、(カ)、(ヨ)、(タ)、(レ)、(ツ)、(ネ)及び(ム)の記載内容について事実と相違ないことを証明します。

派遣先事業主 証明欄	年 月 日	事業の名称		電話( ) −
		事業場の所在地	〒 −	
		事業主の氏名		
		(法人その他の団体であるときはその名称及び代表者の氏名)		

社会保険 労務士 記載欄	作成年月日・提出代行者・事務代理者の表示	氏 名	電 話 番 号
			( ) −

2 療養のため働けず、賃金がもらえないとき 休業（補償）等給付

●01 休業（補償）等給付の内容

　労働者が、業務上・複数業務要因または通勤による負傷や疾病による療養のため労働することができず、そのために賃金を受けていないときで、その休業が4日以上にわたる場合において、4日目以降の休業について休業（補償）等給付と休業特別支給金が支給されます。

　また、休業初日から第3日目までを「待期期間」といい、休業（補償）等給付と休業特別支給金は支給されません。

◆休業（補償）等給付の支給要件

> ① **療養していること**
> 　…医師などの指示の範囲で通院している場合も療養しているといえる
>
> ② **労働することができないこと**
> 　…実際にも働いていないこと
>
> ③ **賃金を受けていないこと**
> 　…平均賃金の6割以上の事業主補償、有給休暇取得等がないなど

　休業（補償）等給付と休業特別支給金の支給額は、以下のとおりです。

◆支給される額

> 休業（補償）等給付＝（給付基礎日額×0.6）×休業日数
>
> 休業特別支給金＝（給付基礎日額×0.2）×休業日数

（1）給付基礎日額

　「給付基礎日額」とは、保険給付額等の算出基礎となるもので、原則として、労基法12条の平均賃金に相当する額をいいます。ただし、平均賃金に相当する額を給付基礎日額とすることが適当でないと認められる場合は、政府が算定する額を給付基礎日額とします。

　なお、給付基礎日額に1円未満の端数がある場合は、これを1円に切り上げます。

Q55 「休業する日」には土日などの会社の休みの日は除かれるのですか？

A　休業期間中の事業場の所定休日についても、その日が休業（補償）等給付支給の要件に該当していれば「休業する日」となり、支給されることとなります。

●待期期間
　待期期間とは、休業初日を含む3日間（継続的休業であると、断続的休業であるとを問わず第3日目まで）をいい、休業（補償）等給付と休業特別支給金は支給されません。この間は業務災害の場合（特別加入者、及び通勤災害の場合を除く。）、事業主が労基法の規定に基づく休業補償（1日につき平均賃金の60％）を行うこととなります。

Q56 複数の会社で働いている（二重雇用）場合、給付基礎日額はどのように算定されますか？

A　複数の事業場で働く労働者が、業務上災害により労災給付を受けるときは、災害が発生した事業場での保険関係により給付請求を行い、平均賃金も災害発生事業場での支払賃金額、及び期間をもって算定されることになり、他の事業場で受ける賃金は算入されませんでした。しかし、法改正により2020年9月1日以降に発生したけがや病気等について、すべての就業先の賃金を合算した額を基礎として算定されることになりました。

●特別支給金
　特別支給金は、被災労働者や遺族への援護などを目的とする社会復帰促進等事業（○145頁参照）の一環として、休業・傷病・障害・遺族の各保険給付に付加して支給されます。
　特別支給金には、保険給付に付加して支給される一般の特別支給金のほか、ボーナス等の特別給与を基礎として算定される

額を基礎に支給されるボーナス特別支給金があります。

また、特別支給金の請求は通常、保険給付の請求と同時に行うもので、ほとんどの請求書は保険給付と同一様式となっています。

Q57 会社に入社した日に仕事で事故に遭いましたが、休業補償給付・複数事業労働者休業給付を受けることができますか？

A　労災事故発生が、たとえ入社初日であっても、あるいはその日1日だけの雇用契約の日であっても、業務による負傷・疾病は労災保険の対象となり、休業補償給付・複数事業労働者休業給付も支給されることとなります。

ただし、休業補償給付・複数事業労働者休業給付の支給事由発生日以前の賃金支払いがなく、通常の方法では休業補償給付の給付基礎日額の基となる平均賃金の算定ができないため、平均賃金決定の申請により、都道府県労働局長により決定されることとなります。

なお、複数事業労働者にあって、労災事故発生日以前に労災事故が発生した会社以外に、労働契約関係（特別加入者を含む。）があり（以下「他社」という。）賃金を受けている場合は、都道府県労働局長により決定された平均賃金と他社の賃金額を基礎に算定された平均賃金が合算されることとなります。

Q58 休業（補償）等給付を受けられる期間は定められているのですか？

A　休業（補償）等給付を受給する期間の定めはありません。

休業（補償）等給付の要件である、「療養のため」、「労働することができず」、「そのために賃金を受けていない」に該当していれば「休業する日」となり、支給されることとなります。

ただし、この要件に該当していても、療養開始から1年6カ月が経過し、傷病（補償）等年金を受給するに至ったときは、

◆ 平均賃金の計算（原則的な計算方法）

次のものは賃金総額から控除する
① 臨時に支払われた賃金（結婚手当、私傷病手当、退職金など）
② 3カ月を超える期間ごとに支払われる賃金（賞与など）
③ 労働協約に基づいて支払われるもの以外の実物給与など
④ 産前産後の休業期間など算定期間から除かれる期間中に支払われた賃金

$$平均賃金 = \frac{算定事由発生日※の直前の賃金締切日から遡って3カ月間にその労働者に支払われた\ 賃金総額}{算定事由発生日の直前の賃金締切日から遡って3カ月間の\ 暦日数}$$

次の期間は暦日数から控除する
① 業務上の負傷・疾病（複数事業労働者の二以上の事業を要因とする場合を含む）による療養のための休業期間
② 産前産後の休業期間
③ 使用者の責に帰すべき事由による休業期間
④ 育児・介護休業期間
⑤ 試用期間

※算定事由発生日…業務上または通勤による負傷や死亡の原因となった事故が発生した日または疾病の発生が確定した日
※複数事業労働者は、各事業場ごとに計算し、合算されます。

（2）所定労働時間の一部休業日

通院等のため所定労働時間のうち一部分について休業し、一部分について就労した日（一部休業日）については、給付基礎日額から実際に労働した部分についての賃金額を差し引いた額の60%の休業（補償）等給付と20%の休業特別支給金が支給されます。

◆ 一部休業した日の支給額

休業（補償）等給付
　＝（給付基礎日額 − 一部分の就労に対する賃金額）× 0.6

休業特別支給金
　＝（給付基礎日額 − 一部分の就労に対する賃金額）× 0.2

（3）通勤災害における一部負担金

通勤災害により療養給付を受ける労働者が休業給付を受ける場合、初回の休業給付の支給額から一部負担金として

200円（日雇特例被保険者は100円）が控除されます。

　ただし、第三者行為災害により療養給付を受ける場合、休業給付を受けない場合などは、納付義務は免除されます。

（4）休業（補償）等給付と障害厚生年金、障害基礎年金との調整

　休業（補償）等給付を受ける労働者が、同一の事由により障害厚生年金、障害基礎年金の支給を受ける場合は、休業（補償）等給付（休業特別支給金は除きます。）が減額調整されます。減額調整される額は、一般的に、政令で定める傷病（補償）等年金の調整率を用いて算出します。

●02 請求手続き

提出書類▶ | 業務災害
複数業務要因災害 | 「休業補償給付、複数事業労働者休業給付支給請求書」（様式8号）
| 通勤災害 | 「休業給付支給請求書」
（様式16号の6）

☞記載例は77頁〜88頁参照

どこへ▶ 所轄の監督署へ

いつまでに▶ 休業した日の翌日から2年以内に

休業（補償）等給付の請求手続き

①請求書に証明
（複数事業労働者の場合、請求書表面で記入した事業場以外は「別紙3」で証明）

事業主 → 被災労働者

①請求書に証明

医療機関

②「休業（補償）等給付請求書」提出

③支給決定通知・支払い

所轄監督署

休業（補償）等給付は受給できなくなります。

Q59 休業（補償）等給付を受けていますが、会社を辞めた後も引き続き受給することはできますか？

A 休業（補償）等給付を受給している労働者が、被災時に雇用関係があった事業場を退職した場合であっても、休業（補償）等給付の支給要件に該当していれば、給付を引き続き受けることができます。退職により労災保険給付を受ける権利を失うものではなく、被災労働者の一般的な労働能力の喪失に対して補てんがなされるものです。

Q60 労災事故により療養、休業を開始して1年6カ月を過ぎました。何か手続きが必要ですか？

A 所轄の監督署から、傷病（補償）等年金該当の可否の審査のための「傷病の状態等に関する届」及び診断書等の提出を求められたら、これらの書類を作成し提出することになります。その際、まだ治ゆしておらず、引き続き療養が必要であり、かつ傷病等級に該当する状態であれば、傷病（補償）等年金に移行することとなります（☞89頁参照）。

　同一事由により障害厚生年金、障害基礎年金などの支給を受ける場合（1年6カ月以前に支給される場合もあります。）、休業（補償）等給付との調整が必要となるので、裁定通知書、支払通知書など、支給を受ける年金の種類、開始の時期、年金額を証明する書類の提出が必要となります。

　また、手続きは必要ありませんが、1年6カ月を経過した日以降の休業（補償）等給付の給付基礎日額は、厚生労働省令で定める年齢階層別の最高・最低限度額が適用されることとなり、限度額を下回る給付基礎日額は最低限度額に引き上げられ、また、限度額を超える給付基礎日額は最高限度額に引き下げられます。

Q61 複数の事業場で就業している場合、業務災害等が発生したときの請求手続きは、各事業場を管轄する監督署それぞれに提出する必要はあるのでしょうか？

A　複数の事業場を管轄する監督署のいずれかに提出すれば結構です。
　それぞれに提出する必要はありません。

Q62 将来、傷病が再発して再び休業したら休業（補償）等給付は受けられるのですか？

A　業務または通勤による傷病が治ゆしても、その後に自然経過の中で再び発症する場合や、治ゆ後に骨折部に装着した金属の抜去の手術を受ける場合などにより、再び療養や休業を要するに至ることもあります。再び発症した傷病が、現疾患と医学上相当因果関係が認められ、休業（補償）等給付の支給要件を満たしていれば、休業（補償）等給付も支給されます。

　休業期間が長期にわたる場合の休業（補償）等給付は、1カ月ごとに請求するのが原則です。
　また、診療機関を転医している場合、診療担当者の証明する期間はその管理下のみとなりますので、診療機関ごとの休業（補償）等給付支給請求書を作成する必要があります。

（1）所定労働時間の一部休業日の請求の場合

　休業期間中に所定労働時間のうち一部分を休業し、一部分を就労した日がある場合、その年月日及び一部分の就労に対して支払われた賃金額等を記載した「様式8号（別紙2）」、または「様式16号の6（別紙2）」を添付しなければなりません。

（2）同一の事由により障害厚生年金、障害基礎年金の支給を受ける場合

　同一の事由により障害厚生年金、障害基礎年金の支給を受けていて、休業（補償）等給付を請求する場合は、障害厚生年金、障害基礎年金の支給額、支給開始年月日等を証明する書類を添付しなければなりません。

（業務災害 複数業務要因災害）休業補償給付・複数事業労働者休業給付 支給請求書

■ 様式第8号（表面）　労働者災害補償保険

業務災害用
複数業務要因災害用

休業補償給付支給請求書　第 1 回
複数事業労働者休業給付支給請求書
休業特別支給金支給申請書（同一傷病分）

標　準　字　体
0 1 2 3 4 5 6 7 8 9 ゛ ゜ ー
ア イ ウ エ オ カ キ ク ケ コ サ シ ス セ ソ タ チ ツ テ ト ナ ニ ヌ
ネ ノ ハ ヒ フ ヘ ホ マ ミ ム メ モ ヤ ユ ヨ ラ リ ル レ ロ ワ ン

※帳票種別
3 4 3 6 0

①管轄局署
②新旧再別
④受付年月日
元号　年　月　日
⑤業通別
1
⑧三者コード
⑩日曜コード
⑪特別加入者

⑦平均賃金
十万 万 千 百 十 円 . 銭
⑬特別給与の額
千万 百万 十万 万 千 百 十 円

②労働保険番号
府県 所掌 管轄 基幹番号 枝番号
1 3 1 1 2 1 2 3 4 5 6 0 0 0
⑤労働者の性別
1
⑥労働者の生年月日
7 8 7 8 8

⑫労働氏名　シメイ（カタカナ）
ヤ マ ク ゛ チ 　 タ ロ ウ
山口 太郎　　　　（27 歳）

⑦負傷又は発病年月日
9 5 9 1 5

⑦の住所　郵便番号
2 7 1 - 0 0 9 1　松戸市本町○ー○ー○

療養のため働けなかった期間
9 5 9 1 5 から 9 5 9 3 0 まで 16 日間のうち 16 日
賃金を受けなかった日数（内訳別紙2のとおり）

②預金の種類
1 普通 3 当座
③口座番号
1 2 3 4 5 6 7

（新規・変更）

振込する金融機関
○○
松戸
本所・支所 出張所

口座名義人
山口 太郎

メイギニン（カタカナ）
ヤ マ ク ゛ チ 　 タ ロ ウ
（つづき）メイギニン（カタカナ）

②金融機関 店舗
②金融機関コード
③郵便局コード

⑫の者については、⑦、⑬、②、②から②まで⑤の（ハ）を除く。）及び別紙2に記載したとおりであることを証明します。

5 年 10月 4 日

事業の名称　株式会社加藤製作所　電話（03）○○○○ー○○○○
事業場の所在地　葛飾区金町○ー○　〒 125 - 0042
事業主の氏名　代表取締役　加藤　一夫
（法人その他の団体であるときはその名称及び代表者の氏名）

労働者の直接所属
事業場所在地　　同　上　　電話（　）　ー

1回目の請求時には
必ず記入してください。
死傷病報告提出年月日　5 年 9 月 16 日

②傷病の部位及び傷病名　左腓骨下端部骨折

②療養の期間　5 年 9 月 15 日から　5 年 9 月 30 日まで　16 日間 診療実日数 14 日

③療養の現況 5 年 9 月 30 日　治癒（症状固定）・死亡・転医・中止・継続中

診療担当者の証明

③療養のため労働することができなかったと認められる期間
5 年 9 月 15 日から　5 年 9 月 30 日まで　16 日間のうち　16 日

⑫の者については、②から③までに記載したとおりであることを証明します。

5 年 10月 1 日　　　　　〒 125 - 0042　電話（03）○○○○ー○○○○
病院又は診療所の　所在地　葛飾区金町○ー○
名称　佐藤病院
診療担当者氏名　佐藤　繁

上記により休業補償給付又は複数事業労働者休業給付の支給を請求します。
休業特別支給金の支給を申請します。

5 年 10月 14 日　　　〒 271 - 0091　電話（047）○○○○ー○○○○
住所　松戸市本町○ー○ー○
請求人の申請人の
氏名　山口　太郎

向島 労働基準監督署長　殿

記入枠内の年については和暦で表記。

事故の発生日・発病の日を正確に記入。

療養のため労働できなかった期間とそのうち賃金を受けられなかった日数を記入。

銀行等に振込を希望する場合は、請求人本人の口座番号等を必ず記入。

事業主の証明が必要。ただし、第2回目以降の請求が離職後である場合は不要。なお、療養のため、労働できなかった期間の全部または一部が離職前にある場合には証明が必要。

直接所属している事業場が一括適用の取扱いを受けている支店、工場、工事現場等の場合に記入。

上記事業場所在地内の所属の場合は「同上」と記入。

診療担当者（医師または歯科医師）による証明が必要。

記名または署名が必要。

※②～③まではすべて診療担当者による証明が必要（省略不可）。

請求人の記名または署名が必要。

住所・電話番号・郵便番号は連絡先・通知先となるので省略不可。

被災時に行っていた業務内容の参考となる具体的な「職種名」を記入。

負傷（発症）と業務との関連性を確認するため必ず記入。

別紙の「平均賃金算定内訳」(次頁)によって計算された平均賃金額を記入。

その現場にいない者にも状況が分かるようできるだけ具体的に記入。

同一の傷病について厚生年金保険等の年金を受給している場合にのみ記入。

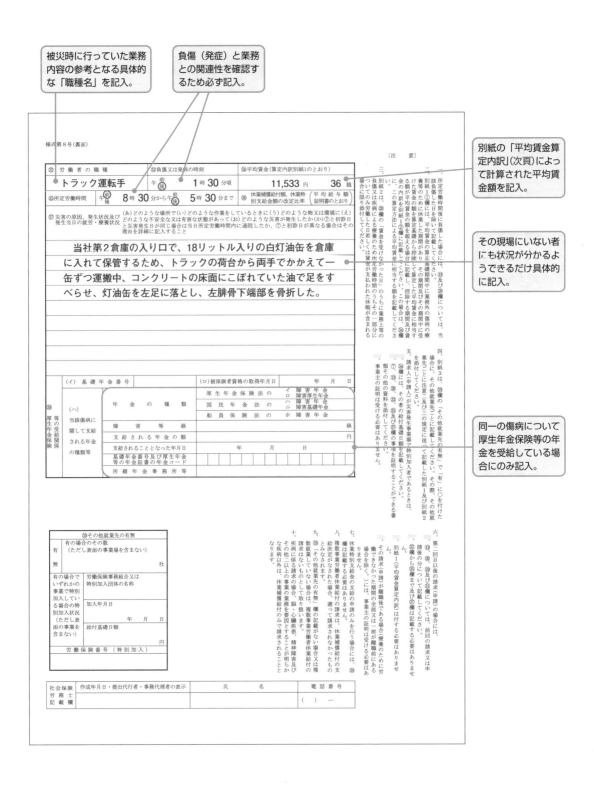

様式第8号（裏面）

〔注　意〕

㉜ 労働者の職種	㉝負傷又は発病の時刻	㉞平均賃金（算定内訳1のとおり）	
トラック運転手	午前 午後　1時 30分頃	11,533 円　36 銭	

㉟所定労働時間	午前・午後　8時 30分から午前・午後　5時 30分まで	㊱休業補償給付額、休業特別支給金額の改定比率	平均給与額証明書のとおり

㊲災害の原因、発生状況及び発生当日の就労・療養状況
（あ）どのような場所で（い）どのような作業をしているときに（う）どのような物又は環境に（え）どのような不安全な又は有害な状態があって（お）どのような災害が発生したか（か）⑦と初診日が同じ場合は当日所定労働時間内に通院したか、⑦と初診日が異なる場合はその理由を詳細に記入すること

当社第2倉庫の入り口で、18リットル入りの白灯油缶を倉庫に入れて保管するため、トラックの荷台から両手でかかえて一缶ずつ運搬中、コンクリートの床面にこぼれていた油で足をすべらせ、灯油缶を左足に落とし、左脛骨下端部を骨折した。

㊳厚生年金保険等の受給関係

(イ) 基礎年金番号		(ロ) 被保険者資格の取得年月日		年　月　日
(ハ) 当該傷病に関して支給される年金の種類等	年金の種類	厚生年金保険法の	イ 障害年金　ロ 障害厚生年金	
		国民年金法の	ハ 障害年金　ニ 障害基礎年金	
		船員保険法の	ホ 障害年金	
	障害等級			級
	支給される年金の額			円
	支給されることとなった年月日		年　月　日	
	基礎年金番号及び厚生年金等の年金証書の年金コード			
	所轄年金事務所等			

㊴その他就業先の有無		
有	有の場合のその数 （ただし表面の事業場を含まない）	社
無		
有の場合でいずれかの事業で特別加入している特別加入状況（ただし表面の事業を含まない）	労働保険事務組合又は特別加入団体の名称	
	加入年月日　　年　月　日	
	給付基礎日額　　円	
	労働保険番号（特別加入）	

社会保険労務士記載欄	作成年月日・提出代行者・事務代理者の表示	氏　名	電話番号 （　）　―

（注意書き 縦書き部分）

二、所定労働時間後に負傷した場合には、㉟及び㊲欄については、当該負傷した日を除いて記載してください。

三、傷病補償年金の傷病等級が第一級から第三級の場合には、平均賃金の算定基礎期間中に業務外の傷病の療養等のため休業した期間が含まれている場合、平均賃金算定内訳欄には、平均賃金の額が妥当であること等を記載してください。

（以下省略）

複数事業労働者は、必ず各事業場ごとに「別紙1」を記入し提出。

すべて記入が必要。

賃金締切日を記入。

この欄には、労働日数等に関係なく一定期間によって支払われた賃金を記入。

災害発生日の直前の賃金締切日から遡って過去3カ月間が平均賃金算定期間となるので、当該期間における賃金計算期間を記入。

該当する賃金計算期間中に実際に労働した日数を記入。

この欄には、労働日数、労働時間数等に応じて支払われた賃金を記入。

両者を比較していずれか高い方が平均賃金とされる。この場合の平均賃金は11,532円60銭となる。

様式第8号（別紙1）　（表面）

労　働　保　険　番　号					氏　　　名	災害発生年月日
府県	所掌	管轄	基幹番号	枝番号	山口　太郎	5 年 9 月15日
1 3	1	1 2	1 2 3 4 5 6	0 0 0		

平均賃金算定内訳

（労働基準法第12条参照のこと。）

雇 入 年 月 日			平成28年　4月　1日		常用・日雇の別		常 用　日 雇	
賃 金 支 給 方 法			月給・週給・日給・時間給・出来高払制・その他請負制		賃金締切日		毎月 末 日	

A（月・週その他一定の期間によって支払ったもの）	賃	賃金計算期間	6月 1日から 6月30日まで	7月 1日から 7月31日まで	8月 1日から 8月31日まで	計	
		総 日 数	30 日	31 日	31 日	(イ)	92 日
	金	基本賃金	300,000 円	300,000 円	300,000 円	900,000 円	
		住宅 手当	12,000	12,000	12,000	36,000	
		皆勤 手当	10,000	10,000	10,000	30,000	
		計	322,000 円	322,000 円	322,000 円	(ロ) 966,000 円	

B（日若しくは時間又は出来高払制その他の請負制によって支払ったもの）	賃	賃金計算期間	6月 1日から 6月30日まで	7月 1日から 7月31日まで	8月 1日から 8月31日まで	計	
		総 日 数	30 日	31 日	31 日	(イ)	92 日
		労 働 日 数	22 日	21 日	20 日	(ハ)	63 日
	金	基本賃金					
		残業 手当	35,000	27,000	33,000	95,000	
		手当					
		計	35,000 円	27,000 円	33,000 円	(ニ) 95,000 円	

総　　　　計		357,000 円	349,000 円	355,000 円	(ホ) 1,061,000 円	
平 均 賃 金		賃金総額(ホ)1,061,000 円÷総日数(イ) 92 = 11,532 円 60 銭				

最低保障平均賃金の計算方法

A の(ロ)　966,000 円÷総日数(イ) 92 = 10,500 円 00 銭 (ヘ)
B の(ニ)　95,000 円÷労働日数(ハ) 63 × $\frac{60}{100}$ = 904 円 76 銭 (ト)
(ヘ) 10,500 円00銭+(ト) 904 円76銭 = 11,404 円 76 銭 最低保障平均賃金

日日雇い入れられる者の平均賃金（昭和38年労働省告示第52号による。）	第1号又は第2号の場合	賃金計算期間	(り)労働日数又は労働総日数	(ヌ) 賃 金 総 額	平均賃金(リ又はヌ)×$\frac{73}{100}$
		月　日から 月　日まで	日	円	円 銭
	第3号の場合	都道府県労働局長が定める金額			円
	第4号の場合	従事する事業又は職業			
		都道府県労働局長が定めた金額			円

漁業及び林業労働者の平均賃金（昭和24年労働省告示第5号による。）	平均賃金協定額の承認年月日	年　月　日	職種	平均賃金協定額	円

① 賃金計算期間のうち業務外の傷病の療養等のため休業した期間の日数及びその期間中の賃金を業務上の傷病の療養のため休業した期間の日数及びその期間中の賃金とみなして算定した平均賃金

（賃金の総額(ホ)－休業した期間にかかる②の(リ)）÷（総日数(イ)－休業した期間②の(チ)）
（　　　　円－　　　　円）÷（　　　日－　　　日）＝　　　円　　　銭

様式第8号 (別紙1)　(裏面)

② 業務外の傷病の療養等のため休業した期間
　　　及びその期間中の賃金の内訳

賃 金 計 算 期 間	月　　日から 月　　日まで	月　　日から 月　　日まで	月　　日から 月　　日まで	計
業務外の傷病の療養等のため 休業した期間の日数	日	日	日	(ホ) 日
業務外の傷病の療養等のため休業した期間中の賃金　基本賃金	円	円	円	円
手当				
手当				
計	円	円	円	(リ) 円
休 業 の 事 由				

③ 特 別 給 与 の 額	支 払 年 月 日	支 払 額
	年　　月　　日	円
	年　　月　　日	円
	年　　月　　日	円
	年　　月　　日	円
	年　　月　　日	円
	年　　月　　日	円
	年　　月　　日	円

[注 意]
　③欄には、負傷又は発病の日以前2年間(雇入後2年に満たない者については、雇入後の期間)に支払われた労働基準法第12条第4項の3箇月を超える期間ごとに支払われる賃金(特別給与)について記載してください。
　ただし、特別給与の支払時期の臨時的変更等の理由により負傷又は発病の日以前1年間に支払われた特別給与の総額を特別支給金の算定基礎とすることが適当でないと認められる場合以外は、負傷又は発病の日以前1年間に支払われた特別給与の総額を記載して差し支えありません。

様式第8号　（別紙2）

労　働　保　険　番　号				氏　　　名	災害発生年月日
府県	轄 管轄	基　幹　番　号	枝番号		年　　月　　日

① 療養のため労働できなかつた期間

　　　　　　年　　　　　月　　　　　日から　　　　年　　　　　月　　　　　日まで　　　　　日間

② ①のうち賃金を受けなかつた日の日数　　　　　　　　　　　　　　　　　　　　　日

③　②の日数の内訳	全部休業日	日
	部分算定日	日

④ 部分算定日の年月日及び当該労働者に対し支払われる賃金の額	年　　月　　日	賃　金　の　額	備　　　　考
	年　　月　　日	円	

〔注意〕

1　「全部休業日」とは、②欄の「賃金を受けなかつた日」のうち、部分算定日に該当しないものをいうものであること。

2　「部分算定日」とは、②欄の「賃金を受けなかつた日」のうち、業務上等の負傷又は疾病による療養のため所定労働時間のうちその一部分についてのみ労働した日（以下「一部休業日」という。）若しくは賃金が支払われた休暇をいうものであること。

　　なお、月、週その他一定の期間（以下「特定期間」という。）によって支給される賃金が全部休業日又は一部休業日についても支給されている場合、当該全部休業日又は一部休業日は、別途、賃金が支払われた休暇として部分算定日に該当するため、当該賃金を特定期間の日数（月によって支給している場合については、三十）で除して得た額に、当該部分算定日の日数を乗じて得た額を④の「賃金の額」欄に記載すること。

3　該当欄に記載することができない場合には、別紙を付して記載すること。

様式第8号（表面）で記入した事業場以外の事業場について、各事業場ごとに記入。

様式第8号（別紙3）

複数事業労働者用

① 労働保険番号（請求書に記載した事業場以外の就労先労働保険番号）

都道府県	所掌	管轄	基幹番号	枝番号
1 2	1	0 3	6 5 4 3 2 1	0 0 0

② 労働者の氏名・性別・生年月日・住所

（フリガナ氏名）ヤマグチ　タロウ	（男）女	生年月日
（漢字氏名）山口　太郎		（昭和・平成・令和）8 年 7 月 8 日

〒 271 - 0091
（フリガナ住所）マツドシホンチョウ
（漢字住所）松戸市本町○－○－○

③ 平均賃金（内訳は別紙1のとおり）

○○○○ 円 ○○ 銭

④ 雇入期間

（昭和・平成・令和）28 年 4 月 1 日 から　現在　年 月 日 まで

⑤ 療養のため労働できなかつた期間

令和 5 年 9 月 15 日 から 5 年 9 月 30 日 まで　16 日間のうち
⑥ 賃金を受けなかつた日数（内訳は別紙2のとおり）　16 日

⑦ 厚生年金保険等の受給関係

（イ）基礎年金番号　　　　　　　（ロ）被保険者資格の取得年月日　年 月 日
（ハ）当該傷病に関して支給される年金の種類等
年金の種類　厚生年金保険法の　イ 障害年金　　ロ 障害厚生年金
　　　　　　国民年金法の　　　ハ 障害年金　　ニ 障害基礎年金
　　　　　　船員保険法の　　　ホ 障害年金
障害等級　　　級　支給されることとなつた年月日　年 月 日
基礎年金番号及び厚生年金等の年金証書の年金コード
所轄年金事務所等

上記②の者について、③から⑦までに記載されたとおりであることを証明します。
5 年 10 月 14 日
事業の名称　株式会社○○興業　電話（04）○○○－○○○○
事業場の所在地　千葉県柏市柏○－○－○
事業主の氏名　代表取締役　小山　正一

向島 労働基準監督署長 殿

社会保険労務士記載欄	作成年月日・提出代行者・事務代理者の表示	氏 名	電話番号
			（ ）－

複数事業労働者のみ、様式第8号表面で記入した事業場以外の事業場について、この別紙を記入。

様式第8号表面で記入した事業場以外の事業場の労働保険番号を記入。

様式第8号表面で記入した事業場以外の事業場について、別紙の「平均賃金算定内訳」によって計算された平均賃金を記入。

様式第8号表面で記入した事業場以外の事業場の雇入期間を記入。

様式第8号表面で記入した事業場以外の事業場について、療養のため労働ができなかった期間と、そのうち賃金を受けられなかった日数を記入。

同一の傷病について厚生年金保険等の年金を受給している場合にのみ記入。

事業主の証明が必要。支店長等が事業主の代理人として選任されている場合、当該支店長等の証明が必要。

（通勤災害）休業給付支給請求書

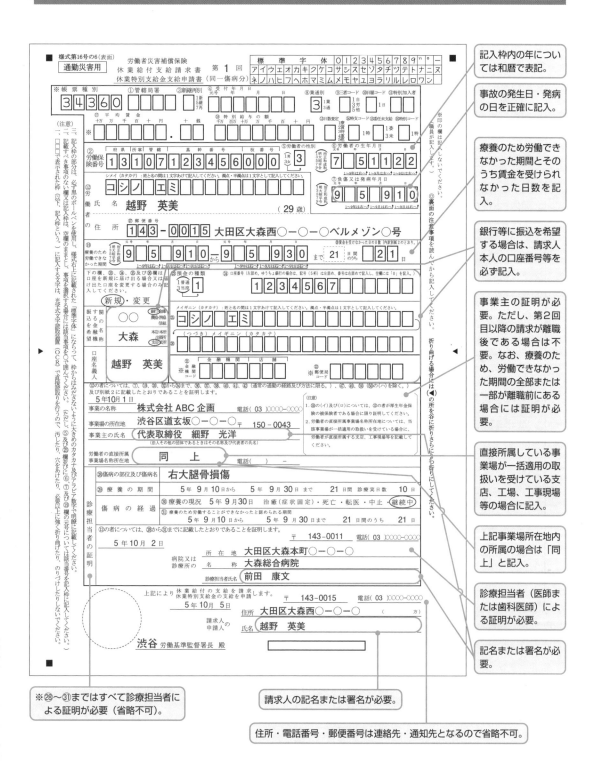

■ 様式第16号の6（表面）　労働者災害補償保険

通勤災害用　休業給付支給請求書　第1回
休業特別支給金支給申請書（同一傷病分）

標準字体 0123456789ヷ ー
アイウエオカキクケコサシスセソタチツテトナニヌ
ネノハヒフヘホマミムメモヤユヨラリルレロワンン

※帳票種別 34360

① 管轄局署　② 新継再別　③ 受付年月日　元号　年　月　日　④ 業通別 3 1業通 3通　⑤三者コード 1 3労 3 5他　⑥日雇コード 1日　⑪特別加入者 1日

⑦平均賃金 十万 万 千 百 十 円　　銭　　⑧特別給与の額 千万 百万 十万 万 千 百 十 円　　⑧日数算定 1週2週3月 1通2週3月 1通　⑭都支コード 1委任未支給 1特　⑮特別コード 1特

（注意）

⑫労働保険番号 府県 所掌 管轄 基幹番号 枝番号 1 3 1 0 7 1 2 3 4 5 6 0 0 0　⑯労働者の性別 1男 3女 3　⑰労働者の生年月日 7 5 1 1 2 2

⑫労働者 シメイ（カタカナ）：姓と名の間は1文字あけて記入してください。濁点・半濁点は1文字として記入してください。
コシノ　エミ
氏名 越野　英美　（29歳）　⑱負傷又は発病年月日 9 5 9 1 0

② 郵便番号 143-0015　住所 大田区大森西〇ー〇ー〇ベルメゾン〇号

⑲療養のため労働できなかった期間 9 5 9 1 0 から 9 5 9 3 0 まで 21日間のうち 21日　㉑賃金を受けなかった日数（内訳別表2のとおり）

② 預金の種類 1 ② 口座番号 1 2 3 4 5 6 7

新規・変更

振込を希望する金融機関の名称 〇〇 大森
　メイギニン（カタカナ）：姓と名の間は1文字あけて記入してください。濁点・半濁点は1文字として記入してください。
コシノ　エミ

口座名義人 越野　英美　（つづき）メイギニン（カタカナ）

㉓金融機関 店舗 ※郵便局コード

⑫の者については、⑦、⑧、⑲、②から㉓まで及び⑳、㉑、㉒、④、⑪（通常の通勤の経路及び方法に限る。）、⑭、⑮、⑯の（ヘ）を除く。）及び別紙1、2に記載したとおりであることを証明します。

5年10月1日

事業の名称　株式会社ABC企画　電話（ 03 ）〇〇〇〇ー〇〇〇〇
事業場の所在地　渋谷区道玄坂〇ー〇ー〇　150-0043
事業主の氏名　代表取締役　細野　光洋
（法人その他の団体であるときはその名称及び代表者の氏名）

労働者の直接所属
事業場名称所在地　同　上　電話（　）　ー

㉘傷病の部位及び傷病名　右大腿骨損傷

㉙療養の期間　5年 9月10日から 5年 9月30日まで 21日間 診療実日数 10日
㉚療養の現況 5年 9月30日 治癒（症状固定）・死亡・転医・中止・継続中
㉛傷病の経過 ③療養のため労働することができなかったと認められた期間 5年 9月10日から 5年 9月30日まで 21日間のうち 21日

診療担当者の証明

⑫の者については、㉘から㉛までに記載したとおりであることを証明します。
5年10月2日　〒 143-0011　電話（ 03 ）〇〇〇〇ー〇〇〇〇
病院又は診療所の　所在地 大田区大森本町〇ー〇ー〇
名称 大森総合病院
診療担当者氏名 前田　康文

上記により休業給付の支給を請求します。
休業特別支給金の支給を申請します。　〒 143-0015　電話（ 03 ）〇〇〇〇ー〇〇〇〇
5年10月5日　住所 大田区大森西〇ー〇ー〇　（　　ガ）
請求人の申請人の　氏名 越野　英美

渋谷 労働基準監督署長 殿

注記（吹き出し）:
- 記入枠内の年については和暦で表記。
- 事故の発生日・発病の日を正確に記入。
- 療養のため労働できなかった期間とそのうち賃金を受けられなかった日数を記入。
- 銀行等に振込を希望する場合は、請求人本人の口座番号等を必ず記入。
- 事業主の証明が必要。ただし、第2回目以降の請求が離職後である場合は不要。なお、療養のため、労働できなかった期間の全部または一部が離職前にある場合には証明が必要。
- 直接所属している事業場が一括適用の取扱いを受けている支店、工場、工事現場等の場合に記入。
- 上記事業場所在地内の所属の場合は「同上」と記入。
- 診療担当者（医師または歯科医師）による証明が必要。
- 記名または署名が必要。
- ※㉘〜㉛まではすべて診療担当者による証明が必要（省略不可）。
- 請求人の記名または署名が必要。
- 住所・電話番号・郵便番号は連絡先・通知先となるので省略不可。

具体的な「職種名」を記入（会社員、団体職員といった表記は職種ではありません）。

様式第16号の6（裏面）

㉜ 労働者の職種	㉝ 負傷又は発病の年月日及び時刻	㉞ 平均賃金（算定内訳別紙1のとおり）
事務職	2年9月10日 午後 8時 10分頃	8,292 円 39 銭

㉟ 災害時の通勤の種別（該当する記号を記入）	イ	イ．住居から就業の場所への移動　　ロ．就業の場所から住居への移動　ハ．就業の場所から他の就業の場所への移動　ニ．イに先行する住居間の移動　　ホ．ロに後続する住居間の移動

㊱ 災害発生の場所	JR 大森駅前の路上

㊲ 就業の場所（災害時の通勤の種別がハに該当する場合は移動の終点たる就業の場所を記載すること）	渋谷区道玄坂○-○-○

㊳ 就業開始の予定年月日及び時刻（災害時の通勤の種別がイ、ハ又はニに該当する場合に記載すること）	5 年 9 月 10 日 午後 9 時 00 分頃

㊴ 住居を離れた年月日及び時刻（災害時の通勤の種別がイ、ニ又はホに該当する場合に記載すること）	5 年 9 月 10 日 午後 8 時 00 分頃

㊵ 就業終了の年月日及び時刻（災害時の通勤の種別がロ、ハ又はホに該当する場合に記載すること）	年 月 日 午前後 時 分頃

㊶ 就業の場所を離れた年月日及び時刻（災害時の通勤の種別がハ又はホに該当する場合に記載すること）	年 月 日 午前後 時 分頃

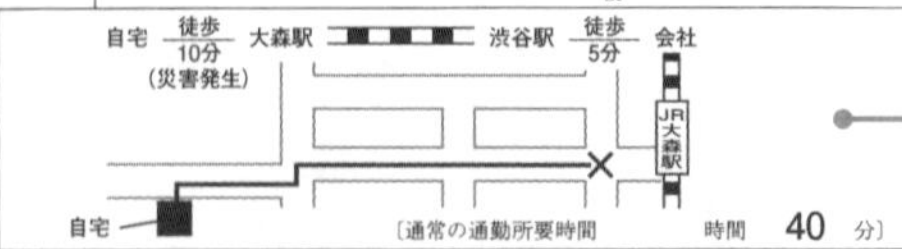

通勤経路（住居⇔就業の場所）は必ず記入し、災害現場に至る移動経路が分かるように記入。

㊷ 災害時に通勤の種別に関する移動の通常の経路、方法及び所要時間並びに災害発生の日に住居又は就業の場所から災害発生の場所に至った経路、方法、所要時間その他の状況	自宅 —徒歩10分— 大森駅（災害発生） ▬▬▬ 渋谷駅 —徒歩5分— 会社　JR大森駅　✕　自宅 ■ 〔通常の通勤所要時間〕 時間 40 分

㊸ 災害の原因及び発生状況（あ）どのような場所を（い）どのような方法で移動している際に（う）どのような物で又はどのような状況において（え）どのようにして災害が発生したか（お）㉝と初診日が異なる場合はその理由を簡明に記載すること	自宅を出て駅に向かう途中、駅前の道路を横断していたところ、先行中のバイクに接触し、転倒して負傷した。

報告を受けた者。

その現場にいない者にも状況が分かるようできるだけ具体的に記入。

㊹ 現認者の	住所	大田区大森西○-○-○	電話（03）××××-××××
	氏名	竹野内 薫	

㊺ 第三者行為災害	該当する・該当しない

㊻ 健康保険日雇特例被保険者手帳の記号及び番号	

㊼ 転任の事実の有無（災害時の通勤の種別がニに該当する場合）	有・無	㊽ 転任直前の住居に係る住所	

㊾ 休業給付額・休業特別支給金額の改定比率	（平均給与額証明書のとおり）

㊿ 厚生年金保険等の受給関係	（イ）基礎年金番号		（ロ）被保険者資格の取得年月日	年 月 日
	（ハ）年金の種類	厚生年金保険法の	イ 障害年金　ロ 障害厚生年金	
		国民年金法の	ハ 障害年金　ニ 障害基礎年金	
		船員保険法の	ホ 障害年金	
	当該傷病に関して支給される年金の種類等	障害等級	級	
		支給される年金の額	円	
		支給されることとなった年月日	年 月 日	
		基礎年金番号及び厚生年金等の年金証書の年金コード		
		所轄年金事務所等		

同一の傷病について厚生年金保険等の年金を受給している場合にのみ記入。

㊿ その他就業先の有無		
有 無	有の場合のその数（ただし表面の事業場を含まない） 社	有の場合でいずれかの事業で特別加入している場合の特別加入状況（ただし表面の事業を含まない）労働保険事務組合又は特別加入団体の名称
労働保険番号（特別加入）	加入年月日	年 月 日
	給付基礎日額	円

社会保険労務士記載欄	作成年月日・提出代行者・事務代理者の表示	氏 名	電話番号 ( ) —

〔注意〕

一、所定労働時間に負傷した場合には、㉝及び㉞欄について、は当該負傷した日を除いて記載してください。

二、㉞欄の平均賃金の算定基礎期間中に業務外の傷病の療養等のため休業した期間がある場合、平均賃金の算定基礎から控除する期間及びその期間中の賃金の額を⑫欄に記載してください。この場合は、この算定方法による平均賃金に相当する額を㉞欄に記載してください。

三、別紙2は、㉝欄の疾病による療養のため所定労働時間のうちその一部分についてのみ労働した日（別紙1において「一部休業日」という。）が含まれる場合に限り添付してください。

四、請求人（申請人）が特別加入者であるときは、㉝欄には、その者の給付基礎日額を記載してください。

五、別紙3は、㉝欄の「その他就業先の有無」で「有」に○を付けた場合に、その他就業先ごとに記載してください。その際、その他就業先ごとに様式第8号の別紙1及び別紙2を作成し、このうち様式第8号の別紙1のみ添付してください。

六、疑義のある場合は、所轄労働基準監督署にお問い合わせください。

七、㊿欄については、前回の請求又は申請後の分について記載してください。

八、別紙1（平均賃金算定内訳）は、付する必要はありません（休業のために労働できなかった期間の全部又は一部が離職前にある場合を除く。）

（四）（三）㊾欄は、その請求（申請）が離職後である場合には記載する必要はありません。

複数事業労働者は、必ず各事業場ごとに「別紙1」を記入し提出。

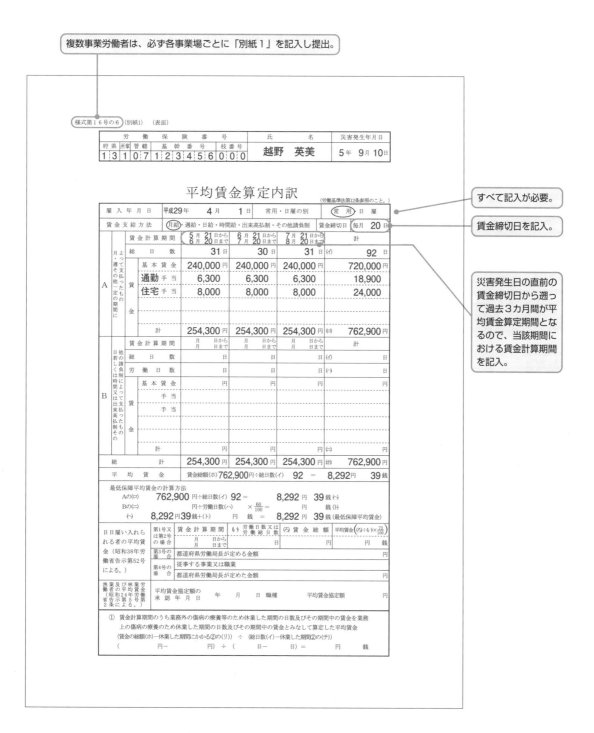

様式第16号の6（別紙1）　（表面）

労　働　保　険　番　号	氏　　名	災害発生年月日
府県 所掌 管轄 基幹番号 枝番号 1 3 1 0 7 1 2 3 4 5 6 0 0 0	越野　英美	5年 9月 10日

平均賃金算定内訳

（労働基準法第12条参照のこと。）

すべて記入が必要。

賃金締切日を記入。

雇 入 年 月 日	平成29年 4月 1日	常用・日雇の別	常　用 日　雇
賃 金 支 給 方 法	月給・週給・日給・時間給・出来高払制・その他請負制	賃金締切日	毎月 20日

		賃金計算期間	5月 21日から 6月 20日まで	6月 21日から 7月 20日まで	7月 21日から 8月 20日まで	計
A	月・週その他一定の期間によって支払ったもの	総　日　数	31日	30日	31日	(イ) 92日
	賃金	基 本 賃 金	240,000円	240,000円	240,000円	720,000円
		通勤 手当	6,300	6,300	6,300	18,900
		住宅 手当	8,000	8,000	8,000	24,000
		計	254,300円	254,300円	254,300円	(ロ) 762,900円
B	日若しくは時間又は出来高払制その他の請負制によって支払ったもの	賃金計算期間	月 日から 月 日まで	月 日から 月 日まで	月 日から 月 日まで	計
		総　日　数	日	日	日	(ハ)
		労 働 日 数	日	日	日	(ニ)
	賃金	基 本 賃 金				
		手 当				
		手 当				
		計	円	円	円	(ニ) 円
総		計	254,300円	254,300円	254,300円	(ホ) 762,900円

災害発生日の直前の賃金締切日から遡って過去3カ月間が平均賃金算定期間となるので、当該期間における賃金計算期間を記入。

平 均 賃 金	賃金総額(ホ)762,900円÷総日数(イ) 92 = 8,292円 39銭

最低保障平均賃金の計算方法				
Aの(ロ)	762,900 円÷総日数(イ) 92	=	8,292 円 39銭	(ト)
Bの(ニ)	円÷労働日数(ハ)	× 60/100	円 銭	(チ)
(ト)	8,292 円39銭+(チ) 円 銭 =		8,292 円 39銭（最低保障平均賃金）	

日日雇い入れられる者の平均賃金（昭和38年労働省告示第52号による。）	第1号又は第2号の場合	賃 金 計 算 期 間	(リ) 労 働 日 数 又 は 労 働 総 日 数	(ヌ) 賃 金 総 額	平均賃金(ヌ)÷(リ)×73/100
		月 日から 月 日まで	日	円	円 銭
	第3号の場合	都道府県労働局長が定める金額			円
	第4号の場合	従事する事業又は職業			
		都道府県労働局長が定めた金額			円

漁業及び林業労働者の平均賃金（昭和24年労働省告示第5号による。）	平均賃金協定額の承認年月日	年 月 日 職種	平均賃金協定額	円

① 賃金計算期間のうち業務外の傷病の療養等のため休業した期間の日数及びその期間中の賃金を業務
　上の傷病の療養のため休業した期間の日数及びその期間中の賃金とみなして算定した平均賃金
　（賃金の総額(ホ)－休業した期間にかかる②の(リ)） ÷ （総日数(イ)－休業した期間②の(チ)）
　（ 円－ 円）÷（ 日－ 日）＝ 円 銭

様式第16号の6（別紙1）　（裏面）

<table>
<tr><td colspan="5">②　業務外の傷病の療養等のため休業した期間
　　及びその期間中の賃金の内訳</td></tr>
<tr><td rowspan="2">賃 金 計 算 期 間</td><td>月　　日から
月　　日まで</td><td>月　　日から
月　　日まで</td><td>月　　日から
月　　日まで</td><td rowspan="2">計</td></tr>
<tr><td></td><td></td><td></td></tr>
<tr><td>業務外の傷病の療養等のため
休業した期間の日数</td><td>日</td><td>日</td><td>日</td><td>(ヲ)　　　日</td></tr>
<tr><td rowspan="5">業務外の傷病の療養等のため休業した期間中の賃金</td><td>基 本 賃 金</td><td>円</td><td>円</td><td>円</td><td>円</td></tr>
<tr><td>手　当</td><td></td><td></td><td></td><td></td></tr>
<tr><td>手　当</td><td></td><td></td><td></td><td></td></tr>
<tr><td></td><td></td><td></td><td></td><td></td></tr>
<tr><td>計</td><td>円</td><td>円</td><td>円</td><td>(ワ)　　円</td></tr>
<tr><td>休 業 の 事 由</td><td colspan="4"></td></tr>
</table>

<table>
<tr><td rowspan="7">③
特
別
給
与
の
額</td><td colspan="3">支　払　年　月　日</td><td colspan="2">支　払　　　額</td></tr>
<tr><td>5 年</td><td>6 月</td><td>30 日</td><td>248,000</td><td>円</td></tr>
<tr><td>4 年</td><td>12 月</td><td>10 日</td><td>456,000</td><td>円</td></tr>
<tr><td>年</td><td>月</td><td>日</td><td></td><td>円</td></tr>
<tr><td>年</td><td>月</td><td>日</td><td></td><td>円</td></tr>
<tr><td>年</td><td>月</td><td>日</td><td></td><td>円</td></tr>
<tr><td>年</td><td>月</td><td>日</td><td></td><td>円</td></tr>
</table>

［注　意］
　③欄には、負傷又は発病の日以前2年間（雇入後2年に満たない者については、雇入後の期間）に支払われた労働基準法第12条第4項の3箇月を超える期間ごとに支払われる賃金（特別給与）について記載してください。
　ただし、特別給与の支払時期の臨時的変更等の理由により負傷又は発病の日以前1年間に支払われた特別給与の総額を特別支給金の算定基礎とすることが適当でないと認められる場合以外は、負傷又は発病の日以前1年間に支払われた特別給与の総額を記載して差し支えありません。

様式第16号の6（別紙2）

労　働　保　険　番　号					氏　　　名	災害発生年月日
府県	所掌	管轄	基　幹　番　号	枝番号		年　　月　　日

① 療養のため労働できなかつた期間

　　　　年　　　　月　　　　日から　　　　年　　　　月　　　　日まで　　　　日間

② ①のうち賃金を受けなかつた日の日数　　　　　　　　　　　　　　　　　日

③ ②の日数の内訳	全部休業日	日
	部分算定日	日

④ 部分算定日の年月日及び当該労働者に対し支払われる賃金の額	年　　月　　日	賃　金　の　額	備　　　　　考
	年　　月　　日	円	

〔注意〕
1　「全部休業日」とは、②欄の「賃金を受けなかった日」のうち、部分算定日に該当しないものをいうものであること。
2　「部分算定日」とは、②欄の「賃金を受けなかった日」のうち、通勤による負傷又は疾病による療養のため所定労働時間のうちその一部についてのみ労働した日（以下「一部休業日」という。）若しくは賃金が支払われた休暇をいうものであること。
　なお、月、週その他一定の期間（以下「特定期間」という。）によって支給される賃金が全部休業日又は一部休業日についても支給されている場合、当該全部休業日又は一部休業日は、別途、賃金が支払われた休暇として部分算定日に該当するため、当該賃金を特定期間の日数（月によって支給している場合については、三十）で除して得た額に、当該部分算定日の日数を乗じて得た額を④の「賃金の額」欄に記載すること。
3　該当欄に記載することができない場合には、別紙を付して記載すること。

様式第16号の6（表面）で記入した事業場以外の事業場について、各事業場ごとに記入。

様式第16号の6（別紙3）

複数事業労働者のみ、様式第8号表面で記入した事業場以外の事業場について、この別紙を記入。

複数事業労働者用

① 労働保険番号（請求書に記載した事業場以外の就労先労働保険番号）

都道府県	所掌	管轄	基幹番号	枝番号
1 3	1	0 6	2 3 4 5 6 7	0 0 0

様式第8号表面で記入した事業場以外の事業場の労働保険番号を記入。

② 労働者の氏名・性別・生年月日・住所

（フリガナ氏名） コシノ　エミ	男	生年月日
（漢字氏名） **越野　英美**	女	(昭和・平成・令和) 5 年 11 月 22 日

〒 143-0015

（フリガナ住所）オオタクオオモリニシ

（漢字住所）**大田区大森西○－○－○**

③ 平均賃金（内訳は別紙1のとおり）

○○○○ 円 ○○ 銭

様式第8号表面で記入した事業場以外の事業場について、別紙の「平均賃金算定内訳」によって計算された平均賃金を記入。

④ 雇入期間

(昭和・平成・令和) 5 年 1 月 21 日 から　現在　年　月　日 まで

様式第8号表面で記入した事業場以外の事業場の雇入期間を記入。

⑤ 療養のため労働できなかった期間

(令和) 5 年 9 月 10 日 から 5 年 9 月 30 日 まで　21 日間のうち
⑥ 賃金を受けなかった日数（内訳は別紙2のとおり）　21 日

様式第8号表面で記入した事業場以外の事業場について、療養のため労働ができなかった期間と、そのうち賃金を受けられなかった日数を記入。

⑦ 厚生年金保険等の受給関係

(イ)基礎年金番号　(ロ)被保険者資格の取得年月日　年　月　日
(ハ)当該傷病に関して支給される年金の種類等
年金の種類　厚生年金保険法の　イ　障害年金　ロ　障害厚生年金
国民年金法の　ハ　障害年金　ニ　障害基礎年金
船員保険法の　ホ　障害年金
障害等級　　級　支給されることとなった年月日　年　月　日
基礎年金番号及び厚生年金等の年金証書の年金コード
所轄年金事務所等

同一の傷病について厚生年金保険等の年金を受給している場合にのみ記入。

上記②の者について、③から⑦までに記載されたとおりであることを証明します。

5 年 10 月 5 日
事業の名称　**株式会社ミラクルマート**　電話(03)○○○○－○○○○
事業場の所在地　**大田区大森北○－○－○**
事業主の氏名　**代表取締役　木瀬　喜一**

渋谷 労働基準監督署長 殿

社会保険労務士記載欄	作成年月日・提出代行者・事務代理者の表示	氏　名	電話番号
			( ) －

事業主の証明が必要。支店長等が事業主の代理人として選任されている場合、当該支店長等の証明が必要。

療養から1年6カ月を経過しても治らないとき 傷病（補償）等年金

●01 傷病（補償）等年金の内容

　傷病（補償）等年金は、業務上の事由、複数事業労働者の二以上の事業の業務を要因とする事由または通勤により負傷し、または疾病にかかった労働者が、療養の開始後１年６カ月を経過した日またはその日以降において、次の要件に該当する場合に支給されます。

◆傷病（補償）等年金の支給要件

①その負傷または疾病が治っていないこと。

②その負傷または疾病による障害の程度が傷病等級表（☞下表参照）の傷病等級に該当すること。

Q63 傷病の程度が軽くなったり重くなったりした場合は、給付の内容も変わるのですか？

A これまで該当していた傷病等級と異なる傷病等級に該当することとなった場合は、傷病（補償）等年金の等級の変更が行われます。前の等級より上がる場合と下がる場合がありますが、傷病等級変更後の等級に応ずる支給日数により、傷病（補償）等年金、傷病特別年金が支給されることとなります。

　ただし、傷病特別支給金（一時金）は、傷病等級が上がった場合でも、新たに支給されたり、差額を支給されたりすることはありません。

 傷病等級表

傷病等級	給付の内容	障　害　の　状　態
第１級	当該障害の状態が継続している期間１年につき給付基礎日額の**313日分**	(1) 神経系統の機能または精神に著しい障害を有し、常に介護を要するもの (2) 胸腹部臓器の機能に著しい障害を有し、常に介護を要するもの (3) 両眼が失明しているもの (4) そしゃく及び言語の機能を廃しているもの (5) 両上肢をひじ関節以上で失ったもの (6) 両上肢の用を全廃しているもの (7) 両下肢をひざ関節以上で失ったもの (8) 両下肢の用を全廃しているもの (9) 前各号に定めるものと同程度以上の障害の状態にあるもの
第２級	同給付基礎日額の**277日分**	(1) 神経系統の機能または精神に著しい障害を有し、随時介護を要するもの (2) 胸腹部臓器の機能に著しい障害を有し、随時介護を要するもの (3) 両眼の視力が0.02以下になっているもの (4) 両上肢を腕関節以上で失ったもの (5) 両下肢を足関節以上で失ったもの (6) 前各号に定めるものと同程度以上の障害の状態にあるもの
第３級	同給付基礎日額の**245日分**	(1) 神経系統の機能または精神に著しい障害を有し、常に労務に服することができないもの (2) 胸腹部臓器の機能に著しい障害を有し、常に労務に服することができないもの (3) 一眼が失明し、他眼の視力が0.06以下になっているもの (4) そしゃくまたは言語の機能を廃しているもの (5) 両手の手指の全部を失ったもの (6) 第１号及び第２号に定めるもののほか、常に労務に服することができないものその他前各号に定めるものと同程度以上の障害の状態にあるもの

●労基法上の解雇制限の解除

労基法では、業務災害で療養のために休業している期間とその後30日間は解雇することができないとされています（同法19条）。

ただし、療養開始後3年を経過しても治らない場合には、使用者は、平均賃金の1,200日分を支払い、その後の療養・休業補償等を打ち切ることができ（同法81条。打切補償）、この場合は上記の解雇制限がなくなります。これは、労災保険の療養補償給付・複数事業労働者療養給付を受ける労働者が、療養開始後3年を経過しても治らない場合も同様です。

また、療養開始後3年を経過して傷病補償年金・複数事業労働者傷病年金を受けることになった場合は、打切補償があったものとみなされ、解雇の制限がなくなります。

●算定基礎日額

負傷（発症）前1年間の特別給与の総額を算定基礎年額として365で割って得た額です。

なお、特別給与の総額が給付基礎年額（給付基礎日額の365倍に相当する額）の20%に相当する額を上回る場合は、給付基礎年額の20%に相当する額が算定基礎年額（150万円が限度）となります。

●傷病差額特別支給金

休業（補償）等給付から傷病（補償）等年金へ移行した方については、傷病（補償）等年金、傷病特別年金の合計額が、従前の休業（補償）等給付、休業特別支給金の合計額（1年分）を下回るときには、その差額に相当する額の傷病差額特別支給金が支給されることとなり、傷病（補償）等年金、傷病特別年金と一緒に支払われます。

注意!
再発によって障害（補償）等年金から傷病（補償）等年金へ移行するなどの場合は、障害特別支給金などとの調整がなされます。

傷病（補償）等年金と傷病特別支給金及び傷病特別年金の支給額は、次のとおりで、傷病等級ごとに支給額が定められています。

（1）傷病（補償）等年金

傷病（補償）等年金は、給付基礎日額に等級により定められた給付日数を乗じて年金額を算出します。ただし、同一の事由により障害厚生年金、障害基礎年金の支給を受ける場合は減額調整されます。

（2）傷病特別年金

負傷または発病以前1年間にボーナス等の特別給与が支給されていた場合は、傷病特別年金が支給されることになります。

傷病特別年金額は、負傷または発病以前1年間にボーナス等の特別給与額などにより算定される**「算定基礎日額」**に等級により定められた給付日数を乗じて年金額を算出します。

傷病（補償）等年金及び傷病特別年金は、支給要件に該当することとなった月の翌月分から支給され、毎年2月、4月、6月、8月、10月、12月の6期に、それぞれの前の2カ月分が支払われます。

（3）傷病特別支給金

傷病（補償）等年金が決定されたときに、傷病等級ごとに定められた定額が一時金として支給されます。

◆支給される額

傷病等級	傷病（補償）等年金	傷病特別支給金（一時金）	傷病特別年金
第1級	給付基礎日額の313日分	114万円	算定基礎日額の313日分
第2級	給付基礎日額の277日分	107万円	算定基礎日額の277日分
第3級	給付基礎日額の245日分	100万円	算定基礎日額の245日分

●02 必要な手続き

（1）傷病の状態等の届・報告書

　傷病（補償）等年金の支給・不支給の決定は、所轄の監督署長の職権で行われますので、被災労働者が請求手続きを行うことはありません。

　療養開始1年6カ月を経過し、所轄の監督署から「**傷病の状態等に関する届**」の提出を求められれば、医師の診断書、厚生年金等の加入及び受給状況等の届などを添付し、提出することとなっています。

　また、その後も引き続き休業（補償）等給付の支給を受けていれば、毎年1月中の休業（補償）等給付を請求するときに、所轄の監督署から「**傷病の状態等に関する報告書**」の提出を求められます。この場合も主治医の診断書等を添付して提出することとなります。

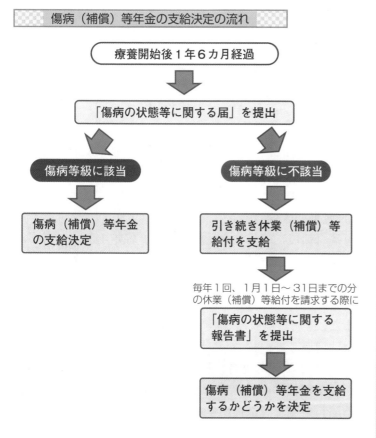

傷病（補償）等年金の支給決定の流れ

療養開始後1年6カ月経過

↓

「傷病の状態等に関する届」を提出

↓

傷病等級に該当 → 傷病（補償）等年金の支給決定

傷病等級に不該当 → 引き続き休業（補償）等給付を支給

↓

毎年1回、1月1日〜31日までの分の休業（補償）等給付を請求する際に

「傷病の状態等に関する報告書」を提出

↓

傷病（補償）等年金を支給するかどうかを決定

Q64　傷病（補償）等年金を受給していましたが、症状が固定（治ゆ）して障害が残り、障害（補償）等年金（または一時金）に移行する場合、どのように支給額が変わるのですか？

A　傷病が治ゆした場合は、治ゆした当月まで傷病（補償）等年金が支給され、以降は、残存した障害の状態に応じて障害（補償）等年金（または一時金）が支給されることとなります。
　この場合の障害特別支給金の支給額は、支給済みの傷病特別支給金の支給額を差し引いた額となります。ただし、新たに支給される障害特別支給金の支給額のほうが低い場合でも、回収されることはありません。

　傷病（補償）等年金の支給がなされると、それまで休業（補償）等給付を受給していれば、以降の支給はされなく

Q65 傷病が治ゆして傷病（補償）等年金から障害（補償）等年金を受給するようになりました。その後傷病が再発したのですが、また傷病（補償）等年金を受けられるのですか？

A　傷病（補償）等年金の受給者が治ゆしたことにより障害（補償）等年金に移行し、その後傷病が再発した場合に、療養が必要で、かつ障害の程度が傷病等級表に該当する場合は、再発した翌月から再び傷病（補償）等年金が支給されます。この場合、再発後の傷病特別支給金は支給されません。

なります。ただし、療養（補償）等給付は引き続き受給することができます。

提出書類▶「傷病の状態等に関する届」（様式16号の２）
添付書類▶① 傷病の状態の立証に必要な医師または歯科医師の診断書
② 厚生年金等の加入及び受給状況等の届
など

どこへ▶所轄の監督署へ
いつまでに▶療養開始後１年６カ月を経過した日以後１カ月以内に

傷病（補償）等年金の手続きの流れ

（2）定期報告等

　傷病（補償）等年金を受給すると、毎年１回（６月または10月）に定期報告を行うこととなっています。定期報告書に診断書、厚生年金等受給に関する支払通知書の写しなどを添付して、監督署に提出することとなります。

　また、傷病（補償）等年金受給者の障害の程度が、軽快、または増悪して、該当していた傷病等級と別の等級に該当することとなった場合、傷病等級に該当しなくなった場合、傷病が治ゆした場合などは、「傷病の状態の変更に関する届」を監督署に提出することとなっています。

4 障害が残ったとき　障害（補償）等給付

◯01 障害（補償）等給付の内容

　業務災害（複数業務要因災害を含む）または通勤災害による負傷や疾病が治ったとき、身体に一定の障害が残った場合には、その残った障害の程度に応じて障害（補償）等給付が支給されます。

　労災保険では、障害（補償）等給付の対象となる約140種類の障害を、その障害の程度に応じて第1級から第14級まで14段階に区分して「障害等級表」を定めています（☞98頁参照）。

◆障害が残った場合に受けられる給付

障害等級第1級から第7級に該当するとき

障害（補償）等年金、障害特別支給金、障害特別年金

障害等級第8級から第14級に該当するとき

障害（補償）等一時金、障害特別支給金、障害特別一時金

（1）障害（補償）等年金

　障害（補償）等年金は、給付基礎日額に等級により定められた給付日数を乗じて年金額を算出します。ただし、同一の事由により障害厚生年金、障害基礎年金の支給を受ける場合は減額調整されます。

（2）障害特別年金

　負傷または発病以前1年間にボーナス等の特別給与が支給されていた場合は、障害特別年金が支給されます。

　障害特別年金額は、負傷または発病以前1年間にボーナス等の特別給与額などにより算出される「算定基礎日額」に等級により定められた給付日数を乗じて年金額を算出します。

　障害（補償）等年金及び障害特別年金は、支給要件に該当することとなった月の翌月分から支給され、毎年2月、4月、6月、8月、10月、12月の6期に、それぞれの前の2カ月分が支払われます。

Q66 障害等級の認定は、労災保険の場合と身体障害者福祉法に基づく場合とで異なるのですか？

A　労災保険は、障害が残ったことで生じる労働能力の低下に伴う一切の損害に対する補償です。一方、身体障害者福祉法は、身体障害者が障害を克服し、社会経済活動に参加することができるよう援助や保護などを行うことを目的としています。

　よって、認定基準及び認定方法とも相違するため、等級が異なる場合があります。

Q67 業務上負傷し、いったん治ゆ（症状固定）した傷病が再発と認められる場合は、どのようなときですか？

A　業務上の傷病がいったん治ゆ（症状固定）と認定された後に再発した場合には、労災保険法12条の8に規定する保険給付の対象とはなりますが、その際、先の傷病の再発であると認められるためには、医学的にみて、①先の傷病と現在の傷病の発現との間に相当因果関係が認められ、②先の傷病治ゆ時の症状に比し現在の傷病再発時の症状が増悪しており、かつ、③治療効果が期待できるものでなければなりません。

Q68 利き腕である右手を失った労働者の障害（補償）等給付は、左手を失ったときよりも高い障害（補償）等給付を受けることができますか？

A　労災保険法における後遺障害の評価とは、労働災害によって失った労働能力の評価となります。この労働能力を構成する要素としては利き腕のほか、職種、年齢、経験等の属人的要素がありますが、これらの要素が労働能力にどの程度影響を及ぼすかは一律ではないため、あくまでも労働能力の喪失の程度の評価は一般的平均的なものとして評

価します。したがって、利き腕に障害を被ったからといって、法定の等級を上回って評価することはできません。

Q69 現場作業中に脚立からバランスを崩して転落、右肩を負傷し、「右肩腱板断裂」の治療を続けた結果、治ゆ（症状固定）しました。治ゆ後、右肩関節の運動障害と右肩関節部の疼痛が残存した場合の障害等級の認定はどのようになりますか？

A　今回の負傷で残存した障害としては、右肩関節の運動障害（機能障害）と神経症状と認められますが、これは1の身体障害（右肩関節の運動障害）に他の身体障害（同部位の疼痛）が通常派生する関係にあると認められるため、いずれか上位の等級により障害等級を認定することとされています。

注意!
障害特別支給金については、同一の災害により、すでに傷病特別支給金を受けている場合は、その差額が支給されます。

（3）障害特別支給金

障害（補償）等年金が決定されたときに、原則として障害等級ごとに定められた定額が一時金として支給されます。

◆障害（補償）等給付の支給額

【障害等級第1級～第7級まで】

障害等級	障害（補償）等年金	障害特別支給金	障害特別年金
	年　金	一時金	年　金
第1級	給付基礎日額の313日分	342万円	算定基礎日額の313日分
第2級	給付基礎日額の277日分	320万円	算定基礎日額の277日分
第3級	給付基礎日額の245日分	300万円	算定基礎日額の245日分
第4級	給付基礎日額の213日分	264万円	算定基礎日額の213日分
第5級	給付基礎日額の184日分	225万円	算定基礎日額の184日分
第6級	給付基礎日額の156日分	192万円	算定基礎日額の156日分
第7級	給付基礎日額の131日分	159万円	算定基礎日額の131日分

【障害等級第8級～第14級まで】

障害等級	障害（補償）等一時金	障害特別支給金	障害特別一時金
	一時金	一時金	一時金
第8級	給付基礎日額の503日分	65万円	算定基礎日額の503日分
第9級	給付基礎日額の391日分	50万円	算定基礎日額の391日分
第10級	給付基礎日額の302日分	39万円	算定基礎日額の302日分
第11級	給付基礎日額の223日分	29万円	算定基礎日額の223日分
第12級	給付基礎日額の156日分	20万円	算定基礎日額の156日分
第13級	給付基礎日額の101日分	14万円	算定基礎日額の101日分
第14級	給付基礎日額の56日分	8万円	算定基礎日額の56日分

給付基礎日額については73頁参照
算定基礎日額については90頁参照

（4）障害（補償）等年金前払一時金

障害（補償）等年金を受給することとなった者は、障害等級に応じて定められた日数を年金の前払いとして受けることができます。

◆障害（補償）等年金前払一時金の支給額

障害等級	額
第1級	給付基礎日額の200日分、400日分、600日分、800日分、1,000日分、1,200日分または1,340日分
第2級	給付基礎日額の200日分、400日分、600日分、800日分、1,000日分または1,190日分
第3級	給付基礎日額の200日分、400日分、600日分、800日分、1,000日分または1,050日分
第4級	給付基礎日額の200日分、400日分、600日分、800日分または920日分
第5級	給付基礎日額の200日分、400日分、600日分または790日分
第6級	給付基礎日額の200日分、400日分、600日分または670日分
第7級	給付基礎日額の200日分、400日分または560日分

（5）障害（補償）等年金差額一時金

障害（補償）等年金を受けている者が死亡したとき、すでに支給された障害（補償）等年金と障害（補償）等年金前払一時金の合計額が障害等級に応じて定められている一定額に満たない場合には、その差額に相当する額の障害（補償）等年金差額一時金が遺族に対して支給されます。

◆支給を受けることができる遺族

① 労働者の死亡の当時、その者と生計を同じくしていた配偶者（婚姻の届出をしていないが、事実上婚姻関係と同様の事情があった者を含む。②も同様）、子、父母、孫、祖父母、兄弟姉妹

② ①に該当しない配偶者、子、父母、孫、祖父母、兄弟姉妹

◆障害（補償）等年金差額一時金の支給額

障害等級に応じて定められている**次頁の一定額**からすでに支給された障害（補償）等年金と障害（補償）等年金前払一時金の合計額を差し引いた額となる（障害特別年金も同様）。

Q70 前払一時金を請求すると、利息とか年金の支給はどうなりますか？

A 前払一時金が支給されると障害（補償）等年金は、障害（補償）等年金の毎月分（1年経ってからの分は年5分の単利で割り引いた額）の合計額が、前払一時金の額に達するまでの間支給停止されます。

障害等級	障害（補償）等年金差額一時金	障害特別年金差額一時金
第1級	給付基礎日額の1,340日分	算定基礎日額の1,340日分
第2級	給付基礎日額の1,190日分	算定基礎日額の1,190日分
第3級	給付基礎日額の1,050日分	算定基礎日額の1,050日分
第4級	給付基礎日額の　920日分	給付基礎日額の　920日分
第5級	給付基礎日額の　790日分	給付基礎日額の　790日分
第6級	給付基礎日額の　670日分	算定基礎日額の　670日分
第7級	給付基礎日額の　560日分	算定基礎日額の　560日分

Q71　診断書の費用は労災保険から支給されますか？

A　障害（補償）等給付を受けるには、請求書裏面に医師・歯科医師の診断を記入してもらう必要があります。その際の費用については、4,000円を限度として支給されます。診断書料を請求する場合は、「療養補償給付及び複数事業労働者療養給付たる療養の費用請求書」（様式7号）または「療養給付たる療養の費用請求書」（様式16号の5）を提出してください。なお、診断を受けた医療機関が発行した領収書を添付すれば、費用請求書の医師・歯科医師の証明は不要です。

Q72　労災事故が原因で複数の診療科（整形外科、歯科）を受診していました。治療が終了しましたが、左手関節の機能障害が残り、歯の欠損による補てつを行いました。後遺障害の労災請求はどのようにすればよいのでしょうか？

A　複数の診療科（整形外科、歯科）とも治療が終了し、後遺障害が残存した場合は、それぞれの診療科ごとの障害（補償）給付請求書の提出が必要です。

注意！
障害（補償）等年金前払一時金は、原則として年金の請求と同時に請求します。ただし、年金の支給決定の通知のあった日の翌日から1年以内であれば、障害（補償）等年金を受けた後でも請求することができます。

●02 請求手続き

（1）障害（補償）等年金・一時金

提出書類▶ 業務災害 複数業務要因災害 「障害補償給付・複数事業労働者障害給付支給請求書」（様式10号）
☞記載例は101頁参照

通勤災害 「障害給付支給請求書」（様式16号の7）

　提出の際は各請求書の様式用の診断書に、負傷または疾病が治ったこと及び治ったときにおける障害の状態に関する医師または歯科医師の診断を記入してもらいます。

　診断書料を請求する場合は、「療養補償給付及び複数事業労働者療養給付たる療養の費用請求書」（様式7号(1)）または「療養給付たる療養の費用請求書」（様式16号の5(1)）を併せて提出してください。

添付書類▶ 通勤災害の場合は、通勤災害に関する事項（様式16号別紙）

どこへ▶ 所轄の監督署へ
いつまでに▶ 傷病が治った日の翌日から5年以内に

（2）障害（補償）等年金前払一時金

提出書類▶ 「障害（補償）年金前払一時金請求書」（年金申請様式10号。業務災害・複数業務要因災害・通勤災害共通）
☞記載例は105頁参照

どこへ▶ 所轄の監督署へ
いつまでに▶ 傷病が治った日の翌日から2年以内に

障害（補償）等給付の手続きの流れ

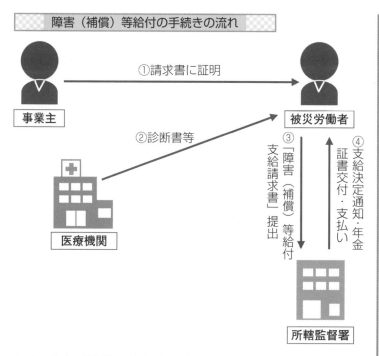

●特別支給金の支給申請
　特別支給金の支給申請は、原則として障害（補償）等給付の請求と同時に行うこととなっており、障害（補償）等給付と同一の様式となっています。

（3）障害（補償）等年金差額一時金

提出書類▶「障害（補償）年金・複数事業労働者障害年金差額一時金支給請求書」（様式37号の２。業務災害・複数業務要因災害・通勤災害共通）

☞記載例は106頁参照

添付書類

こういうときは	添付書類
必ず添付するもの	戸籍謄本または抄本等の請求人と死亡労働者との身分関係を証明することができる書類
死亡労働者と婚姻の届出をしていないが、事実上婚姻関係と同様の事情にあった場合	その事実を証明する書類
死亡労働者の収入によって生計を維持していた場合	その事実を証明する書類

どこへ▶所轄の監督署へ
いつまでに▶受給権者の死亡の翌日から５年以内に

（4）定期報告

　障害（補償）等年金の受給者は毎年１回（６月または10月）、定期報告書に厚生年金等受給に関する支払い通知の写しなどを添付して、監督署に提出します。

　減額調整される額は、一般的に、政令で定める障害（補償）年金の調整率を用いて算出します。

障害等級表

障害等級	給付の内容	障害の状態
第1級	当該障害の状態が継続している期間1年につき 給付基礎日額の 313日分	（1）両眼が失明したもの （2）そしゃく及び言語の機能を廃したもの （3）神経系統の機能または精神に著しい障害を残し、常に介護を要するもの （4）胸腹部臓器の機能に著しい障害を残し、常に介護を要するもの （5）削除 （6）両上肢をひじ関節以上で失ったもの （7）両上肢の用を全廃したもの （8）両下肢をひざ関節以上で失ったもの （9）両下肢の用を全廃したもの
第2級	同 給付基礎日額の 277日分	（1）1眼が失明し、他眼の視力が0.02以下になったもの （2）両眼の視力が0.02以下になったもの （2の2）神経系統の機能または精神に著しい障害を残し、随時介護を要するもの （2の3）胸腹部臓器の機能に著しい障害を残し、随時介護を要するもの （3）両上肢を手関節以上で失ったもの （4）両下肢を足関節以上で失ったもの
第3級	同 給付基礎日額の 245日分	（1）1眼が失明し、他眼の視力が0.06以下になったもの （2）そしゃくまたは言語の機能を廃したもの （3）神経系統の機能または精神に著しい障害を残し、終身労務に服することができないもの （4）胸腹部臓器の機能に著しい障害を残し、終身労務に服することができないもの （5）両手の手指の全部を失ったもの
第4級	同 給付基礎日額の 213日分	（1）両眼の視力が0.06以下になったもの （2）そしゃく及び言語の機能に著しい障害を残すもの （3）両耳の聴力をまったく失ったもの （4）1上肢をひじ関節以上で失ったもの （5）1下肢をひざ関節以上で失ったもの （6）両手の手指の全部の用を廃したもの （7）両足をリスフラン関節以上で失ったもの
第5級	同 給付基礎日額の 184日分	（1）1眼が失明し、他眼の視力が0.1以下になったもの （1の2）神経系統の機能または精神に著しい障害を残し、特に軽易な労務以外の労務に服することができないもの （1の3）胸腹部臓器の機能に著しい障害を残し、特に軽易な労務以外の労務に服することができないもの （2）1上肢を手関節以上で失ったもの （3）1下肢を足関節以上で失ったもの （4）1上肢の用を全廃したもの （5）1下肢の用を全廃したもの （6）両足の足指の全部を失ったもの
第6級	同 給付基礎日額の 156日分	（1）両目の視力が0.1以下になったもの （2）そしゃくまたは言語の機能に著しい障害を残すもの （3）両耳の聴力が耳に接しなければ大声を解することができない程度になったもの （3の2）1耳の聴力をまったく失い、他耳の聴力が40cm以上の距離では普通の話声を解することができない程度になったもの （4）せき柱に著しい変形または運動障害を残すもの （5）1上肢の3大関節中の2関節の用を廃したもの （6）1下肢の3大関節中の2関節の用を廃したもの （7）1手の5の手指または母指を含み4の手指を失ったもの
第7級	同 給付基礎日額の 131日分	（1）1眼が失明し、他眼の視力が0.6以下になったもの （2）両耳の聴力が40cm以上の距離では普通の話声を解することができない程度になったもの （2の2）1耳の聴力をまったく失い、他耳の聴力が1m以上の距離で普通の

		話声を解することができない程度になったもの （3）神経系統の機能または精神に障害を残し、軽易な労務以外の労務に服することができないもの （4）削除 （5）胸腹部臓器の機能に障害を残し、軽易な労務以外の労務に服することができないもの （6）1手の母指を含み3の手指または母指以外の4の手指を失ったもの （7）1手の5の手指または母指を含み4の手指の用を廃したもの （8）1足をリスフラン関節以上で失ったもの （9）1上肢に偽関節を残し、著しい運動障害を残すもの （10）1下肢に偽関節を残し、著しい運動障害を残すもの （11）両足の足指の全部の用を廃したもの （12）外貌に著しい醜状を残すもの （13）両側のこう丸を失ったもの
第8級	一時金として 給付基礎日額の 503日分	（1）1眼が失明し、または1眼の視力が0.02以下になったもの （2）せき柱に運動障害を残すもの （3）1手の母指を含み2の手指または母指以外の3の手指を失ったもの （4）1手の母指を含み3の手指または母指以外の4の手指の用を廃したもの （5）1下肢を5cm以上短縮したもの （6）1上肢の3大関節中の1関節の用を廃したもの （7）1下肢の3大関節中の1関節の用を廃したもの （8）1上肢に偽関節を残すもの （9）1下肢に偽関節を残すもの （10）1足の足指の全部を失ったもの
第9級	同 給付基礎日額の 391日分	（1）両眼の視力が0.6以下になったもの （2）1眼の視力が0.06以下になったもの （3）両眼に半盲症、視野狭さくまたは視野変状を残すもの （4）両眼のまぶたに著しい欠損を残すもの （5）鼻を欠損し、その機能に著しい障害を残すもの （6）そしゃく及び言語の機能に障害を残すもの （6の2）両耳の聴力が1m以上の距離では普通の話声を解することができない程度になったもの （6の3）1耳の聴力が耳に接しなければ大声を解することができない程度になり、他耳の聴力が1m以上の距離では普通の話声を解することが困難である程度になったもの （7）1耳の聴力を全く失ったもの （7の2）神経系統の機能または精神に障害を残し、服することができる労務が相当な程度に制限されるもの （7の3）胸腹部臓器の機能に障害を残し、服することができる労務が相当な程度に制限されるもの （8）1手の母指または母指以外の2の手指を失ったもの （9）1手の母指を含み2の手指または母指以外の3の手指の用を廃したもの （10）1足の第1の足指を含み2以上の足指を失ったもの （11）1足の足指の全部の用を廃したもの （11の2）外貌に相当程度の醜状を残すもの （12）生殖器に著しい障害を残すもの
第10級	同 給付基礎日額の 302日分	（1）1眼の視力が0.1以下になったもの （1の2）正面視で複視を残すもの （2）そしゃくまたは言語の機能に障害を残すもの （3）14歯以上に対し歯科補てつを加えたもの （3の2）両耳の聴力が1m以上の距離では普通の話声を解することが困難である程度になったもの （4）1耳の聴力が耳に接しなければ大声を解することができない程度になったもの （5）削除 （6）1手の母指または母指以外の2の手指の用を廃したもの （7）1下肢を3cm以上短縮したもの （8）1足の第1の足指または他の4の足指を失ったもの （9）1上肢の3大関節中の1関節の機能に著しい障害を残すもの

		（10）１下肢の３大関節中の１関節の機能に著しい障害を残すもの
第11級	同 給付基礎日額の 223日分	（1）両眼の眼球に著しい調節機能障害または運動障害を残すもの （2）両眼のまぶたに著しい運動障害を残すもの （3）１眼のまぶたに著しい欠損を残すもの （3の2）10歯以上に対し歯科補てつを加えたもの （3の3）両耳の聴力が１m以上の距離では小声を解することができない程度になったもの （4）１耳の聴力が40cm以上の距離では普通の話声を解することができない程度になったもの （5）せき柱に変形を残すもの （6）１手の示指、中指または環指を失ったもの （7）削除 （8）１足の第１の足指を含み２以上の足指の用を廃したもの （9）胸腹部臓器の機能に障害を残し、労務の遂行に相当な程度の支障があるもの
第12級	同 給付基礎日額の 156日分	（1）１眼の眼球に著しい調節機能障害または運動障害を残すもの （2）１眼のまぶたに著しい運動障害を残すもの （3）７歯以上に対し歯科補てつを加えたもの （4）１耳の耳かくの大部分を欠損したもの （5）鎖骨、胸骨、ろっ骨、肩こう骨または骨盤骨に著しい変形を残すもの （6）１上肢の３大関節中の１関節の機能に障害を残すもの （7）１下肢の３大関節中の１関節の機能に障害を残すもの （8）長管骨に変形を残すもの （8の2）１手の小指を失ったもの （9）１手の示指、中指または環指の用を廃したもの （10）１足の第２の足指を失ったもの、第２の足指を含み２の足指を失ったものまたは第３の足指以下の３の足指を失ったもの （11）１足の第１の足指または他の４の足指の用を廃したもの （12）局部にがん固な神経症状を残すもの （13）削除 （14）外貌に醜状を残すもの
第13級	同 給付基礎日額の 101日分	（1）１眼の視力が0.6以下になったもの （2）１眼に半盲症、視野狭さくまたは視野変状を残すもの （2の2）正面視以外で複視を残すもの （3）両眼のまぶたの一部に欠損を残しまたはまつげはげを残すもの （3の2）５歯以上に対し歯科補てつを加えたもの （3の3）胸腹部臓器の機能に障害を残すもの （4）１手の小指の用を廃したもの （5）１手の母指の指骨の一部を失ったもの （6）削除 （7）削除 （8）１下肢を１cm以上短縮したもの （9）１足の第３の足指以下の１または２の足指を失ったもの （10）１足の第２の足指の用を廃したもの、第２の足指を含み２の足指の用を廃したものまたは第３の足指以下の３の足指の用を廃したもの
第14級	同 給付基礎日額の 56日分	（1）１眼のまぶたの一部に欠損を残し、またはまつげはげを残すもの （2）３歯以上に対し歯科補てつを加えたもの （2の2）１耳の聴力が１m以上の距離では小声を解することができない程度になったもの （3）上肢の露出部にてのひらの大きさの醜いあとを残すもの （4）下肢の露出部にてのひらの大きさの醜いあとを残すもの （5）削除 （6）１手の母指以外の手指の指骨の一部を失ったもの （7）１手の母指以外の手指の遠位指節間関節を屈伸することができなくなったもの （8）１足の第３の足指以下の１または２の足指の用を廃したもの （9）局部に神経症状を残すもの

（業務災害／複数業務要因災害）障害補償給付・複数事業労働者障害給付 支給請求書

通勤災害の場合は様式16号の7

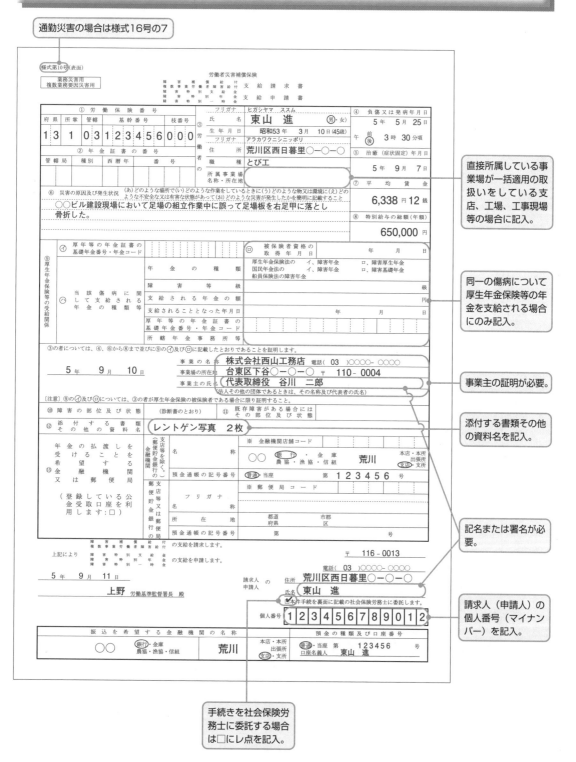

直接所属している事業場が一括適用の取扱いをしている支店、工場、工事現場等の場合に記入。

同一の傷病について厚生年金保険等の年金を支給される場合にのみ記入。

事業主の証明が必要。

添付する書類その他の資料名を記入。

記名または署名が必要。

請求人（申請人）の個人番号（マイナンバー）を記入。

手続きを社会保険労務士に委託する場合は□にレ点を記入。

様式第10号（裏面）

⑭その他就業先の有無		
有	有の場合のその数 （ただし表面の事業場を含まない） 社	有の場合でいずれかの事業で特別加入している場合の特別加入状況 （ただし表面の事業を含まない） 労働保険事務組合又は特別加入団体の名称
無		
労働保険番号（特別加入）		加入年月日 　　　　　　　　　　　　　　年　　　　　　月　　　　　　日 給付基礎日額 　　　　　　　　　　　　　　　　　　　　　　　　　　　　円

〔注意〕
1　※印欄には記載しないこと。
2　事項を選択する場合には該当する事項を○で囲むこと。
3　③の労働者の「所属事業場名称・所在地」欄には、労働者の直接所属する事業場が一括適用の取扱いを受けている場合に、労働者が直接所属する支店、工事現場等を記載すること。
4　⑦には、平均賃金の算定基礎期間中に業務外の傷病の療養のため休業した期間が含まれている場合に、当該平均賃金に相当する額がその期間の日数及びその期間中の賃金を業務上の傷病の療養のため休業した期間の日数及びその期間中の賃金とみなして算定した平均賃金に相当する額に満たないときは、当該みなして算定した平均賃金に相当する額を記載すること（様式第8号の別紙1に内訳を記載し添付すること。ただし、既に提出されている場合を除く。）。
5　⑧には、負傷又は発病の日以前1年間（雇入後1年に満たない者については、雇入後の期間）に支払われた労働基準法第12条第4項の3箇月を超える期間ごとに支払われる賃金の総額を記載すること（様式第8号の別紙1に内訳を記載し添付すること。ただし、既に提出されている場合を除く。）。
6　請求人（申請人）が傷病補償年金又は複数事業労働者傷病年金を受けていた者であるときは、
　(1)　①、④及び⑥には記載する必要がないこと。
　(2)　②には、傷病補償年金又は複数事業労働者傷病年金に係る年金証書の番号を記載すること。
　(3)　事業主の証明を受ける必要がないこと。
7　請求人（申請人）が特別加入者であるときは、
　(1)　⑦には、その者の給付基礎日額を記載すること。
　(2)　⑧は記載する必要がないこと。
　(3)　④及び⑥の事項を証明することができる書類その他の資料を添えること。
　(4)　事業主の証明を受ける必要がないこと。
8　⑬については、障害補償年金、複数事業労働者障害年金又は障害特別年金の支給を受けることとなる場合において、障害補償年金、複数事業労働者障害年金又は障害特別年金の払渡しを金融機関（郵便貯金銀行の支店等を除く。）から受けることを希望する者にあっては「金融機関（郵便貯金銀行の支店等を除く。）」欄に、障害補償年金、複数事業労働者障害年金又は障害特別年金の払渡しを郵便貯金銀行の支店等又は郵便局から受けることを希望する者にあっては「郵便貯金銀行の支店等又は郵便局」欄に、それぞれ記載すること。
　なお、郵便貯金銀行の支店等又は郵便局から払渡しを受けることを希望する場合であって振込によらないときは、「預金通帳の記号番号」の欄は記載する必要がないこと。
9　「個人番号」の欄については、請求人（申請人）の個人番号を記載すること。
10　本件手続を社会保険労務士に委託する場合は、「請求人（申請人）の氏名」欄の下の□にレ点を記入すること。
11　⑭「その他就業先の有無」で「有」に○を付けた場合は、様式第8号の別紙3をその他就業先ごとに記載すること。その際、その他就業先ごとに様式第8号の別紙1を記載し添付すること。なお、既に他の保険給付の請求において記載している場合は、記載の必要がないこと。
12　複数事業労働者障害年金の請求は、障害補償年金の支給決定がなされた場合、遡って請求されなかったものとみなされること。
13　⑭「その他就業先の有無」欄の記載がない場合又は複数就業していない場合は、複数事業労働者障害年金の請求はないものとして取り扱うこと。
14　疾病に係る請求の場合、脳・心臓疾患、精神障害及びその他二以上の事業の業務を要因とすることが明らかな疾病以外は、障害補償年金のみで請求されることとなること。

社会保険 労務士 記載欄	作成年月日・提出代行者・事務代理者の表示	氏　　名	電話番号
			（　　　） 　　―

労 働 者 災 害 補 償 保 険
診　断　書

障害（補償）等給付請求用

> 医師または歯科医師に記入してもらう。

氏　　　　　名		生 年 月 日		年　月　日
傷　病　名		負 傷 又 は 発 病 年 月 日		年　月　日
		初 診 年 月 日		年　月　日
障 害 の 部 位		治ゆ（症状固定） 年　月　日		年　月　日
既　往　症		既 存 障 害		

主 な 療 養 内 容 及 び 経 過	
障 害 の 状 態 及 び X P 等 の 所 見	（図で示すことができるものは図解して下さい。）

労災保険制度の アフターケアの 必 要 性	有	（有無のいずれかに〇をしてください。 なお、アフターケアの対象となるケガや病気は定められており、一定の障害等級などを対象者の要件としています。）
	無	
関節の機能障害 の 有 無	有	（有無のいずれかに〇をしてください。 なお、有の場合は裏面の「上下肢等関節角度測定表」に測定結果を記載して下さい。）
	無	

上記のとおり診断します。

　　　年　　月　　日

〒　　　－　　　　　　電話（　　）　　－

所　在　地

名　　称

診断担当者
氏　　名

（ 裏 面 あ り ）

上 下 肢 等 関 節 角 度 測 定 表

部位 ＼ 関節名	中手(足)指節関節		指節間関節		部位		左	右
	左	右	左	右				
母　指 [第1足指]　屈　曲					母指	橈側外転		
伸　展						掌側外転		

部位 ＼ 関節名	中手(足)指節関節		近位指節間関節		遠位指節間関節	
	左	右	左	右	左	右
示　指 [第2足指]　屈　曲						
伸　展						
中　指 [第3足指]　屈　曲						
伸　展						
環　指 [第4足指]　屈　曲						
伸　展						
小　指 [第5足指]　屈　曲						
伸　展						

部位 ＼ 運動方向	屈　曲(前屈)	伸　展(後屈)	回　旋		側　屈	
			左	右	左	右
頸　部						
胸　腰　部						

運動方向 ＼ 部位	手関節		足関節		ひじ関節		ひざ関節	
	左	右	左	右	左	右	左	右
屈　曲(掌屈・底屈)								
伸　展(背屈)								
橈　屈								
尺　屈								

運動方向 ＼ 部位	前腕	
	左	右
回　内		
回　外		

運動方向 ＼ 部位	肩関節		股関節	
	左	右	左	右
屈　曲(前方挙上)				
伸　展(後方挙上)				
外　転(側方挙上)				
内　転				
外　旋				
内　旋				

【注意】
1　本測定表のうち、必要部分のみ記載して下さい。
2　患側のみならず健側も測定して下さい。
3　原則、他動運動により測定して下さい。自動運動で測定した場合には、その理由を記載して下さい。

自動運動で測定した理由

障害（補償）年金前払一時金請求書

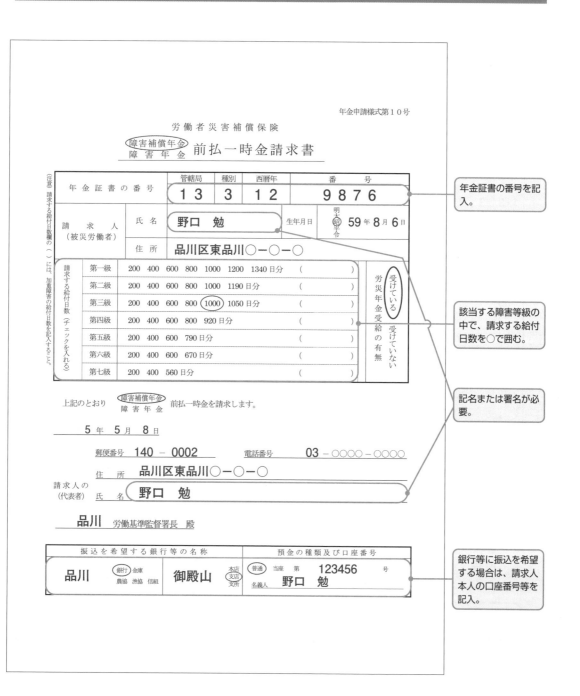

障害（補償）等年金差額一時金支給請求書

様式第37号の2（表面）

労働者災害補償保険

障害補償年金差額一時金支給請求書
複数事業労働者障害年金差額一時金支給請求書
障害年金差額一時金支給請求書
障害特別年金差額一時金支給申請書

> 業務災害・複数業務要因災害・通勤災害とも共通。

① 年金証書番号				② 死亡労働者の	フ リ ガ ナ	ミナミモト　ヒロシ	
					氏　　　名	南本　宏 （男）・女	
管轄局	種別	西暦年	番　　号		生 年 月 日	昭和39 年　6 月　19 日（59歳）	
1 3	3	9 1	0 0 6 8		死亡年月日	令和5 年　7 月　21 日	

> 年金証書の番号を記入。

	氏　　　名	生年月日	住　　　所	死亡労働者との関係	請求人（申請人）の代表者を選任しないときはその理由
③ 請求人 申請人	南本　美幸	昭和42 年3月10日	渋谷区東○－○－○	妻	
		年　月　日			
		年　月　日			
		年　月　日			
		年　月　日			
		年　月　日			

④	添付する書類その他の資料名	戸籍謄本、住民票

> 添付する書類その他の資料名を記入。

障害補償年金差額一時金又は複数事業労働者障害年金差額一時金の支給を請求

上記により　障害年金差額一時金の支給を請求します。
　　　　　　障害特別年金差額一時金の支給を申請

　5 年 8 月 5 日　　　　　　　　〒 150－0011　電話（ 03 ）○○○○－○○○○

　　　　　　　　　　　　　　　請求人　　　住　所　渋谷区東○－○－○
　　　　　　　　　　　　　　　申請人　の
　　　　　　　　　　　　　　　（代表者）
　渋谷　労働基準監督署長　殿　　　　　氏　名　南本　美幸　　　　　方

> 記名または署名が必要。

振込を希望する金融機関の名称				預金の種類及び口座番号	
大東	銀行・金庫 農協・漁協・信組	渋谷	本店・本所 出張所 支店・支所	普通・当座　第 123456 号	
				口座名義人　南本　美幸	

> 銀行等に振込を希望する場合は、請求人本人の口座番号等を記入。

労災保険とマイナンバー制度

労災保険給付のうち、個人（労働者や遺族等）が行う労災年金の請求等については、平成28年1月から個人番号（マイナンバー）を用いることになっており、請求書の様式にもマイナンバーの記載欄が設けられています。また、マイナンバー制度によって、住民基本台帳ネットワークや日本年金機構への情報照会が可能となり、添付書類を省略できる場合があります。

※添付書類を省略できる手続きの詳細については、最寄りの監督署へお問い合わせください。

1 マイナンバーを記載する様式

マイナンバーの記載欄が設けられている様式は、次のとおりです。

■傷病の状態等に関する届（様式16号の2）（☞91頁参照）
■障害補償給付・複数事業労働者障害給付支給請求書（様式10号）［業務災害・複数業務要因災害］
（☞96頁、101頁参照）
■障害給付支給請求書（様式16号の7）［通勤災害］（☞96頁参照）
■遺族補償年金・複数事業労働者遺族年金支給請求書（様式12号）［業務災害・複数業務要因災害］
（☞116頁、118頁参照）
■遺族年金支給請求書（様式16号の8）［通勤災害］（☞118頁参照）
■遺族補償年金・複数事業労働者遺族年金、遺族年金転給等請求書（様式13号）
［受給権者が受給権を失い、次順位者が受給権者となるとき］
■年金たる保険給付の受給権者の住所・氏名　年金の払渡金融機関等変更届（様式19号）

2 マイナンバーの取扱いに関する注意事項

労災年金の請求書等は、本人（労働者や遺族等）が記入し、所轄監督署へ直接提出します。ただし、本人が自ら手続きを行うことが困難である等の事情で、本人からの委託により、事業主が本人に代わって請求書等の作成・提出の手続きを行うことができます。この場合は、下記の点に注意して、マイナンバーの取扱いや管理を適正に行う必要があります。

◆本人に代わって事業主が労災年金の請求手続きを行う場合の注意事項

監督署へ請求書等を提出するとき

①代理権の確認、②代理人の身元（実存）の確認、③本人の番号の確認が可能な書類を提示または提出する。

マイナンバーを記載した書類の取扱い

●マイナンバーの利用の必要がなくなったときは、速やかに廃棄、削除する。
●請求書等の書類を監督署へ郵送する場合は、なるべく簡易書留（追跡可能）を利用する。
●請求書等を手渡しするときは封筒に入れるなど、周囲の目に触れないようにする。

5 一定の障害により介護を受けているとき 介護（補償）等給付

Q73 建設現場からの墜落事故による療養の結果、治ゆ（症状固定）しましたが、脊髄損傷のため四肢麻痺となりました。現在、障害補償年金（第1級の3）を受給中で、自宅で両親の介護を受けています。介護補償給付は受けられますか？

A　業務災害（複数業務要因災害を含む）または通勤災害に被災したことにより、一定の障害が残り、現に介護を受けている場合で、身体障害者療養施設、介護老人福祉施設等、施設において十分な介護サービスが提供されている特定の施設に入所していない方は支給対象となります。

●01 介護（補償）等給付の内容

　障害（補償）等年金または傷病（補償）等年金の第1級の方すべてと第2級の精神神経・胸腹部臓器の障害を有している方が現に介護を受けている場合に、介護（補償）等給付が支給されます。

◆支給要件

① 　一定の障害の状態（常時介護・随時介護）に該当すること。

> **常時介護**
> 精神神経・胸腹部臓器の障害を残し、常時介護を要する状態に該当する方（障害等級第1級3・4号、傷病等級第1級1・2号）及び前記と同程度の介護を要する状態である方

> **随時介護**
> 精神神経・胸腹部臓器の障害を残し、随時介護を要する状態に該当する方（障害等級第2級2号の2、2号の3、傷病等級第2級1・2号）、障害等級第1級または傷病等級第1級に該当する方で、常時介護を要する状態ではない方

② 　民間の有料の介護サービス、親族または友人・知人により、現に介護を受けていること。

③ 　病院または診療所に入院していないこと。

④ 　十分な介護サービスを提供されている施設（老人保健施設、障害者支援施設（生活介護を受けている）、特別養護老人ホームなど）に入所していないこと。

◆給付の内容（令和5年4月1日から）

	民間の有料介護サービスを受けている場合	親族または友人・知人の介護を受けている場合
常時介護	介護の費用として支出した額 上限：月額172,550円	費用の支出額に応じた額 下限：月額77,890円 上限：月額172,550円
随時介護	介護の費用として支出した額 上限：月額86,280円	費用の支出額に応じた額 下限：月額38,900円 上限：月額86,280円

●02 請求手続き

提出書類▶ [業務災害 複数業務要因災害]「介護補償給付・複数事業労働者介護給付支給請求書」

（様式16号の2の2）

[通勤災害]「介護給付支給請求書」

（様式16号の2の2）

☞記載例は次頁参照

添付書類▶① 障害の部位及び状態並びにその障害を有することに伴う日常生活の状態に関する医師または歯科医師の診断書（初回請求のみ）

② 介護に要する費用を支出して介護を受けた日がある場合は、その日数及び支出した費用の額を証明する書類

☞記載例は112頁参照

③ 労働者がその親族などにより介護を受けた日がある場合には、介護に従事した者の介護の事実についての申立書　　　　　　など

どこへ▶ 所轄の監督署へ

いつまでに▶ 介護を受けた月の翌月の1日から2年以内に（請求は1カ月単位ですが、3カ月分をまとめて請求できます。）

> **注意!**
> 傷病（補償）等年金の受給者及び障害等級第1級3、4号または第2級2号の2、2号の3に該当する場合は、診断書の添付は不要です。

> ●月の途中から介護を開始した場合
> 月の途中から介護を開始した場合の介護（補償）等給付の取扱いは次のようになります。
> ①介護費用を支払って介護を受けた場合
> →上限額の範囲で介護費用が支給される。
> ②介護費用を支払わないで親族等から介護を受けた場合
> →介護を開始した月は支給されない。

介護（補償）等給付の手続きの流れ

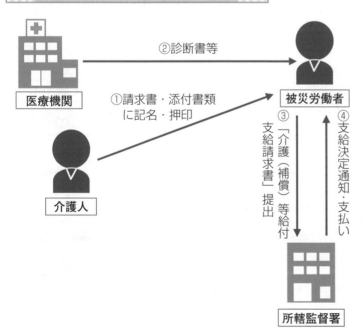

介護（補償）等給付支給請求書

年金証書の番号を記入。なお、まだ年金証書を受け取っていない場合は不要。

業務災害の場合は、介護補償給付を○で囲むか複数事業労働者介護給付及び介護給付に一線を入れる。複数業務要因災害の場合は、複数事業労働者介護給付を○で囲むか介護補償給付及び介護給付に一線を入れる。通勤災害の場合は、介護給付を○で囲むか介護補償給付及び複数事業労働者介護給付に一線を入れる。

受給している年金の□に✔を付けて等級を記入。

請求する年月のうち、費用を支払って介護を受けた場合のみ、その日数と要した費用を記入。なお、費用を支払っていない場合は記入不要。

介護（補償）等給付の支給を請求する年月について記入。

銀行等に振込を希望する場合は、請求人本人の口座番号を記入。

介護した人の氏名、生年月日、続柄、介護期間（介護を行った最初の日と最終の日）及び介護を行った日数を記入し、区分について該当するものに○を付ける（区分がハ、ニの場合は、氏名、生年月日、続柄の記入は不要）。

親族または友人・知人により介護を受けた場合には、介護をした人の申立てが必要。介護をした人に、この欄に住所、氏名、電話番号を記入してもらう。

記名または署名が必要。

様式第16号の２の２（裏面）

〔注意〕
1　初めて介護（補償）等給付を請求する場合は、（ハ）の障害の部位及び状態並びに当該障害を有することに伴う日常生活の状態に関する医師又は歯科医師の診断書を添えること。
2　（イ）及び（ロ）について、障害（補償）等給付支給請求書を同時に提出する場合にあっては、記入する必要はないこと。
3　障害（補償）等年金又は傷病（補償）等年金を現に受給している者は、（ロ）に当該受給している年金に☑を付すとともに、その等級を記入すること。
4　（ホ）の「請求対象年月」は、請求する月について必ず記入すること。
　　その月に費用を支出して介護を受けた日がある場合には、（ヘ）及び（ト）に日数及び金額を全て記入し当該支出した費用の額を証する書類を添えること。
　　その月に費用を支出して介護を受けた日がない場合には、（ヘ）及び（ト）は記入する必要はないこと。
5　（ヌ）の「介護に従事した者」の欄には、介護期間（（ホ）の「請求対象年月」に相当する期間）において介護に従事した全ての者について記入すること。
6　（ヌ）の「介護に従事した者」の欄の「氏名」、「生年月日」及び「続柄」の欄は、親族又は友人・知人による介護を受けた場合に記入すること。
7　複数事業労働者介護給付の請求は、介護補償給付の支給決定がなされた場合、遡って請求されなかったものとみなされること。
8　疾病に係る請求の場合、脳・心臓疾患、精神障害及びその他二以上の事業の業務を要因とすることが明らかな疾病以外は、介護補償給付のみで請求されることとなること。

社会保険労務士記載欄	作成年月日・提出代行者・事務代理者の表示	氏　名	電話番号
			（　　　）　―

介護に要した費用の額の証明書

介護に要した費用の額の証明書

被介護者氏名	宮下　俊弘	対象年月	5 年 7 月分

介護を受けた人の氏名を記入。

介護を行った年月を記入。
この用紙は1月につき1枚使用。複数月分まとめて記入しない。

介護を行った日及び日数	3 日から　　27 日まで 　日から　　　日まで 計　12　日間

その月に介護を行った日とその日数を記入。

介護を行った場所	宮下俊弘宅 （足立区西新井本町○－○－○）

介護を行った場所について、分かりやすく、被介護者宅であれば住所も記入。

代金	72,000　円

介護の代金としてその月に受け取った金額を記入。

5 年 7 月における介護の代金として上記の金額を領収したことを証明します。

5 年　9 月　5 日

介護人の　住　所　足立区関原○－○－○
　　　　　電　話　　　　03 －○○○○－○○○○
　　　　　氏　名　野口　正恵
　　　　　職　業　　家政婦・看護師・その他（　　　　　　）
　　　　　被介護者との親族関係　　無・有（被介護者の　　　　）
　　　　　被介護者との同居の有無　　有・無

記名または署名が必要。

［注意］　1. 介護人の職業欄、被介護者との親族関係の欄及び被介護者との同居の有無欄は、該当事項を○で囲み、必要事項を記載すること。

6 死亡したとき　遺族（補償）等給付

●01 遺族（補償）等給付の内容

労働者が、業務上の事由・複数事業労働者の二以上の事業を要因とする事由または通勤により死亡したとき、その遺族に対して、遺族補償給付（業務災害・複数業務要因災害）または遺族給付（通勤災害）が支給されます。

遺族（補償）給付には、「遺族（補償）等年金（複数事業労働者遺族年金含む）」と「遺族（補償）等一時金（複数事業労働者遺族一時金含む）」の２種類があります。

このほか、遺族（補償）年金の前払いを受けられる「遺族（補償）年金前払一時金」があります。

（1）遺族（補償）等年金（複数事業労働者遺族年金含む）

● 1　受給資格者・受給権者

遺族（補償）等年金（複数事業労働者遺族年金含む）を受給できる遺族は「労働者の死亡当時その者の収入によって生計を維持していた配偶者・子・父母・孫・祖父母・兄弟姉妹」です。ただし、妻以外の遺族については、労働者の死亡当時に一定の年齢、あるいは一定の障害（障害等級第５級以上の身体障害）の状態にあることが必要です。

◆ 遺族（補償）等年金の受給権者の順位

順位	受　給　権　者
1	妻または60歳以上か一定の障害の夫
2	18歳に達する日以後の最初の３月31日までの間にあるか一定の障害の子
3	60歳以上か一定の障害の父母
4	18歳に達する日以後の最初の３月31日までの間にあるか一定の障害の孫
5	60歳以上か一定の障害の祖父母
6	18歳に達する日以後の最初の３月31日までの間にあるか60歳以上または一定の障害の兄弟姉妹
7	55歳以上60歳未満の夫
8	55歳以上60歳未満の父母
9	55歳以上60歳未満の祖父母
10	55歳以上60歳未満の兄弟姉妹

●生計維持関係
「労働者の死亡の当時、労働者の収入によって生計を維持していた」とは、もっぱらまたは主として労働者の収入によって生計を維持されていることを要せず、労働者の収入によって生計の一部を維持していれば足り、いわゆる共働きの場合もこれに含まれます。

●受給資格者・受給権者
遺族（補償）等年金の「受給資格者」とは、受給資格（左表）を有する遺族をいいます。
そして、受給資格者のうち最先順位者を「受給権者」といいます。
最先順位者が死亡や再婚などで受給権を失うと、その次の順位の遺族が受給権者となります（これを「転給」といいます。）。

Q74 内縁の妻も遺族（補償）等年金の受給資格者になれますか？

A　婚姻の届出をしていなくても、事実上婚姻関係と同様の事情にあった方も遺族（補償）等年金の受給資格者に含まれます。

Q75 60歳にならなくても遺族（補償）等年金はもらえますか？

A　左表の７〜10は受給権者になっても60歳に達するまでは年金の支給は停止されます（これを「若年停止」といいます。）。

●2　給付の内容

遺族（補償）等年金の額は、遺族の数等に応じて、遺族（補償）等年金、遺族特別支給金、遺族特別年金が支給されます。なお、受給権者が2人以上あるときは、その額を等分した額がそれぞれの受給額となります。

◆遺族（補償）等年金の支給額

遺族数	遺族（補償）等年金	遺族特別支給金	遺族特別年金
	年　金	一時金	年　金
1人	給付基礎日額の153日分 （ただし、その遺族が55歳以上の妻または一定の障害状態にある妻の場合は給付基礎日額の175日分）	300万円	算定基礎日額の153日分 （ただし、その遺族が55歳以上の妻または一定の障害状態にある妻の場合は算定基礎日額の175日分）
2人	給付基礎日額の201日分		算定基礎日額の201日分
3人	給付基礎日額の223日分		算定基礎日額の223日分
4人以上	給付基礎日額の245日分		算定基礎日額の245日分

給付基礎日額については73頁参照
算定基礎日額については90頁参照

（2）遺族（補償）等一時金

遺族（補償）等一時金は、次の場合に支給されます。

◆遺族（補償）等一時金が支給される場合

> ①　労働者の死亡当時、遺族（補償）等年金を受ける遺族がいない場合
> ②　遺族（補償）等年金の受給権者が最後順位者まですべて失権したとき、受給権者であった遺族の全員に対して支払われた年金の額及び遺族（補償）等年金前払一時金（次頁参照）の額の合計額が給付基礎日額の1,000日分に満たない場合

●1　受給権者

遺族（補償）等一時金を受給権者は、次のうち最先順位にある者（2と3については、子・父母・孫・祖父母の順によります。）で、同順位者が2人以上ある場合は、

全員がそれぞれ受給権者となります。

◆ 遺族（補償）等一時金の受給権者の順位

順位	受給権者
1	配偶者
2	労働者の死亡の当時その収入によって生計を維持していた子・父母・孫・祖父母
3	その他の子・父母・孫・祖父母
4	兄弟姉妹

●2 給付の内容

	遺族（補償）等一時金	遺族特別支給金	遺族特別一時金
①労働者の死亡当時、遺族（補償）等年金を受ける遺族がいない場合	給付基礎日額の1,000日分	300万円	算定基礎日額の1,000日分
②遺族（補償）等年金の受給権者が最後順位者まですべて失権したとき、受給権者であった遺族の全員に対して支払われた年金の額及び遺族（補償）等年金前払一時金の額の合計額が給付基礎日額の1,000日分に満たない場合	給付基礎日額の1,000日分から、すでに支給された遺族（補償）等年金等の合計額を差し引いた差額	——	遺族（補償）等年金の受給権者がすべて失権した場合に、受給権者であった遺族の全員に対して支払われた遺族特別年金の合計額が算定基礎日額の1,000日分に達していないときは、算定基礎日額の1,000日分とその合計額との差額

（3）遺族（補償）等年金前払一時金

　遺族（補償）等年金を受給することとなった遺族は、1回に限り、年金の前払いを受けることができます。

　また、若年停止により年金の支給が停止されている方についても、前払いを受けることができます。

●　給付の内容

　前払一時金の額は、給付基礎日額の200日分、400日分、600日分、800日分、1,000日分の中から、希望する額を選択できます。

Q76　前払一時金を請求すると、利息とか年金の支給はどうなりますか？

A　前払一時金が支給されると遺族（補償）等年金は、各月分の額（1年経ってからの分は年5分の単利で割り引いた額）の合計額が、前払一時金の額に達するまでの間支給停止されます。

Q77 前払一時金を請求しましたが、必要がなくなったので返したいと思います。どうしたらよいでしょうか？

A　受給権者の請求に基づいて支払われた前払一時金は、取り消すことはできません。

●02 請求手続き

（1）遺族（補償）等年金

提出書類▶ ［業務災害 複数業務要因災害］「遺族補償年金・複数事業労働者遺族年金支給請求書」（様式12号）

☞記載例は118頁参照

［通勤災害］「遺族年金支給請求書」

（様式16号の8）

添付書類▶ 次頁の表参照
どこへ▶ 所轄の監督署へ
いつまでに▶ 労働者の死亡の日の翌日から5年以内に

（2）遺族（補償）等一時金

提出書類▶ ［業務災害 複数業務要因災害］「遺族補償一時金・複数事業労働者遺族一時金支給請求書」（様式15号）

☞記載例は120頁参照

［通勤災害］「遺族一時金支給請求書」

（様式16号の9）

添付書類▶ 次頁の表参照
どこへ▶ 所轄の監督署へ
いつまでに▶ 労働者の死亡の日の翌日から5年以内に

Q78 受給権者が2人以上いる場合は、年金の受け取りは具体的にどのようになるのでしょうか？

A　同順位の受給権者が2人以上いる場合は、そのうちの1人を年金の請求、受領についての代表者とすることになっています。
　世帯を別にして暮らしている場合等のやむを得ない事情がある場合は別として、原則として同順位の受給権者がそれぞれ年金を均等して受領することは認められないことになっています。
　代表者の選任は、年金を請求するとき、または転給により年金を請求するとき等に「遺族（補償）等年金代表者選任（解任）届」（年金申請様式7号）を所轄の監督署へ提出してください。

遺族（補償）等給付の手続きの流れ

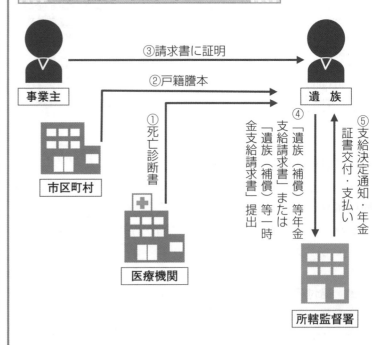

116

◆遺族（補償）等年金の請求に関する添付書類

こういうときは	添　付　書　類
必ず添付するもの	死亡診断書、死体検案書、検視調書またはそれらの記載事項証明書など、労働者の死亡の事実及び死亡の年月日を証明することができる書類
	戸籍謄本、抄本など請求人及び他の受給資格者と死亡労働者との身分関係を証明することができる書類
	請求人及び他の受給資格者が死亡労働者の収入によって生計を維持していたことを証明することができる書類
請求人または他の受給資格者が死亡労働者と婚姻の届出をしていないが、事実上婚姻関係と同様の事情にあった者であるとき	その事実を証明する書類
請求人及び他の受給資格者のうち一定の障害の状態にあることにより受給資格者となる者があるとき	診断書など労働者の死亡時から引き続き当該障害の状態にあることを証明することができる書類
受給資格者のうち、請求人と生計を同じくしている者があるとき	その事実を証明する書類
妻が障害の状態にある場合	診断書など、労働者の死亡の時以後障害の状態にあったこと及びその障害の状態が生じまたはその事情がなくなった時を証明することができる書類
同一の事由により、遺族厚生年金、遺族基礎年金、寡婦年金等が支給される場合	支給額を証明することができる書類

◆遺族（補償）等一時金の請求に関する添付書類

こういうときは	添　付　書　類
死亡労働者と婚姻の届出をしていないが、事実上婚姻関係と同様の事情にあった者であるとき	その事実を証明する書類
死亡労働者の収入によって生計を維持していた者である場合	その事実を証明する書類
労働者の死亡当時、遺族（補償）等年金を受けることのできる遺族がいない場合	ア　死亡診断書、死体検案書、検視調書またはそれらの記載事項証明書など、労働者の死亡の事実及び死亡の年月日を証明することができる書類 イ　戸籍の謄本、抄本など、請求人と死亡労働者との身分関係を証明することができる書類
遺族（補償）等年金の受給権者が最後順位者まですべて失権した時で、受給権者であった遺族の全員に対して支払われた年金の額及び遺族（補償）等年金前払一時金の額の合計額が給付基礎日額の1,000日分に満たない場合	上記イの書類

（3）遺族（補償）等年金前払一時金

提出書類▶「遺族（補償）年金前払一時金請求書」（年金申請様式1号。業務災害・複数業務要因災害・通勤災害共通）　☞記載例は122頁参照

どこへ▶所轄の監督署へ

いつまでに▶労働者の死亡の日の翌日から2年以内に

注意！
遺族（補償）等年金前払一時金は、原則として年金の請求と同時に請求します。ただし、年金の支給決定の通知のあった日の翌日から1年以内であれば、遺族（補償）等年金を受けた後でも請求することができます。

（業務災害／複数業務要因災害）遺族補償年金・複数事業労働者遺族年金 支給請求書

通勤災害の場合は様式16号の8

（様式第12号）表面

業務災害用
複数業務要因災害用

労働者災害補償保険

遺族補償年金
複数事業労働者遺族年金　支給請求書
遺族特別支給金
遺族特別年金　　支給申請書

［年金新規報告書提出　．　．　］

① 労 働 保 険 番 号									
府県	所掌	管轄	基	幹	番	号	枝	番	号
1 3	1	0 9	1 2 3 4 5 6	0 0 0					

② 年 金 証 書 の 番 号				
管轄局	種別	西暦年	番 号	枝番号

③死亡労働者の

フリガナ	オオヤマ　ヤスシ
氏 名	大山　泰　（男・女）
生年月日	昭和55年　2月16日（43歳）
職 種	鉄骨組立工
所属事業場名称・所在地	

④ 負傷又は発病年月日
5 年　9 月　2 日
午前・午後　3 時 40 分頃
⑤ 死 亡 年 月 日
5 年　9 月　2 日
⑦ 平 均 賃 金
7,726 円 23 銭
⑧ 特別給与の総額（年額）
770,000 円

⑥災害の原因及び発生状況（あ）どのような場所で（い）どのような作業をしているときに（う）どのような物又は環境に（え）どのような不安全な又は有害な状態があって（お）どのような災害が発生したかを簡明に記載すること

当社工場内で、天井クレーンを操作していた工員が操作を誤って運搬中の鉄骨を立てかけてあった鉄板に当てたため、それが倒れ溶接作業中の大山が下敷きになって死亡した。

⑨死亡労働者の厚年等の年金証書の基礎年金番号・年金コード

厚生年金保険法の　イ　遺族年金　　ロ　遺族厚生年金
国民年金法の　　イ母子年金　ロ準母子年金　ハ遺児年金　ニ寡婦年金　ホ遺族基礎年金
船員保険法の遺族年金

⑩死亡労働者の被保険者資格の取得年月日　年　月　日

㋩当該死亡に関して支給される年金の種類

支給される年金の額　　支給されることとなった年月日　　厚生年金等の年金証書の基礎年金番号・年金コード（複数のコードがある場合は下段に記載すること。）　　所轄年金事務所等

円　　　年　月　日

受けていない場合は、次のいずれかを○で囲む。　・裁定請求中　・不支給裁定　・未加入　・請求していない　・老齢年金等選択

⑨の者については、④、⑥から⑧まで並びに⑨の㋑及び㋺に記載したとおりであることを証明します。

5 年　9 月　9 日

事業の名称　三浦鉄工（株）　電話（03）〇〇〇〇－〇〇〇〇
事業場の所在地　豊島区池袋〇－〇　〒171-0014
事業主の氏名　代表取締役　三浦　剛
（法人その他の団体であるときはその名称及び代表者の氏名）

［注意］⑨の㋑及び㋺については、⑨の者が厚生年金保険の被保険者である場合に限り証明すること。

⑩請求人申請人

氏 名（フリガナ）	生 年 月 日	住 所（フリガナ）	死亡労働者との関係	障害の有無	請求人（申請人）の代表者を選任しないときは、その理由
オオヤマ　アキコ　大山　明子	昭和58・9・2	さいたま市大宮区大原〇－〇－〇	妻	ある・ない	
	・　・			ある・ない	
	・　・			ある・ない	

⑪

氏 名（フリガナ）	生 年 月 日	住 所（フリガナ）	死亡労働者との関係	障害の有無	請求人（申請人）と生計を同じくしているか
オオヤマ　ヒトミ　大山　瞳	平成20・7・12	さいたま市大宮区大原〇－〇－〇	長女	ある・ない	いる・いない
	・　・			ある・ない	いる・いない
	・　・			ある・ない	いる・いない
	・　・			ある・ない	いる・いない

⑫添付する書類その他の資料名

⑬年金の払渡しを受けることを希望する金融機関又は郵便局

金融機関（郵便貯金銀行を除く。）
名称　〇〇　※金融機関店舗コード　銀行・金庫　農協・漁協・信組　大宮　本店・本所　出張所　支店・支所
預金通帳の記号番号　普通・当座　第 123456 号

郵便貯金銀行の支店等又は郵便局
※郵便局コード
フリガナ　名称
所在地　都道府県　市郡区
預金通帳の記号番号　第　　号

上記により
遺族補償年金／複数事業労働者遺族年金／遺族特別支給金／遺族特別年金　の支給を請求します。
遺族特別支給金／遺族特別年金　の支給を申請します。

5 年　9 月　9 日

池袋　労働基準監督署長　殿

請求人申請人（代表者）の
〒330-0836　電話（048）〇〇〇〇－〇〇〇〇
住所　さいたま市大宮区大原〇－〇－〇
氏名　大山　明子

☑本件手続を裏面に記載の社会保険労務士に委託します。

個人番号　1 2 3 4 5 6 7 8 9 0 1 2

特別支給金について振込を希望する金融機関の名称		預金の種類及び口座番号
〇〇　銀行・金庫　農協・漁協・信組	大宮　本店・本所　出張所　支店・支所	普通・当座　第 123456 号　口座名義人　大山　明子

（吹き出し注釈）

直接所属している事業場が一括適用の取扱いをしている支店、工場、工事現場等の場合に記入。

同一の事由により厚生年金保険等の年金を支給される場合にのみ記入。

事業主の証明が必要。

請求人（申請人）以外で遺族補償年金・複数事業労働者遺族年金を受けることができる遺族を記入。

記名または署名が必要。

請求人（申請人）の個人番号（マイナンバー）を記入。

手続きを社会保険労務士に委託する場合は□にレ点を記入。

様式第12号(裏面)

⑭その他就業先の有無		
有	有の場合のその数 （ただし表面の事業場を含まない） 無 　　　　　　　　　　　社	有の場合でいずれかの事業で特別加入している場合の特別加入状況 （ただし表面の事業を含まない） 労働保険事務組合又は特別加入団体の名称
	労働保険番号（特別加入）	加入年月日 　　　　　　　　　　　　　　　　　　　　　年　　　　月　　　　日
		給付基礎日額 　　　　　　　　　　　　　　　　　　　　　　　　　　　　　円

[注意]
1　※印欄には記載しないこと。
2　事項を選択する場合には該当する事項を○で囲むこと。
3　③の死亡労働者の「所属事業場名称・所在地」欄には、死亡労働者が直接所属していた事業場が一括適用の取扱いを受けている場合に、死亡労働者が直接所属していた支店、工事現場等を記載すること。
4　⑦には、平均賃金の算定基礎期間中に業務外の傷病の療養のため休業した期間が含まれている場合に、当該平均賃金に相当する額がその期間の日数及びその期間中の賃金を業務上の傷病の療養のため休業した期間の日数及びその期間中の賃金とみなして算定した平均賃金に相当する額に満たない額は、当該みなして算定した平均賃金に相当する額を記載すること（様式第8号の別紙1に内訳を記載し添付すること。ただし、既に提出されている場合を除く。）。
5　⑧には負傷又は発病の日以前1年間（雇入後1年に満たない者については、雇入後の期間）に支払われた労働基準法第12条第4項の3箇月を超える期間ごとに支払われる賃金の総額を記載すること（様式第8号の別紙1に内訳を記載し添付すること。ただし、既に提出されている場合を除く。）。
6　死亡労働者が傷病補償年金又は複数事業労働者傷病年金を受けていた場合には、
　(1)　①、④及び⑥には記載する必要がないこと。
　(2)　②には、傷病補償年金又は複数事業労働者傷病年金に係る年金証書の番号を記載すること。
　(3)　事業主の証明を受ける必要がないこと。
7　死亡労働者が特別加入者であった場合には、
　(1)　⑦にはその者の給付基礎日額を記載すること。
　(2)　⑧は記載する必要がないこと。
　(3)　④及び⑥の事項を証明することができる書類その他の資料を添えること。
　(4)　事業主の証明を受ける必要がないこと。
8　⑨から⑫までに記載することができない場合には、別紙を付して所要の事項を記載すること。
9　この請求書（申請書）には、次の書類その他の資料を添えること。ただし、個人番号が未提出の場合を除き、(2)、(3)及び(5)の書類として住民票の写しを添える必要はないこと。
　(1)　労働者の死亡に関して市町村長に提出した死亡診断書、死体検案書若しくは検視調書に記載してある事項についての市町村長の証明書又はこれに代わるべき書類
　(2)　請求人（申請人）及び請求人（申請人）以外の遺族補償年金又は複数事業労働者遺族年金を受けることができる遺族と死亡労働者との身分関係を証明することができる戸籍の謄本又は抄本（請求人（申請人）又は請求人（申請人）以外の遺族補償年金又は複数事業労働者遺族年金を受けることができる遺族が死亡労働者と婚姻の届出はしていないが事実上婚姻関係と同様の事情にあった者であるときは、その事実を証明することができる書類）
　(3)　請求人（申請人）及び請求人（申請人）以外の遺族補償年金又は複数事業労働者遺族年金を受けることができる遺族（労働者の死亡の当時胎児であった子を除く。）が死亡労働者の収入によって生計を維持していたことを証明することができる書類
　(4)　請求人（申請人）及び請求人（申請人）以外の遺族補償年金又は複数事業労働者遺族年金を受けることができる遺族のうち労働者の死亡の時から引き続き障害の状態にある者については、その事実を証明することができる医師又は歯科医師の診断書その他の資料
　(5)　請求人（申請人）以外の遺族補償年金又は複数事業労働者遺族年金を受けることができる遺族のうち、請求人（申請人）と生計を同じくしている者については、その事実を証明することができる書類
　(6)　障害の状態にある妻については、労働者の死亡の時以後障害の状態にあったこと及びその障害の状態が生じ、又はその事情がなくなった時を証明することができる医師又は歯科医師の診断書その他の資料
10　⑬については、次により記載すること。
　(1)　遺族補償年金又は複数事業労働者遺族年金の支給を受けることとなる場合において、遺族補償年金又は複数事業労働者遺族年金の払渡しを金融機関（郵便貯金銀行の支店等を除く。）から受けることを希望する者にあっては「金融機関（郵便貯金銀行の支店等を除く。）」欄に、遺族補償年金又は複数事業労働者遺族年金の払渡しを郵便貯金銀行の支店等又は郵便局から受けることを希望する者にあっては「郵便貯金銀行の支店等又は郵便局」欄に、それぞれ記載すること。
　　なお、郵便貯金銀行の支店等又は郵便局から払渡しを受けることを希望する場合であって振込によらないときは、「預金通帳の記号番号」の欄は記載する必要がないこと。
　(2)　請求人（申請人）が2人以上ある場合において代表者を選任しないときは、⑩の最初の請求人（申請人）について記載し、その他の請求人（申請人）については別紙を付して所要の事項を記載すること。
11　「個人番号」の欄については、請求人（申請人）の個人番号を記載すること。
12　本件手続を社会保険労務士に委託する場合は、（請求人（申請人）の氏名」欄の下の□にレ点を記入すること。
13　⑭「その他就業先の有無」で「有」に○を付けた場合は、様式第8号の別紙3をその他就業先ごとに記載すること。その際、その他就業先ごとに様式第8号の別紙1を記載し添付すること。なお、既に他の保険給付の請求において記載している場合は、記載の必要がないこと。
14　複数事業労働者遺族年金の請求は、遺族補償年金の支給決定がなされた場合、遡って請求されなかったものとみなされること。
15　⑭「その他就業先の有無」欄の記載がない場合又は複数就業していない場合は、複数事業労働者遺族年金の請求はないものとして取り扱うこと。

社会保険 労務士 記載欄	作成年月日・提出代行者・事務代理者の表示	氏　　名	電話番号
			（　　） 　―

（業務災害／複数業務要因災害）遺族補償一時金・複数事業労働者遺族一時金 支給請求書

通勤災害の場合は様式16号の9

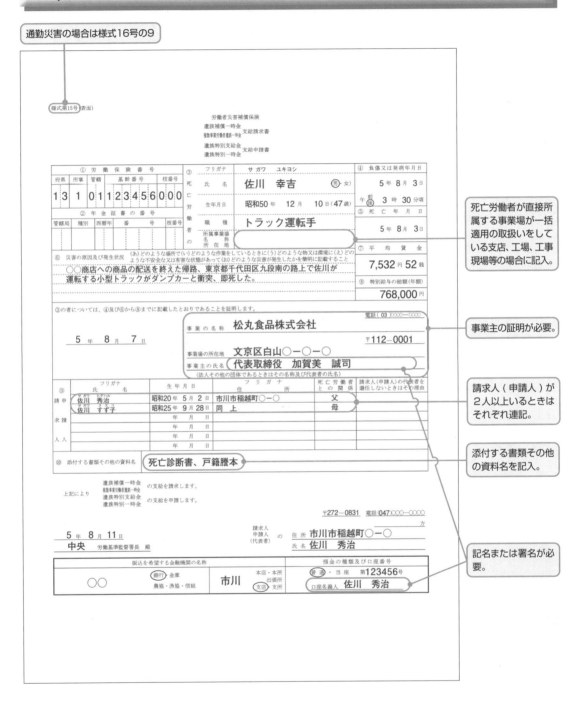

死亡労働者が直接所属する事業場が一括適用の取扱いをしている支店、工場、工事現場等の場合に記入。

事業主の証明が必要。

請求人（申請人）が2人以上いるときはそれぞれ連記。

添付する書類その他の資料名を記入。

記名または署名が必要。

様式第15号(裏面)

	⑪その他就業先の有無		
有 無	有の場合のその数 （ただし表面の事業場を含まない）　　　　社	有の場合でいずれかの事業で特別加入している場合の特別加入状況 （ただし表面の事業を含まない）	
		労働保険事務組合又は特別加入団体の名称	
労働保険番号（特別加入）	加入年月日		
		年　　　　月　　　　日	
	給付基礎日額		
		円	

〔注意〕

1　事項を選択する場合には該当する事項を○で囲むこと。

2　②には、死亡労働者の傷病補償年金又は複数事業労働者傷病年金に係る年金証書の番号を記載すること。

3　⑤の死亡労働者の所属事業場名称・所在地欄には、死亡労働者が直接所属していた事業場が一括適用の取扱いを受けている場合に、死亡労働者が直接所属していた支店、工事現場等を記載すること。

4　平均賃金の算定基礎期間中に業務外の傷病の療養のため休業した期間が含まれている場合に、当該平均賃金に相当する額がその期間の日数及びその期間中の賃金を業務上の傷病の療養のため休業した期間の日数及びその期間中の賃金とみなして算定した平均賃金に相当する額に満たないときは、当該みなして算定した平均賃金に相当する額を⑦に記載すること。

5　⑧には負傷又は発病の日以前1年間（雇入後1年に満たない者については雇入後の期間）に支払われた労働基準法第12条第4項の3箇月を超える期間ごとに支払われる賃金の総額を記載すること。

6　死亡労働者が休業補償給付、複数事業労働者休業給付及び休業特別支給金の支給を受けていなかった場合は死亡労働者に関し遺族補償年金又は複数事業労働者遺族年金が支給されていなかった場合には、⑦の平均賃金の算定内訳及び⑧の特別給与の総額（年額）の算定内訳を別紙（様式第8号の別紙1に内訳を記載し使用すること。）を付して記載すること。ただし、既に提出されている場合を除く。

7　死亡労働者に関し遺族補償年金若しくは複数事業労働者遺族年金が支給されていた場合又は死亡労働者が傷病補償年金若しくは複数事業労働者傷病年金を受けていた場合には、

　(1)　①、④及び⑥には記載する必要がないこと。

　(2)　事業主の証明は受ける必要がないこと。

8　死亡労働者が特別加入者であった場合には、

　(1)　⑦にはその者の給付基礎日額を記載すること。

　(2)　⑧には記載する必要がないこと。

　(3)　事業主の証明は受ける必要がないこと。

9　⑨及び⑩の欄に記載することができない場合には、別紙を付して所要の事項を記載すること。

10　この請求書（申請書）には、次の書類を添えること。

　(1)　請求人（申請人）が死亡した労働者と婚姻の届出をしていないが事実上婚姻関係と同様の事情にあつた者であるときは、その事実を証明することができる書類

　(2)　請求人（申請人）が死亡した労働者の収入によつて生計を維持していた者であるときは、その事実を証明することができる書類

　(3)　労働者の死亡の当時遺族補償年金又は複数事業労働者遺族年金を受けることができる遺族がない場合の遺族補償一時金若しくは複数事業労働者遺族一時金の支給の請求又は遺族特別支給金若しくは遺族特別一時金の支給の申請であるときは、次の書類

　　イ　労働者の死亡に関して市町村長に提出した死亡診断書、死体検案書若しくは検視調書に記載してある事項についての市町村長の証明書又はこれに代わるべき書類

　　ロ　請求人（申請人）と死亡した労働者との身分関係を証明することができる戸籍の謄本又は抄本（(1)の書類を添付する場合を除く。）

　(4)　遺族補償年金又は複数事業労働者遺族年金を受ける権利を有する者の権利が消滅し、他に遺族補償年金又は複数事業労働者遺族年金を受けることができる遺族がない場合の遺族補償一時金若しくは複数事業労働者遺族一時金の支給の請求又は遺族特別一時金の支給の申請であるときは、(3)のロの書類を添付する場合を除く。）

11　死亡労働者が特別加入者であった場合には、④及び⑥の事項を証明することができる書類その他の資料を添えること。

12　⑪の「その他就業先の有無」で「有」に○を付けた場合は、様式第8号の別紙3をその他就業先ごとに記載すること。その際、その他就業先ごとに様式第8号の別紙1を記載し添付すること。なお、既に他の保険給付の請求において記載している場合は、記載の必要がないこと。

13　複数事業労働者遺族一時金の請求は、遺族補償一時金の支給決定がなされた場合、遡って請求されなかったものとみなされること。

14　⑪「その他就業先の有無」欄の記載がない場合又は複数就業していない場合は、複数事業労働者遺族一時金の請求はないものとして取り扱うこと。

社会保険労務士記載欄	作成年月日・提出代行者・事務代理者の表示	氏　　名	電話番号
			（　　） ——

遺族（補償）年金前払一時金請求書

労働者災害補償保険

年金申請様式第1号

遺族補償年金
~~遺　族　年　金~~　前払一時金請求書

> 業務災害（複数業務要因災害含む）・通勤災害とも共通。

年金証書の番号	管轄局	種別	西暦年	番　　号
	1 3	5	1 2	0 8 5 7

> 年金証書の番号を記入。

死亡労働者	氏　名	小川　知宏
	住　所	千代田区九段南○−○

	氏　名（記名押印又は署名）	生　年　月　日	住　　　　　所
請求人	小川　知世	明・大・⑳・昭・平・令 35年11月9日	千代田区九段南○−○
		明大昭平令　　年　月　日	
		明大昭平令　　年　月　日	
		明大昭平令　　年　月　日	
		明大昭平令　　年　月　日	

~~労災年金受給の有無を選択する~~ ㊒受けている　受けていない	請求する給付日数（ 200　400　⑥⑩⑩ 800　1000 日分）選択する

> 請求する給付日数を○で囲む。

上記のとおり　遺族補償年金
　　　　　　　~~遺族年金~~　前払一時金を請求します。

5 年　5 月 18 日

振込を希望する銀行等の名称	
○○	銀　行　金　庫 農協　漁協　信組
九段南	本店 ⽀店　支所
預金の種類及び口座番号	
㊝普　通　当　座 第　123456　号	
名義人　小川　知世	

電話番号　　03−○○○○−○○○○

郵便番号　102−0074

請求人の（代表者）
住所　千代田区九段南○−○

氏名　㊝小川　知世

中央　労働基準監督署長　殿

> 銀行等に振込を希望する場合は、請求人本人の口座番号等を記入。

> 記名または署名が必要。

122

7 葬祭を行ったとき 葬祭料等（葬祭給付）

●01 葬祭料等（葬祭給付）の内容

　労災保険からは、葬祭の費用の補てんを目的として、葬祭を行う者に対し「葬祭料等」（業務災害又は複数業務要因災害の場合）または「葬祭給付」（通勤災害の場合）が支給されます。葬祭料等（葬祭給付）の支給対象は遺族に限りませんが、通常は葬祭を行う遺族が該当します。

◆支給される額

> 315,000円＋給付基礎日額の30日分
> （この額が給付基礎日額の60日分に満たない場合は給付基礎日額の60日分が支給額となります。）

●02 請求手続き

提出書類▶ | 業務災害 複数業務要因災害 | 「葬祭料又は複数事業労働者葬祭給付請求書」（様式16号）

☞記載例は次頁参照

| 通勤災害 | 「葬祭給付請求書」（様式16号の10）

添付書類▶ 労働者の死亡の事実・死亡年月日を証明する書類（死亡診断書、死体検案書等）

どこへ▶ 所轄の監督署へ

いつまでに▶ 労働者の死亡の日の翌日から2年以内に

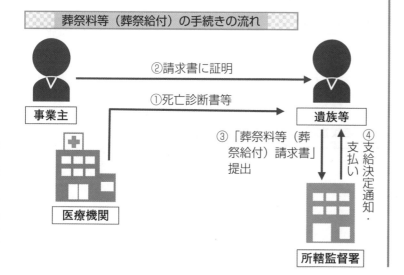

葬祭料等（葬祭給付）の手続きの流れ

事業主　②請求書に証明 → 遺族等
①死亡診断書等 → 医療機関
③「葬祭料等（葬祭給付）請求書」提出 → 所轄監督署
④支給決定通知・支払い → 遺族等

注意!
　葬祭を執り行う遺族がなく、社葬として死亡労働者の会社において葬祭を行った場合は、会社に対して支給されることとなります。

Q79 遺族はいますが、会社が葬儀を行ったときでも、会社が葬祭料等（葬祭給付）を請求することはできますか？

A 通常、葬儀を行うのは遺族です。仮に会社が恩恵的に死亡した労働者の葬儀を行ったとしても、遺族がいれば、葬祭料等（葬祭給付）の請求人となるべきは、会社ではなく遺族です。

注意!
　遺族（補償）等給付の請求と同時に葬祭料等（葬祭給付）を請求する場合は、死亡診断書等の添付書類を重ねて添付する必要はありません。

（業務災害／複数業務要因災害）葬祭料又は複数事業労働者葬祭給付請求書

通勤災害の場合は様式16号の10

様式第16号（表面）
業務災害用
複数業務要因災害用

労働者災害補償保険
葬祭料又は複数事業労働者葬祭給付請求書

① 労働保険番号				
府県	所掌	管轄	基幹番号	枝番号
13	1	18	123456	000

② 年金証書の番号

管轄局	種別	西暦年	番号

③ 請求人の
フリガナ　ナカハタ　イズミ
氏名　中畑 泉
住所　西東京市緑町○－○－○
死亡労働者との関係　妻

④ 死亡労働者の
フリガナ　ナカハタ　マコト
氏名　中畑 誠（男・女）
生年月日　昭和50年4月4日（47歳）
職種　自動車運転手
所属事業場名称所在地

⑤ 負傷又は発病年月日　5年7月20日　午後 2時40分頃

死亡労働者が直接所属する事業場が一括適用の取扱いをしている支店、工場、工事現場等の場合に記入。

⑥ 災害の原因及び発生状況
（あ）どのような場所で（い）どのような作業をしているときに（う）どのような物又は環境に（え）どのような不安全な又は有害な状態があって（お）どのような災害が発生したかを簡明に記載すること

集金のため自動車で用務先上田商店へ向かう途中、市内向台町○番地交差点で後方から暴走してきたトラックに追突されて、頭部を強打し即死した。

⑦ 死亡年月日　5年7月20日

⑧ 平均賃金　7,313円50銭

④の者については、⑤、⑥及び⑧に記載したとおりであることを証明します。
5年7月27日
電話（042）○○○－○○○○
事業の名称　（株）大正化学工業
〒188－0011
事業場の所在地　西東京市田無町○－○－○
事業主の氏名　代表取締役　高木 淳
（法人その他の団体であるときはその名称及び代表者の氏名）

事業主の証明が必要

記名または署名が必要。

⑨ 添付する書類その他の資料名　遺族補償年金請求書に添付

上記により葬祭料又は複数事業労働者葬祭給付の支給を請求します。
5年7月29日
〒188－0002　電話（042）○○○－○○○○
三鷹　労働基準監督署長　殿
請求人の住所　西東京市緑町○－○－○
氏名　中畑 泉

振込を希望する金融機関の名称		預金の種類及び口座番号
○○　銀行・金庫　農協・漁協・信組	西東京　本店・本所・出張所　支店・支所	普通・当座　第123456号　口座名義人　中畑 泉

様式第16号(裏面)

⑩その他就業先の有無		
有	有の場合のその数 （ただし表面の事業場を含まない） 社	有の場合でいずれかの事業で特別加入している場合の特別加入状況 （ただし表面の事業を含まない）
無		労働保険事務組合又は特別加入団体の名称
労働保険番号（特別加入）		加入年月日 　　　　　　　年　　　　　月　　　　　日
		給付基礎日額 　　　　　　　　　　　　　　　　　円

〔注意〕
1. 事項を選択する場合には該当する事項を○で囲むこと。
2. ②には、死亡労働者の傷病補償年金又は複数事業労働者傷病年金に係る年金証書の番号を記載すること。
3. ③の死亡労働者の所属事業場名称・所在地欄には、死亡労働者が直接所属していた事業が一括適用の取扱いを受けている場合に、死亡労働者が直接所属していた支店、工事現場等を記載すること。
4. 平均賃金の算定基礎期間中に業務外の傷病の療養のため休業した期間が含まれている場合に、当該平均賃金に相当する額がその期間の日数及びその期間中の賃金とみなして算定した平均賃金に満たないときは、当該みなして算定した平均賃金に相当する額を⑧に記載すること。(様式第8号の別紙1に内訳を記載し添付すること。ただし、既に提出されている場合を除く。)
5. 死亡労働者に関し遺族補償給付若しくは複数事業労働者遺族給付が支給されていた場合又は死亡労働者が傷病補償年金若しくは複数事業労働者傷病年金を受けていた場合には、①、⑤及び⑥は記載する必要がないこと。事業主の証明は受ける必要がないこと。
6. 死亡労働者が特別加入者であった場合は、⑧にはその者の給付基礎日額を記載すること。
7. この請求書には、労働者の死亡に関して市町村長に提出した死亡診断書、死体検案書若しくは検視調査に記載してある事項についての市町村長の証明書又はこれに代わるべき書類を添えること。
8. 死亡労働者が特別加入者であった場合には、⑤及び⑥の事項を証明することができる書類を添付すること。
9. 遺族補償給付又は複数事業労働者遺族給付の支給の請求書が提出されている場合には、7及び8による書類の添付は必要でないこと。
10. 「その他就業先の有無」で「有」に○を付けた場合は、様式第8号の別紙3をその他就業先ごとに記載することその際、その他就業先ごとに様式第8号の別紙1を記載し添付すること。なお、既に他の保険給付の請求において記載している場合は、記載の必要がないこと。
11. 複数事業労働者葬祭給付の請求は、葬祭料の支給決定がなされた場合、遡って請求されなかったものとみなされること。
12. ⑩「その他就業先の有無」欄の記載がない場合又は複数就業していない場合は、複数事業労働者葬祭給付の請求はないものとして取り扱うこと。

社会保険 労務士 記載欄	作成年月日・提出代行者・事務代理者の表示	氏　　　名	電話番号
			（　　　）　―

第 **4** 章

第三者行為災害

第三者の行為によって災害が起こった場合

第三者行為災害

Q80 建物・設備等の工作物の瑕疵、動物の加害によって事故が生じた場合であっても、第三者行為災害となりますか？

A 第三者行為災害は、「第三者が被災労働者またはその遺族に対し、損害賠償の義務を有していること」が成立要件の1つとなっています。

民法では、工作物の瑕疵による場合（717条）や動物の加害による場合（718条）に、その占有者（場合によっては所有者・保管者）が損害賠償責任を負うこととされています。

したがって、保険給付の原因である事故とは、人の加害行為によって生じた場合のみならず、工作物の瑕疵または動物（飼い犬等）の加害によって生じた事故の場合でも、第三者行為災害となります。

Q81 第三者からすでに損害賠償を受けている場合でも、「第三者行為災害届」を提出しなければなりませんか？

A 次の場合には、「第三者行為災害届」が必要とならない場合があります。

① すでに全損害のてん補を受けている場合
② 真正にして、全損害のてん補を目的とした示談が行われていることにより、保険給付をまったく必要としない場合
③ 軽度の交通事故で、自賠責保険の支払限度額で処理されることが確実な場合

ただし、特別支給金（休業特別支給金等）のみを申請する場合には、事実確認の必要性から「第三者行為災害届」を求められる場合があります。

01 第三者行為災害とは

労災保険は、業務上の事由、複数事業労働者の二以上の事業の業務を要因とする事由または通勤による労働者の傷病等に対して所定の給付等を行うことを目的としていますが、これらの災害の中には、第三者の行為によって生ずる場合があります。

例えば、戸外で働いている者が車にはねられたり、仕事で道路を歩行中に建設現場から飛来した物に当たり負傷するなどの災害が少なくありません。

労災保険では、このように、当該災害に係る保険関係の当事者（政府、事業主及び被災労働者）以外の者、つまり第三者の不法行為により労働者が業務災害または通勤災害を被った場合に保険給付を行うときは、これらの災害を、特に「**第三者行為災害**」と呼んでいます。

この「第三者行為災害」には、当該災害が第三者の行為によって発生したもののみならず、当該災害について第三者が損害賠償の義務を負う場合も含まれます。

なぜ、ほかの災害と区別しているのか？

第三者行為災害は、事故の発生について第三者の不法行為が介在するため、被災労働者またはその遺族は、第三者に対し民法上の損害賠償請求権を取得すると同時に、労災保険に対しても保険給付請求権を取得します。

この場合、両者から同一の事由について重複して損害のてん補を受けることとなれば、実際の損害額よりも多くの支払いを受けることとなり不合理な結果が生じます。

このため、労災保険法12条の4において保険給付と損害賠償との調整について規定していることから、第三者行為災害に該当する場合には、ほかの災害と区別して取り扱っているのです。

◆ 第三者行為災害の成立要件

> ① 保険給付の原因である事故が第三者の行為によって生じたものであること
> ② 第三者が被災労働者またはその遺族に対し、損害賠償の義務を有していること

●02 必要な手続き

提出書類▶「第三者行為災害届」
添付書類▶下表を参照
どこへ▶所轄の監督署へ
いつまでに▶遅滞なく

　第三者行為災害について保険給付を受けようとする場合には、所轄の監督署に遅滞なく、**「第三者行為災害届」**（☞記載例は132頁～135頁参照）を提出しなければなりません。

　また、「第三者行為災害届」を提出する際には、以下の書類が必要となります。

◆ 第三者行為災害届に必要な書類

1	交通事故による場合	
	必要書類	備 考
1	交通事故証明	自動車安全運転センターの証明がもらえない場合または「交通事故証明書」が物件扱いになっている場合は、「交通事故発生届」
2	念書（兼同意書）	☞記載例は136頁参照
3	示談書の謄本	示談が行われた場合。写しでも可
4	自賠責保険等の損害賠償額等支払証明書または保険金支払通知書	仮渡金または賠償金を受けている場合、写しでも可
5	通勤災害に関する事項	通勤災害の場合

注意!
😣 業務災害の場合は、「第三者行為災害届」に事業主の証明が必要です。

Q82 念書（兼同意書）はなぜ必要なのですか？

A 被災者が労災保険を先行した場合、政府は被災者が相手方に対して有する損害賠償請求権を給付の価額の限度で取得します。念書（兼同意書）は、示談の内容（内容によっては給付が受けられなくなることがあります。）・相手先からの金品の受領の有無・被災者請求権の政府への移行等について承知していただくために必要なものです。

Q83 加害者である第三者の氏名・住所が不明の場合はどうしたらよいでしょうか？

A 「第三者行為災害届」の加害者について記入する欄には、「加害者不明」と記載してください。
　なお、加害者が判明した場合は、速やかに報告してください。

2	交通事故以外の事由による災害の場合	
	必要書類	備　考
1	念書（兼同意書）	
2	示談書の謄本	示談が行われた場合。写しでも可

　なお、正当な理由がなく「第三者行為災害届」を提出しない場合には、保険給付が一時差し止められることがあります。

　👉 「第三者行為災害届」「念書」の用紙は監督署に備えられていますので、監督署の窓口でもらってください。

●03 保険給付と損害賠償との調整

（１）損害賠償よりも先に保険給付が行われた場合

　保険給付が第三者の損害賠償より先に行われると、第三者の行うべき損害賠償を結果的に政府が代わりに行ったこととなります。政府は保険給付に相当する額を受給権者が第三者に対して有する損害賠償請求権の価額の範囲内で第三者から返してもらうことになります。

　このように、被災労働者またはその遺族が第三者に対して有する損害賠償請求権を、政府が保険給付の支給と引換えに代位取得し、政府が代位取得した損害賠償請求権を第三者に直接行使することを「求償」といいます（求償を行う期間は、令和２年４月１日以後に発生した災害について、「３年以内」から「５年以内」になりました。）。

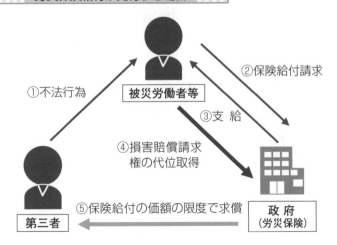

Q84 同僚労働者相互の加害行為による災害の場合でも、求償はされるのですか？

A　加害行為を行った者は労災保険でいう第三者に該当しますし、かつ、被災労働者は加害行為を行った者に対して民法上の損害賠償の請求を行うことができますので、「第三者行為災害」となります。
　しかし、使用者が使用者責任（民法715条）や自動車損害賠償保障法（自賠法）上の運行供用者責任を負う場合に、政府が使用者に対して求償するとすれば、その使用者は、労働者相互間の加害行為による業務災害については労基法上の災害補償責任を負い、その実施を確実に行うために労災保険に加入し保険料を納付しているにもかかわらず、さらに保険給付額を負担させられる結果となり、まったく保険利益がないこととなって、いかにも不合理です。
　このため、同僚労働者相互の加害行為による業務災害については、政府は、保険給付を行っても、加害労働者及びその使用者に対しては求償しないこととしています。

Q85 第三者と示談し示談金を受け取った後に、労災保険からさらに保険給付を受けられますか？

A　労災保険の受給権者が第三者と示談を行った場合、労災保険では、次の２つの要件に該当する場合には、保険給付が行われません。

① 当該示談が真正に成立していること
② 示談の内容が、受給権者の第三者に対して有する損害賠償請求権の全部のてん補を目的としていること

（2）保険給付を受ける前に損害賠償を受けた場合

　被災労働者またはその遺族が第三者から損害賠償を受けている場合には、保険給付の額は、その損害賠償として受けた額を差し引いた額となります（保険給付の控除）。また、本来の保険給付の額よりも受けている損害賠償額が多い場合は、保険給付は行われません。

　なお、年金給付のように継続的に支給される保険給付については、受給権者が受けた損害賠償額に達するまで支給が停止されます（支給停止期間は7年が上限）。

損害賠償が先行する場合

①不法行為
②損害賠償
③保険給付請求
④支給（控除）
被災労働者等
第三者
政府（労災保険）

第三者行為災害届

（届その1）

第三者行為災害届　（業務災害・通勤災害）
（交通事故・交通事故以外）

> 該当するものを○で囲む。

令和　5　年　4　月　24　日

労働者災害補償保険法施行規則第22条の規定により届け出ます。

保険給付請求権者
住　所　　渋谷区代々木○－○－○
　　　　　　　　　　　　　　　　　　郵便番号（　151 - 0053 ）
フリガナ　ハラダ　ミチオ
氏　名　　原田　道男
電　話　（自宅）　03 － ○○○○ － ○○○○
　　　　（携帯）

署受付日付

中央　労働基準監督署長　殿

> 被災労働者の住所・氏名を記入。
> 被災労働者が死亡の場合は、受給権者（請求人）の住所・氏名を記入。
> 住所はマンション・アパート名・号室まで省略せずに記入。

1　第一当事者（被災者）

フリガナ　ハラダ　ミチオ
氏　名　　原田　道男　　　　（男・女）　生年月日　昭和61年　6月　23日　（36歳）
住　所　　渋谷区代々木○－○－○
職　種　　塗装作業員

2　第一当事者（被災者）の所属事業場

労働保険番号

府県	所掌	管轄	基幹番号	枝番号
1 3	1	0 1	1 2 3 4 5 6	0 0 0

名称　　ミナミ塗装㈱　　　　　　　電話　03－○○○○－○○○○
所在地　文京区小石川○－○－○　　　　郵便番号　112-0002
代表者（役職）　代表取締役　　　　担当者（所属部課名）　総務部　総務課長
　　　　（氏名）　皆川　隆史　　　　　　（氏名）　城之内　美和

> 建設事業の下請事業場に所属する労働者の場合は、元請事業場名を適宜付せん等に記入し、糊付けするか別紙として添付。被災時の所属事業場の名称・所在地を記入。

3　災害発生日

日時　令和5年　4月　14日　午前・午後　4時　05分頃
場所　文京区後楽○丁目○番地　後楽○丁目交差点

> 具体的に記入。

4　第二当事者（相手方）

氏名　松木　直治　　　　（38歳）　電話　（自宅）　03 － ○○○○ － ○○○○
住所　世田谷区世田谷○－○－○　　　　（携帯）
　　　　　　　　　　　　　　　　　　郵便番号　154－0017
第二当事者（相手方）が業務中であった場合
所属事業場名称　三輪工業㈱　　　　　　電話　03 － ○○○○ － ○○○○
所在地　豊島区巣鴨○－○－○　　　　郵便番号　170－0002
代表者（役職）　代表取締役　　　　　（氏名）　影山　信行

> 相手方が2名以上の場合は、適宜付せん等に記入し、糊付けするか別紙として添付。
> 相手方が当て逃げ等で不明の場合は、空欄としないでその旨を記入。

5　災害調査を行った警察署又は派出所の名称

富坂　警察署　交通　係（派出所）

6　災害発生の事実の現認者（5の災害調査を行った警察署又は派出所がない場合に記入してください）

氏名　　　　　　　　　　（　歳）　電話　（自宅）　－　－
住所　　　　　　　　　　　　　　　　（携帯）
　　　　　　　　　　　　　　　　　　郵便番号　－

7　あなたの運転していた車両（あなたが運転者の場合にのみ記入してください）

車種	大・中・普・特・自二・軽自・原付自		登録番号（車両番号）	○○○○○○○	
運転者の免許	有・無	免許の種類　普通	免許証番号　○○○○○○○○	資格取得　13年　2月　1日	有効期限　○○年○○月○○日まで	免許の条件

> 相手方が責任無能力者（未成年・心神喪失者）の場合は、監督義務者について記入。

（届その2）

8　事故現場の状況

天　候　晴・🄰・小雨・雨・小雪・雪・暴風雨・霧・濃霧

見　透　し　🄰・悪い（障害物　　　　　　　　　　　　　　　　があった。）

道路の状況　（あなた（被災者）が運転者であった場合に記入してください。）
　　　　　　道路の幅（　8　m）、🄰・非舗装、坂（上り・🄳・🄰・急）
　　　　　　でこぼこ・砂利道・道路欠損・工事中・凍結・その他　（　　　　　　　　　　　　　　）
　　　　　（あなた（被災者）が歩行者であった場合に記入してください。）
　　　　　　歩車道の区別が（ある・ない）道路、車の交通頻繁な道路、住宅地・商店街の道路
　　　　　　歩行者用道路（車の通行　許・否）、その他の道路（　　　　　　　　　　　　　　）

標　　識　速度制限（　40　km/h）・追い越し禁止・一方通行・歩行者横断禁止
　　　　　一時停止（有・🄬）・停止線（🄰・無）

信　号　機　無・🄰（青色で交差点に入った。）、信号機時間外（黄点滅・赤点滅）
　　　　　横断歩道上の信号機（🄰・無）

交　通　量　多い・少ない・🄰

9　事故当時の行為、心身の状況及び車両の状況

心身の状況　🄰・いねむり・疲労・わき見・病気（　　　　　　　　　　　　　　　）・飲酒

あなたの行為　（あなた（被災者）が運転者であった場合に記入してください。）
　　　　　　直前に警笛を（鳴らした・🄰）相手を発見したのは（　10　）m手前
　　　　　　ブレーキを（🄰）（スリップ　　　　m）・かけない）、方向指示灯（だした・🄰）
　　　　　　停止線で一時停止（した・🄰）、速度は約（　40　）km/h　相手は約（　10　）km/h
　　　　　（あなた（被災者）が歩行者であった場合に記入してください。）
　　　　　　横断中の場合　横断場所（　　　　　　　　）、信号機（　　　　）色で横断歩道に入った。
　　　　　　　　　　　　　左右の安全確認（した・しない）、車の直前・直後を横断（した・しない）
　　　　　　通行中の場合　通行場所　　　　　　（歩道・車道・歩車道の区別がない道路）
　　　　　　　　　　　　　通行のしかた　　　　　　（車と同方向・対面方向）

10　第二当事者（相手方）の自賠責保険（共済）及び任意の対人賠償保険（共済）に関すること

（1）自賠責保険（共済）について
　証明書番号　S492931050　　　　　号
　保険（共済）契約者　（氏名）三輪工業㈱　　第二当事者（相手方）と契約者との関係　従業員
　　　　　　　　　　　（住所）豊島区巣鴨〇ー〇ー〇
　保険会社の管轄店名　大日本保険㈱　　　　　　電話　　03 - 〇〇〇〇 - 〇〇〇〇
　管轄店所在地　　　　文京区後楽〇ー〇ー〇　　　　　　　郵便番号 112 - 0004

（2）任意の対人賠償保険（共済）について
　証券番号　第　〇〇〇〇〇〇〇〇　号　　保険金額　対人　　無制限　　万円
　保険（共済）契約者　（氏名）三輪工業㈱　　第二当事者（相手方）と契約者との関係　従業員
　　　　　　　　　　　（住所）豊島区巣鴨〇ー〇ー〇
　保険会社の管轄店名　グッドラック保険㈱神田SC　　電話　　03 - 〇〇〇〇 - 〇〇〇〇
　管轄店所在地　　　　千代田区神田駿河台〇ー〇ー〇　　　郵便番号 101 - 0062

（3）保険金（損害賠償額）請求の有無　　有・🄬
　　有の場合の請求方法　イ　自賠責保険（共済）単独
　　　　　　　　　　　　ロ　自賠責保険（共済）と任意の対人賠償保険（共済）との一括
　　保険金（損害賠償額）の支払を受けている場合は、受けた者の氏名、金額及びその年月日
　　氏名　　　　　　　　金額　　　　　　　　円　受領年月日　　　年　　　月　　　日

11　運行供用者が第二当事者（相手方）以外の場合の運行供用者
　名称（氏名）　三輪工業㈱　　　　　　　　　電話　　03 - 〇〇〇〇 - 〇〇〇〇
　所在地（住所）豊島区巣鴨〇ー〇ー〇　　　　　　　　郵便番号 170 - 0002

12　あなた（被災者）の人身傷害補償保険に関すること
　人身障害補償保険に（加入している・していない）
　証券番号　第〇〇-〇〇〇〇〇〇〇号　保険金額　〇〇〇　万円
　保険（共済）契約者　（氏名）原田　道男　　あなた（被災者）と契約者との関係　本人
　　　　　　　　　　　（住所）渋谷区代々木〇ー〇ー〇
　保険会社の管轄店名　キョウドウ保険㈱　　　　電話　　03 - 〇〇〇〇 - 〇〇〇〇
　管轄店所在地　　　　新宿区西新宿〇ー〇ー〇　　　　　　郵便番号 160 - 0023
　人身傷害補償保険金の請求の有無　🄰・無
　人身傷害補償保険金の支払を受けている場合は、受けた者の氏名、金額及びその年月日
　氏名　原田　道男　　　　金額　　　〇〇　円　受領年月日　5　年　　〇月〇〇日

交通事故以外の災害の場合には、「届その2」の提出は不要。自転車どうしの事故の場合は7・8について記入できる範囲で記入。

相手方の車両について自賠責保険、任意自動車保険の内容を記入。不明または関係のない場合は、空欄にせず「不明」または「関係なし」と表示。

運行供用者とは、自己のために自動車の運行をさせる者をいい、一般的には自動車の所有者、使用者等が該当する。

事故の状況から判断して過失の割合に
ついて保険給付請求者の考えを記入。

(届その3)

13　災害発生状況

第一当事者（被災者）・第二当事者（相手方）の行
動、災害発生原因と状況をわかりやすく記入してく
ださい。

新宿にある作業現場での業務を終え
て、小石川の会社に翌日の作業打ち合
わせのために原付自転車にて戻る途中、
文京区後楽○丁目の交差点を通過しよ
うとしたところ、対向車線から相手方
の貨物自動車が右折してきたため、ブ
レーキをかけましたが避けきれず、衝
突し、右足下腿部を骨折しました。

14　現場見取図

道路方向の地名（至○○方面）、道路幅、信号、横断歩
道、区画線、道路標識、接触点等くわしく記入してくだ
さい。

（届その4に記載）

表示符号					
自　車	🏠	横断禁止		信　号	横断歩道
相手車		人　間		（赤、黄、青の表示）	接触点 ✕
進行方向		自転車			
		オートバイ		一時停止 ▽	

書ききれないときは
「届その4」に記入。
その場合は、ここに
は「届その4に記載」
と記入。

15　過失割合

私の過失割合は　**20**　％、相手の過失割合は　**80**　％だと思います。

理由　私は直進、相手方は右折なので、私が優先。（私の右前方をトラックが進行して
いましたので相手方は私のバイクに気が付かなかったのだと思います。）

16　示談について

イ　示談が成立した。（　　年　　月　　日）　　ロ　交渉中
ハ　示談はしない。　　　　　　　　　　　　　ニ　示談をする予定（　　年　　月　　日頃予定）
ホ　裁判の見込み（　　年　　月　　日頃提訴予定）

示談の内容によって
は保険給付が受けら
れない場合があるの
で注意。
示談した場合には示
談書の写しを必ず監
督署へ提出。

17　身体損傷及び診療機関

	私（被災者）側	相手側（わかっていることだけ記入してください。）
部位・傷病名	右、下腿（脛骨）骨折	身体損傷なし
程　　度	全治6カ月	
診療機関名称	医療法人　永世病院	
所　在　地	文京区後楽○－○－○	

労災先行の場合は、
自賠責等保険会社と
第二当事者あてに求
償する際に重要であ
るため、被災者・相
手方双方の負傷・損
害について記入し、
負傷の程度・物品毀
損の程度について不
明の場合も空欄とせ
ず、だいたいの見込
みについて記入。
転医した場合は転医
前後の両病院とも記
入。

18　損害賠償金の受領

受領年月日	支払者	金額・品目	名目	受領年月日	支払者	金額・品目	名目
受領なし							

事業主の証明	1欄の者については、2欄から6欄、13欄及び14欄に記載したとおりであることを証明します。 令和　5年　4月　21日 　　　　事業場の名称　ミナミ塗装㈱ 　　　　事業主の氏名　代表取締役　皆川　隆史 　　　　　　　　　　（法人の場合は代表者の役職・氏名）

相手方から損害賠償
を受けたかどうか。
受けた場合のみその
内容について記入
し、損害賠償を物品
で受けた場合につい
ても記入。

被災者の所属事業場の事業主が証明。
通勤災害の場合については証明不要。
ただし、確認できる事案についてはな
るべく証明する。

134

（届その４）

第三者行為災害届を記載するに当たっての留意事項

1　災害発生後、すみやかに提出してください。
　　なお、不明な事項がある場合には、空欄とし、提出時に申し出てください。
2　業務災害・通勤災害及び交通事故・交通事故以外のいずれか該当するものに○をしてください。
　　なお、例えば構内における移動式クレーンによる事故のような場合には交通事故に含まれます。
3　通勤災害の場合には、事業主の証明は必要ありません。
4　第一当事者（被災者）とは、労災保険給付を受ける原因となった業務災害又は通勤災害を被った者をいいます。
5　災害発生の場所は、○○町○丁目○○番地○○ストア前歩道のように具体的に記入してください。
6　第二当事者（相手方）が業務中であった場合には、「届その１」の４欄に記入してください。
7　第二当事者（相手方）側と示談を行う場合には、あらかじめ所轄労働基準監督署に必ず御相談ください。
　　示談の内容によっては、保険給付を受けられない場合があります。
8　交通事故以外の災害の場合には「届その２」を提出する必要はありません。
9　運行供用者とは、自己のために自動車の運行をさせる者をいいますが、一般的には自動車の所有者及び使用者等がこれに当たります。
10　「現場見取図」について、作業場における事故等で欄が不足し書ききれない場合にはこの用紙の下記載欄を使用し、この「届その４」もあわせて提出してください。
11　損害賠償金を受領した場合には、第二当事者（相手方）又は保険会社等からを問わずすべて記入してください。
12　この届用紙に書ききれない場合には、適宜別紙に記載してあわせて提出してください。

現 場 見 取 図

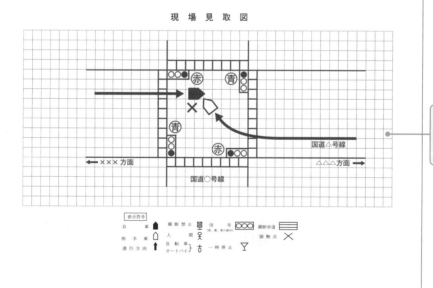

「届その４」は、「届その３」の14欄に現場見取図を記載した場合は提出不要。

念書（兼同意書）

様式第1号

念 書 （ 兼 同 意 書 ）

災害発生年月日	令和 5 年 4 月 14 日	災害発生場所	文京区後楽○丁目○番地 後楽○丁目交差点
第一当事者(被災者)氏名	原田　道男	第二当事者(相手方)氏名	松木　直治

1 上記災害に関して、労災保険給付を請求するに当たり以下の事項を遵守することを誓約します。
　(1) 相手方と示談や和解(裁判上・外の両方を含む。以下同じ。)を行おうとする場合は必ず前もって貴職に連絡します。
　(2) 相手方に白紙委任状を渡しません。
　(3) 相手方から金品を受けたときは、受領の年月日、内容、金額(評価額)を漏れなく、かつ遅滞なく貴職に連絡します。

2 上記災害に関して、私が相手方と行った示談や和解の内容によっては、労災保険給付を受けられない場合や、受領した労災保険給付の返納を求められる場合があることについては承知しました。

3 上記災害に関して、私が労災保険給付を受けた場合には、私の有する損害賠償請求権及び保険会社等(相手方もしくは私が損害賠償請求できる者が加入する自動車保険・自賠責保険会社(共済)等をいう。以下同じ。)に対する被害者請求権を、政府が労災保険給付の価額の限度で取得し、損害賠償金を受領することについては承知しました。

4 上記災害に関して、相手方、又は相手方が加入している保険会社等から、労災保険に先立ち、労災保険と同一の事由に基づく損害賠償金の支払を受けている場合、労災保険が給付すべき額から、私が受領した損害賠償金の額を差し引いて、更に労災保険より給付すべき額がある場合のみ、労災保険が給付されることについて、承知しました。

5 上記災害に関して、私が労災保険の請求と相手方が加入している自賠責保険又は自賠責共済(以下「自賠責保険等」という。)に対する被害者請求の両方を行い、かつ、労災保険に先行して労災保険と同一の事由の損害項目について、自賠責保険等からの支払を希望する旨の意思表示を行った場合の取扱いにつき、以下の事項に同意します。
　(1) 労災保険と同一の事由の損害項目について、自賠責保険等からの支払が完了するまでの間は、労災保険の支給が行われないこと。
　(2) 自賠責保険等からの支払に時間を要する等の事情が生じたことから、自賠責保険等からの支払に先行して労災保険の給付を希望する場合には、必ず貴職及び自賠責保険等の担当者に対してその旨の連絡を行うこと。

6 上記災害に関して、私の個人情報及びこの念書(兼同意書)の取扱いにつき、以下の事項に同意します。
　(1) 貴職が、私の労災保険の請求、決定及び給付(その見込みを含む。)の状況等について、私が保険金請求権を有する人身傷害補償保険取扱会社に対して提供すること。
　(2) 貴職が、私の労災保険の給付及び上記3の業務に関して必要な事項(保険会社等から受けた金品の有無及びその金額・内訳(その見込みを含む。)等)について、保険会社等から提供を受けること。
　(3) 貴職が、私の労災保険の給付及び上記3の業務に関して必要な事項(保険給付額の算出基礎となる資料等)について、保険会社等に対して提供すること。
　(4) この念書(兼同意書)をもって(2)に掲げる事項に対応する保険会社等への同意を含むこと。
　(5) この念書(兼同意書)を保険会社等へ提示すること。

令和　5 年　4 月　24 日

中央 労働基準監督署長 殿

請求権者の住所　渋谷区代々木○－○－○

氏名　原田　道男

（※ 請求権者の氏名は請求権者が自署してください。）

第 **5** 章

ほかにも労災保険から
こんな給付・サービスが受けられる

過労死予防のために労災保険から受けられる給付　二次健康診断等給付

　二次健康診断等給付は、労働安全衛生法の規定に基づく定期健康診断等のうち、直近のもの（以下「一次健康診断」といいます。）において、脳・心臓疾患の発症にかかわる一定の検査項目について、そのいずれの項目にも異常の所見があると診断されたときに、その労働者の請求に基づいて支給されます。

Q86　雇入れ時の健康診断で二次健康診断等給付の要件である4項目に異常の所見があった場合でも二次健康診断等給付を受けることはできますか？

A　二次健康診断等給付の前提となる定期健康診断などの一次健康診断とは、具体的には定期健康診断のほか、雇入れ時の健康診断、特定業務従事者の健康診断、海外派遣者の健康診断、労働者が事業者の指定した医師が行う健康診断を希望しない場合に、他の医師による健康診断を受けた場合も含まれます。
　したがって、雇入れ時の健康診断により、4項目に異常が見つかり再検査する場合でも、二次健康診断等給付が受けられます。

注意！
二次健康診断等給付の対象とならない方
①　一時健康診断その他の機会で脳・心臓疾患の症状を有していると診断された方
②　特別加入者

●01 給付の要件

　二次健康診断等給付は、一次健康診断の結果において、次に掲げるすべての検査項目において医師による「異常の所見」があると診断された方が支給の対象となります。

◆二次健康診断等給付の対象となる有所見項目

①　血圧検査
②　血中脂質検査
　　次の検査のいずれか1つ以上
　　●低比重リポ蛋白コレステロール（LDLコレステロール）
　　●高比重リポ蛋白コレステロール（HDLコレステロール）
　　●血清トリグリセライド（中性脂肪）
③　血糖検査
④　腹囲の検査またはBMI※（肥満度）の測定
　　※BMI＝体重（kg）÷身長（m）^{2}

　一次健康診断の担当医が異常なしの所見と診断した検査項目について、当該検査を受けた労働者の産業医等が、就業環境等を総合的に勘案し異常の所見が認められると診断した場合には、産業医等の意見を優先して、当該検査項目については異常の所見があるものとみなします。

●02 給付の内容

　二次健康診断等給付では、「二次健康診断」と「特定保健指導」を受けることができます。

（1）二次健康診断
　二次健康診断は、脳血管と心臓の状態を把握するために

必要な検査で、具体的には、次の検査を行います。

◆二次健康診断の検査項目

	検査項目	内容・備考
1	空腹時血中脂質検査	空腹時の低比重リポ蛋白コレステロール（LDL コレステロール）、高比重リポ蛋白コレステロール（HDL コレステロール）及び血清トリグリセライド（中性脂肪）の量の検査
2	空腹時血糖値検査	空腹時の血中グルコース（ブドウ糖）の量の検査
3	ヘモグロビン A1c（エーワンシー）検査	※一次健康診断で当該検査を行った場合は除きます。
4	負荷心電図検査または胸部超音波検査（心エコー検査）	
5	頸部超音波検査（頸部エコー検査）	
6	微量アルブミン尿検査	※一次健康診断における尿蛋白検査において、疑陽性（±）または弱陽性（＋）の所見があると診断された場合に限ります。

（2）特定保健指導

特定保健指導は、二次健康診断の結果に基づき、脳・心臓疾患の発症の予防を図るため、医師または保健師の面接により行われる保健指導です。具体的には次の指導のすべてを行うものです。

◆特定保健指導の内容

	項　　目	内　　容
1	栄養指導	適切なカロリーの摂取等、食生活上の指針を示す指導
2	運動指導	必要な運動の指針を示す指導
3	生活指導	飲酒、喫煙、睡眠等の生活習慣に関する指導

（3）支給回数

二次健康診断は、1年度内（4月1日から翌年の3月31日まで）に1回に限り、特定保健指導は二次健康診断ごとに1回に限り受けることができます。

注意!

二次健康診断の結果その他の事情により、すでに脳・心臓疾患の症状を有すると認められる場合は、療養を行うことが必要であるため、特定保健指導は実施されません。

Q87 有害業務に従事している場合は、二次健康診断等給付を年2回受けることはできますか？

A 二次健康診断等給付の支給は1年度内に1回と限定されています。したがって、ご質問のように労働安全衛生法で6カ月に

1回の定期健康診断が義務づけられている有害業務従事者や、同一年度内に定期健康診断を2回行っている事業場で、1回目の定期健康診断の結果により二次健康診断等給付を受給した者は、2回目に給付対象所見の要件を満たした場合でも、同じ年度内には二次健康診断等給付を受給することはできません。

ただし、同一年度内に2回の定期健康診断を実施していて、2回の結果とも給付対象所見の要件を満たした場合は、例えば9月と3月に定期健康診断を実施している場合には、二次健康診断等給付の請求は、給付対象所見のあった定期健康診断を受診した日から3カ月以内に行えばよいのですから、3月の定期健康診断後の二次健康診断等給付を翌年度の4月以降に受けることができます。

Q88 従業員が二次健康診断等給付の対象となった場合、会社としては何をすべきですか？

A　労働者が二次健康診断等給付を受ける病院などに請求書を提出する際に、一次健康診断を受けた年月日及び添付書類が一次健康診断に係るものであることについて、事業主の証明が必要となりますので、事業主はその証明を行わなければなりません。

また、二次健康診断を受けた労働者が、当該検査結果を証明する書面を事業主に提出した場合には、事業主はその書面が提出された日から2カ月以内に、その労働者の健康を保持するために必要な措置について医師の意見を聴き、必要があると認めるときは、その労働者の実情などを考慮して、作業の転換、労働時間の短縮などの措置を講じなければならないとされています。

（4）支給方法

二次健康診断等給付は、労災病院または都道府県労働局長が指定する病院もしくは診療所（以下「健診給付病院等」といいます。）において、直接、二次健康診断や特定保健指導を給付（現物給付）することにより行われます。そのため、受診した方が二次健康診断等給付に要する費用を負担する必要はありません。

●03 請求手続き

提出書類▶「二次健康診断等給付請求書」
（様式16号の10の2）

☞記載例は次頁参照

添付書類▶一次健康診断の結果を証明することができる書類
（一次健康診断結果の写しなど）

どこへ▶二次健康診断を受けようとする健診給付病院等を経由して、所轄の労働局へ

いつまでに▶一次健康診断の受診日から3カ月以内に

※当該期間内に天災地変や一次健康診断を実施した医療機関の都合により、一次健康診断の結果の通知が著しく遅れたなど、請求しなかったことについてやむを得ない理由があるときは、この限りではありません。

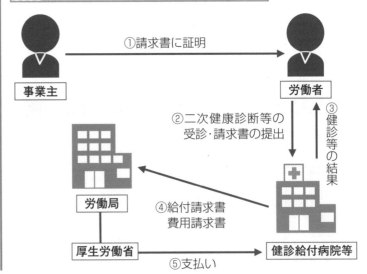

二次健康診断等給付の手続きの流れ

事業主
労働者
①請求書に証明
②二次健康診断等の受診・請求書の提出
③健診等の結果
労働局
④給付請求書 費用請求書
厚生労働省
健診給付病院等
⑤支払い

二次健康診断等給付請求書

様式第16号の10の2（表面）　労働者災害補償保険

二次健康診断等給付請求書

裏面に記載してある注意事項をよく
読んだ上で、記入してください。

標準字体

0	5	ア	カ	サ	タ	ナ	ハ	マ	ヤ	ラ	ワ
1	6	イ	キ	シ	チ	ニ	ヒ	ミ		リ	ン
2	7	ウ	ク	ス	ツ	ヌ	フ	ム	ユ	ル	
3	8	エ	ケ	セ	テ	ネ	ヘ	メ		レ	
4	9	オ	コ	ソ	ト	ノ	ホ	モ	ヨ	ロ	ー

※帳票種別 ① 管轄局 ② 帳票区分 ③ 保留 ④ 受付年月日
3 8 5 3 0 □□ 無 新規 1 移行 □ Ⅰ □□□□□□

⑤労働保険番号　府県 所掌 管轄 基幹番号 枝番号
1 3 1 0 1 1 2 3 4 5 6 0 0 0
⑥処理区分 ⑦支給・不支給決定年月日 ⑧特例コード
※ □□ ※ □□□□□□ 3 3か月超 産業医等 及び3

⑨性別 1男 3女 1
⑩労働者の生年月日 3大正 5昭和 7平成 9令和 　5 5 7 4 2 6
⑪一次健康診断受診年月日 9平成 7平成 9令和 9 5 5 1 3
⑫二次健康診断受診年月日 7平成 9令和 9 5 6 1 7

⑬労働者の
シメイ（カタカナ）：姓と名の間は1文字あけて記入してください。濁点・半濁点は1文字として記入してください。
キ ウ チ 　タ カ ヒ ロ

氏名　木内　雄宏　（41歳）
フリガナ　キヨセ シ ナカザト
住所　清瀬市中里○－○－○
㉒郵便番号 204-0003

一次健康診断（直近の定期健康診断等）における以下の検査結果について記入してください。
（以下の⑭、⑮、⑰及び⑱の異常所見について、すべて「有」の方が二次健康診断等給付を受給することができます。）

一次健康診断結果欄

⑭血圧の測定における異常所見（高い場合に限る。）	⑮血中脂質検査における異常所見（高い場合に限る。ただし、HDLコレステロールについては低い場合に限る。）	血糖検査 ⑯検査方法 血糖値検査 ヘモグロビンA1c検査	⑰異常所見（高い場合に限る。）	⑲腹囲又はBMI（肥満度）の測定における異常所見（高い場合に限る。）	⑳尿蛋白検査についての所見	㉑脳又は心臓疾患について療養を行っているなど、当該疾患の症状の有無
1 有 3 無 （1）	1 有 3 無 （1）	（1）	1 有 3 無 （1）	1 有 3 無 （1）	1 － 3 ± 5 ＋ 7 ++ 9 +++ （3）	1 有 3 無 （3）

二次健康診断等実施機関の
名称　清瀬中央病院　電話（042）○○○－○○○○
所在地　清瀬市中清戸○－○－○　〒204-0012

⑪の期日が⑪の期日から3か月を超えている場合に、その理由について、該当するものを○で囲んでください。
イ　天災地変により請求を行うことができなかった。　ハ　その他（理由：
ロ　医療機関の都合等により、一次健康診断の結果の通知が著しく遅れた。

事業主証明欄
⑱の者について、⑪の期日が一次健康診断の実施日であること及び添付された書類が⑪の期日における一次健康診断の結果であることを証明します。　5年 6月 12日
事業の名称　株式会社 本田商事　電話（03）○○○○－○○○○
事業場の所在地　千代田区丸の内○－○－○　〒100-0005
事業主の氏名　代表取締役　本田 義隆
（法人その他の団体であるときはその名称及び代表者の氏名）
労働者の所属事業場の名称・所在地　電話（　）　－

上記により二次健康診断等給付を請求します。
東京　労働局長 殿
㉓請求年月日 7平成 9令和 9 5 6 1 5

清瀬中央（病院 診療所）経由

請求人の
〒204-0003　電話（042）○○○－○○○○
住所　清瀬市中里○－○－○
氏名　木内 雄宏

支給不支給決定決議書

局長	部長	課長		調査年月日	・	・
				復命書番号	第　号	
				決定年月日	・	・
				不支給理由		

注釈（右側）

- 一次健康診断を受けた年月日を記入。
- 実際に二次健康診断を受けた日を記入（検査が複数の日にわたって行われた場合は、最初の日を記入）。
- 一次健康診断の結果を記入。
- 一次健康診断における尿蛋白検査の結果を記入。
- 脳・または心臓疾患の症状の有無を記入。
- 血糖検査の方法を記入。
- 二次健康診断、特定保健指導を受けた医療機関の名称・所在地を記入（心エコー検査及び頸部エコー検査を別の医療機関で受けた場合は、その医療機関の記入は不要）。
- 一次健康診断を受けた日から3カ月以内に請求することができなかった場合には、その理由について該当するものに○を付ける。
- 記名または署名が必要。
- 二次健康診断等給付を請求した年月日（二次健康診断等を医療機関に申し込んだ日）を記入。

※印の欄は記入しないでください。（職員が記入します。）
※裏面の注意事項を読んでから記入してください。折り曲げる場合には◀▶の所を谷に折りさらに⊿⊿の所を谷に折りさらに凸凸の所を谷に折りさらに凹の所を谷に折りさらに折りさらに折りさらに折りしてください。（この欄は記入しないでください。）

141

様式第16号の10の２（裏面）

一次健康診断を行った医師が異常の所見がないと診断した項目について、産業医等が異常の所見があると診断した場合、当該産業医等が新たに異常の所見があると診断した項目について、該当するものを○で囲んでください。

　　イ　血圧

　　ロ　血中脂質

　　ハ　血糖値

　　ニ　腹囲又はＢＭＩ（肥満度）

異常の所見があると診断した産業医等の氏名	

> 一次健康診断を行った医師が血圧、血中脂質、血糖値、腹囲、ＢＭＩ（肥満度）のいずれかについては異常の所見が認められないと判断した場合で、その後産業医等が上記いずれかの項目について異常があると診断したことにより二次健康診断等給付を受ける要件を満たした場合には、産業医等が異常の所見があると診断した項目に○を付ける。

〔注意〕

1　　□□□　で表示された枠（以下「記入枠」という。）に記入する文字は、光学式文字読取装置（ＯＣＲ）で直接読取りを行うので、汚したり、穴をあけたり、必要以上に強く折り曲げたり、のりづけしたりしないでください。

2　記載すべき事項のない欄又は記入枠は空欄のままとし、事項を選択する場合には該当事項を○で囲み（⑨及び⑭から⑳までの事項並びに⑩、⑪、⑫及び㉑の元号については、該当番号を記入枠に記入すること。）、※印のついた記入欄には記入しないでください。

3　記入枠の部分は、必ず黒のボールペンを使用し、様式表面右上に記載された「標準字体」にならって、枠からはみ出さないように大きめのカタカナ及びアラビア数字で明瞭に記入してください。

4　「一次健康診断」とは、直近の定期健康診断等（労働安全衛生法第66条第１項の規定による健康診断又は当該健康診断に係る同条第５項ただし書の規定による健康診断のうち、直近のもの）をいいます。

5　⑫は、実際に二次健康診断を受診した日（複数日に分けて受診した場合は最初に受診した日）を、また、㉑は、二次健康診断等給付を請求した日（二次健康診断等を医療機関に申し込んだ日）をそれぞれ記入してください。

6　⑭から⑳までの事項を証明することができる一次健康診断の結果を添えてください。

7　「二次健康診断等実施機関の名称及び所在地」の欄については、実際に二次健康診断等を受診した医療機関の名称及び所在地を記載してください（胸部超音波検査（心エコー検査）又は頸部超音波検査（頸部エコー検査）を別の医療機関で行った場合、当該医療機関については記載する必要はありません。）。

8　「労働者の所属事業場の名称・所在地」の欄については、労働者が直接所属する事業場が一括適用の取扱いを受けている場合に、労働者が直接所属する支店、工事現場等を記載してください。

9　「産業医等」とは、労働安全衛生法第13条第１項に基づき当該労働者が所属する事業場に選任されている産業医や同法第13条の２第１項に規定する労働者の健康管理等を行うのに必要な医学に関する知識を有する医師をいいます。

社会保険労務士記載欄	作成年月日・提出代行者・事務代理者の表示	氏　　　名	電　話　番　号
			（　　　）　－

石綿による疾病の認定基準と給付

石綿にさらされる作業に従事していた労働者については、中皮腫、肺がん等の疾病にかかるおそれがあります。特に中皮腫は、その大部分が石綿ばく露によるものと考えられています。また、中皮腫や肺がんは、石綿にさらされてから発症するまでの期間が非常に長い（中皮腫で40年前後、肺がんで30〜40年）という特徴があります。

このため、石綿による業務上の疾病については、以下に説明するような認定基準が定められており、石綿にばく露する作業をしていたことが原因となって中皮腫、肺がん等を発症したと認められる場合には、労災保険給付や、「石綿による健康被害の救済に関する法律」（石綿救済法）に基づく特別遺族給付金が支給されます。

① 石綿による業務上疾病の認定基準

石綿との関連が明らかな疾病とされる次の5つそれぞれの認定要件が定められています。

◆石綿による業務上疾病の認定要件

疾　病	業務上疾病と認定される要件
石綿肺	原則として、都道府県労働局長によるじん肺管理区分（管理1〜4）の決定がなされた後に業務上の疾病か否かが判断される。 （1）石綿肺…石綿によるじん肺症で、じん肺管理区分が「管理4」の場合 （2）「管理2」・「管理3」・「管理4」の石綿肺に合併した疾病※ 　　※合併した疾病…①肺結核、②結核性胸膜炎、③続発性気管支炎、④続発性気管支拡張症、⑤続発性気胸
中皮腫	中皮腫（胸膜、腹膜、心膜または精巣鞘膜）であって、次のいずれかの場合 （1）じん肺法に定める胸部エックス線写真の像が第1型以上の石綿肺所見が得られている場合 （2）石綿ばく露作業への従事期間が1年以上
肺がん	原発性肺がん（転移性のがんではないもの）であって、次のいずれかの場合 （1）じん肺法に定める胸部エックス線写真の像が第1型以上の石綿肺所見が得られている場合 （2）胸膜プラーク（胸膜肥厚斑）の所見が認められ、石綿ばく露作業への従事期間が10年以上*の場合 （3）広範囲の胸膜プラークの所見が認められ、石綿ばく露作業への従事期間が1年以上の場合 （4）石綿小体または石綿繊維の所見が一定程度以上認められ、石綿ばく露作業への従事期間が1年以上の場合 （5）びまん性胸膜肥厚（下記参照）に併発したものである場合 （6）①石綿紡織製品製造、②石綿セメント製品製造、③石綿吹付のいずれかの作業への従事期間またはそれらを合算した期間が5年以上**の場合
良性石綿胸水	胸水は、石綿以外にもさまざまな原因で発症するため、診断が非常に困難であり、また、障害の程度（必要な療養の範囲）もさまざまであることから、個別ケースごとに厚生労働省に協議したうえで業務上外を判断する。
びまん性胸膜肥厚	次の要件に該当する場合 ①石綿ばく露作業への従事期間が3年以上 ②著しい呼吸機能障害 ③肥厚の広がり…側胸壁の1／2以上（片側のみ肥厚がある場合） 　　　　　　　　側胸壁の1／4以上（両側に肥厚がある場合）

＊石綿製品の製造工程における作業については、平成8年以降の従事期間は、実際の従事期間の1／2として算定する。
＊＊（6）の3つの作業については、平成8年以降の従事期間は、実際の従事期間の1／2として算定する。

❷　業務上の石綿による疾病に対する給付

（1）労災保険給付

　中皮腫や肺がん等の石綿による疾病が業務上のものと認められた場合には、業務上疾病として、療養補償給付、休業補償給付、遺族補償給付などの補償を受けることができます。

（2）特別遺族給付金

　石綿による中皮腫や肺がん等は、ばく露から発症するまでの期間が長いため、労災保険の請求権がすでに時効で消滅している場合も少なくありません。令和4年法改正により支給対象が拡大され、令和8年3月26日までに石綿による疾病が原因で死亡した労働者または特別加入者の遺族であって、時効（死亡した日の翌日から5年）により労災保険法に基づく遺族補償給付の支給を受ける権利が消滅している場合に、特別遺族給付金を支給することとしています。

◆特別遺族給付金の概要

	特別遺族年金	特別遺族一時金
支給される場合		Ⅰ　法施行日等[※]の時点で受給権者がいない場合 Ⅱ　特別遺族年金の受給者がいなくなった場合で、それまでに受けた年金の額が1,200万円に満たないとき
受給者	配偶者・子・父母・孫・祖父母・兄弟姉妹（年金を受ける順位はこの順）であって、労働者の死亡当時、その収入によって生計を維持していたなど一定の要件に該当する者 ※妻以外は一定の高齢、年少であるか、または一定の障害の状態にあることが必要。	次の順位により支給される。 ①配偶者 ②労働者の死亡当時、その収入によって生計を維持していた子・父母・孫・祖父母 ③②に該当しない子・父母・孫・祖父母・兄弟姉妹
支給額	遺族の数に応じて下表のとおり ｜1人｜240万円｜3人｜300万円｜ ｜2人｜270万円｜4人以上｜330万円｜	Ⅰの場合…1,200万円 Ⅱの場合…1,200万円からすでに支給された特別遺族年金の合計額を差し引いた額

※労働者の死亡の時期によって基準となる時点が異なる。

❸　一般拠出金の負担

　石綿は、産業基盤となる施設、設備、機械等に広く使われ、事業活動を営むすべての者が石綿の使用により経済的利得を受けてきたと考えられることから、幅広く公平に負担するものとして、石綿救済法により、業種を問わず労災保険の適用事業のすべての事業主が一般拠出金を負担しています。

　一般拠出金の料率は、業種を問わず一律1,000分の0.02です。また、一般拠出金は、労働保険の年度更新や事業の廃止の手続きの際に、労働保険の確定保険料の申告に併せて申告・納付します。

② 社会復帰や生活のための援護を受けたいとき

社会復帰促進等事業

●01 社会復帰促進等事業とは

　労災保険では、業務災害または通勤災害により被災した労働者及びその遺族に対する各種の保険給付と併せて、被災労働者の社会復帰の促進、被災労働者やその遺族の援護、適正な労働条件の確保等を図ることにより、労働者の福祉の増進に寄与することを目的として、保険給付の事業に附帯しつつ、これを補う事業として社会復帰促進等事業を行っています。

　社会復帰促進等事業は大きく３つの事業に分かれており、その概要は次のとおりです。

◆社会復帰促進等事業の一覧表（主要なもの）

1　被災労働者の円滑な社会復帰を促進するために必要な事業

- ●労災病院（附属施設を含む。）、医療リハビリテーションセンター及び総合せき損センターの設置及び運営
- ●労災リハビリテーション作業所の設置及び運営
- ●外科後処置
- ●義肢等補装具購入（修理）費用の支給
- ●振動障害者社会復帰援護金の支給
- ●振動障害者雇用援護金の支給
- ●振動障害者職業復帰促進事業特別奨励金の支給
- ●長期療養者職業復帰援護金の支給
- ●アフターケア
- ●頭頸部外傷症候群等に対する職能回復援護
- ●労災はり・きゅう施術特別援護措置
- ●治療就労両立支援センターの設置及び運営

2　被災労働者及びその遺族の援護を図るために必要な事業

- ●特別支給金の支給
- ●労災就学等援護費の支給
- ●休業補償特別援護金の支給
- ●労災特別介護施設（ケアプラザ）の設置及び運営
- ●労災ケアサポーターによる訪問支援
- ●長期家族介護者援護金の支給

3　労働者の安全及び衛生の確保等を図るために必要な事業

- ●労働災害防止対策の実施
- ●災害防止団体に対する補助
- ●産業保健総合支援センターの利用促進

●小規模事業場における産業保健活動支援（産業保健総合支援センターの地域窓口（地域産業保健センター）で実施）
●未払賃金の立替払事業の実施
●メンタルヘルス対策等（産業保健総合支援センターによる支援、ポータルサイト「こころの耳」による情報提供等）
●受動喫煙防止対策助成金
●働きやすい職場環境形成事業（パワーハラスメントの予防・解決に向けた環境整備）

●02 主な事業

　前記の社会復帰促進等事業のうち、主な事業の内容は次のとおりです。

（1）外科後処置

　障害（補償）等給付を受けた後、保険給付の対象とならない、義肢装着のための断端部の再手術や顔面醜状の軽減のための再手術など、傷病治ゆ後に行う処置・診療を労災病院等の契約病院において受けることができるものです。

（2）義肢等補装具購入（修理）費用の支給

　労災により四肢の喪失、機能障害などの障害が残った場合、身体上の機能を補完させるための義肢、上下肢装具、義眼、補聴器、車いすなど、補装具の購入または修理に要する費用の支給を行っているものです。

（3）社会復帰促進等事業としてのアフターケア

　労災によりせき髄損傷、頭頸部外傷症候群、慢性肝炎などにり患し、その症状が固定した後においても、後遺症状に動揺をきたす場合や後遺障害に付随する疾病を発症する場合があることから、必要に応じ、予防その他の保健上の措置を講じ、このような被災労働者の労働能力を維持し、円滑な社会復帰を促進することを目的として行っているのがアフターケア制度です。

　アフターケアの対象となる傷病は以下のとおりです。

◆アフターケアの対象となる傷病

- ●せき髄損傷
- ●頭頸部外傷症候群等
- ●尿路系障害
- ●慢性肝炎
- ●白内障等の眼疾患
- ●振動障害
- ●大腿骨頸部骨折及び股関節脱臼・脱臼骨折
- ●人工関節・人工骨頭置換
- ●慢性化膿性骨髄炎
- ●虚血性心疾患等

- ●尿路系腫瘍
- ●脳の器質性障害
- ●外傷による末梢神経損傷
- ●熱傷
- ●サリン中毒
- ●精神障害
- ●循環器障害
- ●呼吸機能障害
- ●消化器障害
- ●炭鉱災害による一酸化炭素中毒

（4）労災就学等援護費の支給

　1級から3級までの障害（補償）等年金の受給権者または被災労働者の子、遺族（補償）等年金の受給権者または被災労働者の子、傷病（補償）等年金の受給権者のうち傷病の程度が特に重篤な者の子で、学資の支弁が困難である者には、以下の就学援護費が支給されます。

　またこの条件にあって、保育を必要とする未就学の児童があり、その要保育児と同一生計にある家族が就労のため当該要保育児を保育所、幼稚園等に預けており、かつ、その保育に係る費用の援護の必要があると認められる者に対して就労保育援護費が支給されます。

　ただし、支給を受ける年金たる保険給付に係る給付基礎日額が16,000円を超える場合、その他学資の支弁が困難であると認められない場合には支給されません。

◆労災就学等援護費の支給額（令和5年4月1日から）

	対　象	支　給　額
就労保育援護費	要保育児1人につき	月額11,000円
就学援護費	小学生　1人につき	月額15,000円
	中学生　1人につき	月額20,000円
	高校生等1人につき	月額19,000円
	大学生等1人につき	月額39,000円

注意!
😱 就学援護費は、通信制の学校に在学する場合は、下記のような支給区分となっています。
・中学……1人月額 17,000円
・高校等…1人月額 16,000円
・大学等…1人月額 30,000円

労災に関するお問い合わせ先一覧（東京）

東京労働局

労災補償課では、労働者の業務上または通勤による負傷・疾病・障害・死亡等に対する各種労災保険給付に関する業務や、アフターケアの実施、義肢等補装具の購入（修理）費用の支給等の社会復帰促進等事業に関する業務等を行っています。

東京労働局労働基準部労災補償課

所在地	〒102-8306　千代田区九段南1-2-1　九段第3合同庁舎13階 https://jsite.mhlw.go.jp/tokyo-roudoukyoku/home.html		
担当部署	電話番号（ダイヤルイン）		ＦＡＸ
総合案内	03-3512-1617		03-3512-1561
第三者行為	03-3512-1622		
社会復帰促進等事業	03-3512-1620		
労災補償課分室（診療費関係） 〒110-0005　台東区上野1-10-12 商工中金・第一生命上野ビル5階	03-5812-8391		03-3834-5201

労働基準監督署（東京管内）

監督署の相談窓口では、労働条件や職場の安全衛生、健康管理のほか、労災保険の手続きに関する相談、労災年金受給者の年金・介護に関する相談も行っています。

署	所 在 地	電話番号 （ダイヤルイン）	ＦＡＸ	管轄地域
中　央	〒112-8573 文京区後楽1-9-20 飯田橋合同庁舎6・7階	03-5803-7383	03-3818-8411	千代田区・中央区・文京区・大島町・八丈町・利島村・新島村・神津島村・三宅村・御蔵島村・青ヶ島村
上　野	〒110-0008 台東区池之端1-2-22 上野合同庁舎7階	03-6872-1316	03-3828-6716	台東区
三　田	〒108-0014 港区芝5-35-2 安全衛生総合会館3階	03-3452-5472	03-3452-3072	港区
品　川	〒141-0021 品川区上大崎3-13-26	03-3443-5744	03-3443-6856	品川区・目黒区
大　田	〒144-8606 大田区蒲田5-40-3 TT蒲田駅前ビル8・9階	03-3732-0173	03-3730-9575	大田区
渋　谷	〒150-0041 渋谷区神南1-3-5 渋谷神南合同庁舎5・6階	03-3780-6507	03-3780-6595	渋谷区・世田谷区

署	所　在　地	電話番号 (ダイヤルイン)	ＦＡＸ	管轄地域
新　宿	〒169-0073 新宿区百人町4-4-1 新宿労働総合庁舎4・5階	03-3361-4402	03-3361-6200	新宿区・中野区・杉並区
池　袋	〒171-8502 豊島区池袋4-30-20 豊島地方合同庁舎1階	03-3971-1259	03-3590-6532	豊島区・板橋区・練馬区
王　子	〒115-0045 北区赤羽2-8-5	03-6679-0226	03-3901-3612	北区
足　立	〒120-0026 足立区千住旭町4-21 足立地方合同庁舎4階	03-3882-1189	03-3879-0731	足立区・荒川区
向　島	〒131-0032 墨田区東向島4-33-13	03-5630-1033	03-5247-4435	墨田区・葛飾区
亀　戸	〒136-8513 江東区亀戸2-19-1 カメリアプラザ8階	03-3637-8132	03-3685-5218	江東区
江戸川	〒134-0091 江戸川区船堀2-4-11	03-6681-8232	03-5667-1531	江戸川区
八王子	〒192-0046 八王子市明神町4-21-2 八王子地方合同庁舎3階	042-680-8923	042-646-1524	八王子市・日野市・稲城市・多摩市
立　川	〒190-8516 立川市緑町4-2 立川地方合同庁舎3階	042-523-4474	042-522-0565	立川市・昭島市・府中市・小金井市・小平市・東村山市・国分寺市・国立市・武蔵村山市・東大和市
青　梅	〒198-0042 青梅市東青梅2-6-2	0428-28-0392	0428-23-4330	青梅市・福生市・あきる野市・羽村市・西多摩郡
三　鷹	〒180-8518 武蔵野市御殿山1-1-3 クリスタルパークビル3階	0422-67-3422	0422-46-1214	武蔵野市・三鷹市・調布市・西東京市・狛江市・清瀬市・東久留米市
町　田 (八王子署 の支署)	〒194-0022 町田市森野2-28-14 町田地方合同庁舎2階	042-718-8592	042-724-0071	町田市
小笠原 総合事務所	〒100-2101 小笠原村父島字東町152	04998-2-2102	04998-2-3357	小笠原村

※各監督署の地図は東京労働局ホームページをご覧ください（https://jsite.mhlw.go.jp/tokyo-roudoukyoku/home.html）。

東京労働基準協会連合会はこんな団体です

公益社団法人として活動しています

当連合会は、昭和34年に任意団体として発足し、現在、東京都知事認定の公益社団法人として事業活動をしています。東京都内4,000事業場の会員により構成され、本部（千代田区）、安全衛生研修センター（江戸川区）と都内10支部の体制で事業を展開しています。

定款に定められた事業の目的は「労働基準法及び関係法令の普及、一般労働条件確保・改善、労働災害防止、健康保持増進を図るため、必要な事業を行うことにより労働者の福祉の向上と産業の健全な発展に寄与すること」です。

安心・安全・健康な職場づくりのお手伝いをします

私たちは、企業の健全な発展のためには、働く人たちが安心して働ける雇用の安定や労働条件の確保、労働災害や健康障害が発生しない労働環境の整備や職場づくりが重要と考え、会報やセミナー・講習会などにより事業主と従業員の皆さんに役立つ情報を提供するとともに、技能講習をはじめとする安全衛生教育などにより職場の安全衛生水準向上をお手伝いしています。

主な本部活動

- ●東京産業安全衛生大会（東京労働局共催）
- ●産業保健フォーラム（東京労働局共催）
- ●東基連衛生管理者協議会
- ●東基連産業医会
- ●ベーシックセミナー（労務管理基礎講習会）
- ●プレミアムセミナー（労務管理上級講習会）
- ●特別セミナー（著名講師による講演会等）
- ●労働保険事務組合事業
- ●中災防の①中小企業無災害記録証の申請、②緑十字賞の推薦
- ●安全優良職長厚生労働大臣顕彰の推薦　など

主な支部活動

- ●全国安全週間説明会（講師：監督署担当官）
- ●全国労働衛生週間説明会（講師：監督署担当官）
- ●労務管理講習会（講師：監督署担当官ほか）
- ●改正法説明会（講師：監督署担当官ほか）
- ●優良事業場見学会
- ●新年会員交流会
- ●ホールの貸し出し　など

関係機関との連携

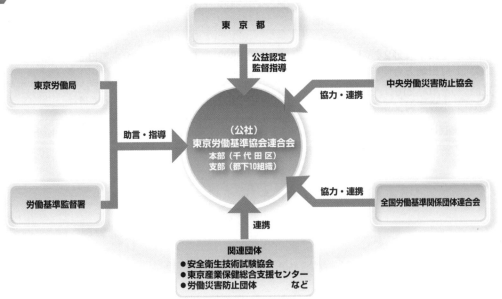

東京労働局登録教習機関として 各種の資格付与講習を行っています

　東京労働局登録教習機関として各種技能講習会を開催するとともに、衛生管理者、エックス線作業主任者の受験準備講習などを開催しています。当連合会創立以来80万人を超える方が受講され、各職場で活躍されています。

建築物石綿含有建材調査者講習

	センター	中央	八王子	立川	青梅	三鷹
一般	○					
一戸建て	○					

技能講習

	センター	中央	八王子	立川	青梅	三鷹
フォークリフト	○		○	○	○	○
玉掛け	○		○	○		
ガス溶接	○			○		
小型移動式クレーン	○					
床上操作式クレーン	○					
高所作業車（10m以上）	○					
プレス機械	○					
乾燥設備	○		○	○	○	○
はい作業	○		○	○	○	○
木工機械	○					
酸素欠乏・硫化水素	○	○	○	○	○	○
有機溶剤	○	○	○	○	○	○
特化・四アルキル鉛	○	○	○	○	○	○
金属アーク溶接限定	○		○	○	○	○
石綿	○	○	○	○	○	○
鉛	○					

特別教育

	センター	中央	八王子	立川	青梅	三鷹
自由研削といし	○			○		
アーク溶接	○			○		
高所作業車（10m未満）	○					
クレーン運転			○	○	○	
低圧電気	○					
高圧・特別高圧	○					
粉じん	○					
ダイオキシン	○					
動力プレス金型調整			○	○	○	○
フルハーネス			○	○	○	○

受験準備期間

	センター	中央	八王子	立川	青梅	三鷹
第1種衛生管理者	○	○		○		
第2種衛生管理者	○	○		○		
特例第1種衛生管理者	○	○				
エックス線作業主任者	○					

その他の安全衛生教育（法定講習を含む）

	センター	中央	八王子	立川	青梅	三鷹
化学物質管理者	○	○	○	○	○	○
携帯用丸のこ盤	○					
総括安全衛生管理者		○				
職長教育	○					
安全衛生推進者	○	○	○	○	○	○
衛生推進者	○	○	○	○	○	○
安全管理者選任時研修	○	○	○	○	○	○
安全管理者能力向上教育			○	○	○	○
衛生管理者能力向上教育	○					
雇入れ時安全衛生教育	中央、上野・王子・足立荒川、江戸川・亀戸、多摩地区各支部					
KYT研修	センター、上野・王子・足立荒川、江戸川・亀戸、八王子					

東京労働基準協会連合会は業種、規模を問わず会員になることができます

▼ ご入会いただくと次のようなメリットがあります

1 **より早く、正確な情報が入手できます**
関係法令の改正などに対しては、労働局・監督署の担当官による講習会などを開催

2 **より早く、計画的な教育訓練の実施が可能になります**

3 **地域の会員企業との情報交換や連携が身近なものとなります**

人事労務、産業安全、労働衛生、産業保健などの幅広い分野について

- 毎月、ホットな情報が豊富な機関紙「東基連」が送付されます
- 毎月、「開催講習会等のご案内」や「セミナーのご案内」が送付されます
- 本部・支部の各種行事で、最新の情報が入手できます
- ホームページの最新情報の活用や「お問い合わせ」メールが24時間利用できます

ご入会手続き まず、お電話をください

①下記の本部・支部へお電話をください。入会案内をお送りします。
②本部・支部のホームページからも入会申込書が入手できます。

http://www.toukiren.or.jp/ 東基連 検索

年間の会費につきましては、本部、各支部ごとに若干の相違がありますので、本部、当該支部にお問い合わせください。

公益社団法人　東京労働基準協会連合会

団体名	所　在　地	電話番号	ＦＡＸ
公益社団法人 東京労働基準協会連合会 （東基連）本部	〒102-0084　千代田区二番町9-8	03-6380-8305	03-6380-8405
	【ホームページ】https://www.toukiren.or.jp/		
（公社）東基連 安全衛生研修センター	〒132-0021　江戸川区中央1-8-1 内宮ビル	03-5678-5556	03-5678-6433
	【ホームページ】https://www.toukiren.or.jp/kenshu-center.html		
（公社）東基連 中央労働基準協会支部	〒102-0084　千代田区二番町9-8 中労基協ビル	03-3263-5060	03-3263-6485
	【ホームページ】https://www.toukiren.or.jp/shibu/chuo/		
（公社）東基連 上野労働基準協会支部	〒110-0015　台東区東上野5-17-8 中銀第二東上野マンシオン1階・店舗5	03-5830-6961	03-5830-6962
	【ホームページ】https://www.toukiren.or.jp/shibu/ueno/		
（公社）東基連 王子労働基準協会支部	〒114-0022　北区王子本町1-22-3 王子工業会館内	03-5924-3047	03-5924-3048
	【ホームページ】https://www.toukiren.or.jp/shibu/ouji/		
（公社）東基連 足立荒川労働基準協会支部	〒114-0022　北区王子本町1-22-3 王子工業会館内	090-3242-5447	03-5948-5653
	【ホームページ】https://www.toukiren.or.jp/shibu/adachiarakawa/		
（公社）東基連 亀戸労働基準協会支部	〒136-0071　江東区亀戸2-25-12 宝ビル3階	03-5627-9933	03-5627-9939
	【ホームページ】https://www.toukiren.or.jp/shibu/kameido/		
（公社）東基連 江戸川労働基準協会支部	〒132-0021　江戸川区中央1-8-1 内宮ビル5階	03-5678-8048	03-5678-8049
	【ホームページ】http://www.edogawaroukikyo.jp/		
（公社）東基連 八王子労働基準協会支部	〒190-0012　立川市曙町1-21-1 いちご立川ビル2階	042-512-5312	042-512-5473
	【ホームページ】https://www.toukiren.or.jp/shibu/hachiouji/		
（公社）東基連 立川労働基準協会支部	〒190-0012　立川市曙町1-21-1 いちご立川ビル2階	042-512-5311	042-512-5473
	【ホームページ】http://www.tachikawa-roukikyo.or.jp/		
（公社）東基連 青梅労働基準協会支部	〒190-0012　立川市曙町1-21-1 いちご立川ビル2階	042-512-5408	042-512-5473
	【ホームページ】https://www.toukiren.or.jp/shibu/oume/		
（公社）東基連 三鷹労働基準協会支部	〒190-0012　立川市曙町1-21-1 いちご立川ビル2階	042-512-5435	042-512-5473
	【ホームページ】https://www.toukiren.or.jp/shibu/mitaka/		

地区労働基準協会

団体名	所 在 地	電話番号	FAX
一般社団法人 三田労働基準協会	〒108-0014　港区芝4-4-5	03-3451-0901	03-3451-7692
	【ホームページ】http://www.mita-roukikyo.or.jp/		
一般社団法人 品川労働基準協会	〒114-0022　北区王子本町1-22-3 王子工業会館内	03-5948-6845	03-6369-4522
	【ホームページ】http://www.shinagawa-rokyo.or.jp/		
一般社団法人 大田労働基準協会	〒144-0052　大田区蒲田5-40-1	03-3738-0118	03-3738-0128
	【ホームページ】http://www.oota-kijunkyoukai.or.jp/		
渋谷労働基準協会	〒150-0032　渋谷区鶯谷町19-19 ソフィアハウス2C号室	03-6416-3720	03-6416-3721
	【ホームページ】http://www13.plala.or.jp/sibuya-roukikyou/		
一般社団法人 新宿労働基準協会	〒160-0023　新宿区西新宿7-5-20 新宿旭ビルA館205号	03-3366-4737	03-3366-8865
	【ホームページ】https://sinjuku-roudou.org/		
一般社団法人 池袋労働基準協会	〒170-0014　豊島区池袋1-8-8 池袋労働基準協会ビル2階	03-3988-6344	03-3988-6366
	【ホームページ】http://www.ikerokyo.or.jp/		
向島労働基準協会	〒131-0032　墨田区東向島4-33-13	03-3614-5631	03-3614-5660
	【ホームページ】http://tamanoi-rouki.sakura.ne.jp/		
町田労働基準協会	〒194-0013　町田市原町田3-3-22 町田市商工会館2階	042-721-2277	042-721-2288

職場で災害が起きたら！　労災保険給付の手続き［改訂４版］

平成22年１月20日　　初版発行
平成25年12月10日　　改訂版発行
平成28年11月30日　　改訂２版発行
令和２年12月15日　　改訂３版発行
令和５年６月26日　　改訂３版増補発行
令和６年１月15日　　改訂４版発行

編集・発行　　公益社団法人　東京労働基準協会連合会
〒102-0084　東京都千代田区二番町９−８
TEL　03（6380）8305
FAX　03（6380）8405
https://www.toukiren.or.jp

発売元　　労働調査会
〒170-0004　東京都豊島区北大塚２−４−５
TEL　03（3915）6401
FAX　03（3918）8618
https://www.chosakai.co.jp

ISBN978-4-86788-017-3　C2032　　　　　　　　　定価1,760円（本体1,600円＋税10％）
落丁・乱丁はお取り替えいたします。